# 인성코칭,

## 아이의 미래를
## 디자인하다

# 인성코칭,
## 아이의 미래를 디자인하다


**초판 1쇄 인쇄**　2013년 04월 25일
**초판 1쇄 발행**　2013년 04월 30일

**글쓴이**　최원호
**그린이**　김호식

**펴낸이**　김왕기
**편집부**　이세경, 마은지
**마케팅**　임성구
**디자인**　푸른영토 디자인실

**펴낸곳**　**푸른영토**
　　　　　주소　　　경기도 고양시 일산동구 장항동 865 코오롱레이크폴리스1차 A동 908호
　　　　　전화　　　(대표)031-925-2327, 070-7477-0386~9 · 팩스 | 031-925-2328
　　　　　등록번호　제2005-24호(2005년 4월 15일)
　　　　　전자우편　designkwk@me.com

ISBN 978-89-97348-19-0　　13370
ⓒ최원호 · 김호식, 2013

# 인성코칭,
## 아이의 미래를 디자인하다

최원호 지음

푸른영토

| 머리말 |

# 스펙보다 인성이 실력인 시대를 꿈꾸며

아이의 인성 형성에서 가장 중요한 시기는 출생 후부터 초등학교 과정 때까지이며, 이때 가정교육을 통한 부모의 영향을 제일 많이 받는다. 물론 학교에 가서도 교육을 받지만, 성적과 입시 위주의 경쟁적인 학교교육 형태는 오히려 인성 형성에 부정적인 영향을 끼치는 주요 원인이 되기도 한다. 그 사실을 아는 학부모는 성적 위주의 학교교육 때문에 인성 형성 자체가 안 된다고 한다. 하지만 교사는 가정에서의 잘못된 교육관이 전적인 책임이라고 한다. 이렇듯 서로 떠넘기는 사이에 아이들의 인성이 고비사막처럼 점점 더 황폐해지고 그 범위도 넓어지고 있음은 보통 심각한 문제가 아니다. 인성교육의 부재는 학교폭력이나 학생들의 자살 사건 등 날이 갈수록 더 많은 사회적 충격이 일어날 것을 예고하기 때문이다.

이러한 문제의 심각성을 더 이상 방치할 수 없음을 인식한 박근혜

대통령은 취임 후 첫 학교 방문에서 창의·인성교육이 제자리를 잡을 때 학교폭력 문제도 해결될 수 있음을 강조했다. 또한 이명박 전 대통령도 퇴임 전 가진 오찬 간담회에서 교육의 마지막은 인성교육이며, 인성교육이 우리가 가야 할 방향이라고 말했다.

따라서 사람다운 사람, 더불어 살아갈 줄 아는 사람이 될 수 있는 역량을 갖춰야 한다. 다른 사람이 힘들어 할 때 도와주기도 하고, 서로 협동할 줄도 알아야 한다. 마음에 안 들어도 참을 줄 아는 인내심도 필요하다. 정의를 위해서는 양심의 소리를 외칠 수 있는 당당함도 있어야 한다. 나 한 사람이 아닌 사회와 조국, 나아가 세계를 위해 헌신하고 봉사하는 열정이 있어야 한다.

성공한 사람이나 존경할 만한 인물들을 살펴보라. 성공한 사람은 성공할 수밖에 없고, 잘나가다가도 중도에 떨어지는 사람은 그럴 수밖에 없는 이유가 있다. 바로 '인성'이 핵심이다. 가난한 사람들에게 인간의 존엄성을 일깨워준 마더 테레사, 최초 한국인 출신이자 아시아 출신으로서는 두 번째인 반기문 유엔사무총장, 세계적인 가수가 된 싸이, 미국 프로야구 메이저리그에 첫 진출한 박찬호, 독도와 위안부 문제에 대해 행동하는 가수 김장훈, 철저한 자기관리로 한눈팔지 않는 국민MC의 대명사 유재석 등은 모두 자신을 넘어 민족과 세계를 위한 헌신과 희생, 배려, 봉사, 인성으로 가득한 사람들이다.

우리는 평균 수명의 증가로 최소 80을 바라보게 되었다. 대학을 졸업하고도 50여 년을, 직장을 은퇴하고도 20여 년을 살아가야 하는 것이다. 그런데 인생 전반에 걸쳐 영향을 미치는 신체적·정신적 성숙은 스무 살 전후에 완성된다. 심지어 습관이나 성격과 같은 것은 앞에서도 이야기했듯 초등학생 이전에 대부분 형성된다. 가치관도 정립되어 있지 않은 미성숙한 때에 70여 년을 안고 살아야 하는 기본기가 완성되는 것이다. 아이 혼자 힘으로는 이 기본기를 올바르게 형성할 수가 없다. 더욱 중요한 것은 초등학교 취학 전이므로 교사가 도와줄 수도 없다는 점이다. 부모가 아이 인생의 코치가 되어야 하는 이유다.

하지만 우리는 출산과 동시에 코치가 되었음에도 스스로가 아이의 코치라는 것을 깨닫지 못한 채 살아왔다. 그저 부모니까, 양육의 책임이 있으니까 의무로 여긴 채 아이의 교육에만 매달려 왔다. 아이가 어떤 발달과정을 거치는지, 언제 개입하고, 어떤 역할을 해줘야 하는지도 모른 채로, 잔소리가 아이의 자기주도적 삶을 방해한다는 것도 모른 채로 말이다. 특히 아빠들은 자녀교육에 절대적으로 무관심하다. 돈만 벌어다 주는 것으로 부모로서의 책임을 다했다는 듯이. 직무유기도 이런 직무유기는 없다. 코치가 제 역할도 모른 채 선수들에게 왜 좋은 경기를 못 하냐고 소리 지르는 것과 다르지 않다.

훌륭한 코치는 선수보다 더 열심히 공부하고, 현재 선수의 상태는 어떠한지, 선수에게 맞는 훈련이 무엇인지, 승리를 위해서는 어떤 전략이 필요한지 쉬지 않고 연구한다. 그리고 그 선수의 재능이 무엇인지, 어떤 역할을 맡겨야 팀에 도움이 되는지를 파악하고자 애쓴다. 그래서 선수는 연습이 끝나면 쉴 수 있지만, 훌륭한 코치는 연습이 끝나도 쉴 수가 없다. 무조건 잔소리만 많이 한다고 훌륭한 코치가 되는 것은 아니며, 그렇다고 선수를 대신해 경기를 뛰는 코치도 코치라 할 수 없다. 부모도 그래야 한다.

특히 사람의 됨됨이라 할 수 있는 인성은 부모의 말로 가르친다고 되는 것이 아니다. 게다가 부모의 영향을 절대적으로 받는다. 또 일단 형성되면 수정하기가 쉽지 않다. 그러나 훌륭한 인성은 아이가 행복한 삶을 살 수 있게 하는 가장 중요한 요소이자 자원이다. 이는 스스로를 행복하게 할 뿐만 아니라 주위 사람들을 미소 짓게 만든다. 그리고 주위 사람들의 미소는 아이에게 자신감과 격려, 자존감으로 돌아온다. 반면 그릇된 인성은 스스로를 불행하게 여길 뿐만 아니라 주위 사람들을 찡그리게 만든다. 그리고 그 찡그림은 비난과 손가락질로 되돌아온다. 아이의 자율을 존중한다고 식당에서 이리 뛰고 저리 뛰어 사람들을 불편하게 하는 아이를 그저 바라만 보는 부모는 아이가 비난과 손가락질을 받고, 스스로를 불행하게 여기도록 내버려 두는 것과 같다. 외둥이라서, 공부를 잘해서 모든 것을 아이 마음대로 하도록 허용하는 것 역시 마찬가지다. 그런 아이가 자라서 부모를 존경하고 보살필 리 없다.

빌 게이츠는 "가난하게 태어난 것은 당신 잘못이 아니지만, 가난하게 죽는 것은 당신 책임이다If you born poor, it's not your mistake. But if you die poor, it's your mistake"라고 했다. 나는 "인성이 잘못된 것은 부모의 책임이다"라고 말하고 싶다.

아이들은 머리만 냉철할 뿐, 뜨거워야 할 가슴은 얼음보다 더 냉정해졌다. 도덕적 개념이 없고 인성은 파괴를 넘어 침몰 직전에 놓여 있는 듯하다. 거짓을 진실로 둔갑시키고, 인터넷에 빠져 가상과 현실을 구분하지 못하고, 인간으로서 해서는 안 되는 행동도 죄의식 없이 행한다. 무섭고, 두렵다. 하지만 이는 아이들의 잘못만이 아니다. 그렇게 키운 부모의 잘못이자 이 사회의 잘못이다. 인도양 한가운데에 있는 몰디브 공화국이 얼마 안 있어 물 밑으로 사라져 버리는 것이 그들이 잘못이 아니라 서구문명의 이기심 때문인 것처럼 말이다.

그나마 이제부터라도 대학입학전형 과정에서 취업·입사시험에까지 인성평가 영역을 확대할 것이라는 소식은 일말의 기대를 갖게 한다. 졸업장이나 성적이 아니라 인성이 실력이 되는 시대를 예고하는 것이기 때문이다. 이는 인간으로서 자긍심을 갖고 있고 주위와 화합할 줄 아는 사람이 앞으로의 시대를 이끌어가게 된다는 의미다.

코칭Coaching은 아이가 잠재능력을 발휘할 수 있도록 최상의 능력과 적성을 계발하는 과정이라 할 수 있다. 진주 씨앗을 조개에 심어두고 최고의 흑진주가 되기를 참고 기다리며 보살피는 것과 같다. 씨앗도 심지 않은 채 싹이 나기를 바랄 수는 없다. 또 양분도 주지 않으면서 열매를 맺기를 바랄 수 없다. 더불어 제 마음에 드는 모양을 만들겠다고 자꾸 조개를 열어보고 만져보고 깎아보고서는 크고 아름다운 진주를 얻을 수 없다.

부모에게 씨앗을 심는 일이란, 양분을 주는 일이란 잔소리나 강요가 아니다. 능력이 무엇인지를 파악해내는 것, 그에 맞는 방법을 찾아주는 것, 실패하더라도 아이 스스로 일어설 수 있도록 격려해주는 것이다.

《인성코칭, 아이의 미래를 디자인하다》는 아이가 어릴 때부터 부모가 인성 모델이 되는 것을 바탕으로 출발한다. 좌우에 인성코칭과 학습코칭을 통하여 최종적으로 자기 갈 길을 찾아가는 진로코칭이 이루어지는 목표를 갖고 있다.

누구에게나 잠재능력은 있다. 다만 선수는 훌륭한 코치를 만났을 때 제 능력을 십분 발휘하고, 아이는 훌륭한 코치로서의 자질을 가진 부모를 만났을 때 행복한 삶을 살게 된다. 그렇다고 부모 노릇이 어렵다고 두려워할 필요는 없다. 처음이 중요하다. 일단 발을 내딛게 되면, 그리고 이 책에서 말하는 내용을 차근차근 곱씹고 따라 하다 보면 어느 샌가 달라져 있는 자신과 아이를 발견하게 될 것이다.

마지막으로 이 책이 출판되기까지 '교육이 인성에 주목해야 한다'는 필자의 소견에 힘을 실어주신 많은 분들에게 감사를 드리며, 아울러 이 책을 통한 인세는 중국 기독교 선교사업을 위해 전액 기부하고자 한다.

인성이 실력인 시대를 꿈꾸며

최원호

# 교육의 목적은 인성에 있다

고려대학교 심리학과 주임교수
**한성열**

대학이 변하고 있다. 아니, 그보다는 입시제도가 변하고 있다고 해야 맞겠다. 대학입학사정관제가 그것이다. 이제 대학이 입학사정관을 통해 내신성적과 수능점수만으로 평가할 수 없었던 잠재능력과 소질, 가능성 등을 다각적으로 평가하고 판단하여 각 대학의 인재상이나 모집 단위의 특성에 맞는 신입생을 선발하겠다고 나선 것이다. 이를 다시 말하면 성적이 뛰어남이 곧 입학의 조건이 되지는 않는다는 것이다.

그동안 나는 대학에서 입학을 바라는 많은 학생들도 만나 보았고, 또 합격을 거머쥐고 캠퍼스를 누비를 학생들도 만나 보았다. 그들 중에는 수능 고득점으로 학교에 입학하고, 4년 내내 장학생이었던 이들도 있었다. 그런데 그들 모두가 부모가 바란 대로 착실하게 직장생활을 하는 것도, 심지어 취업을 하는 것도 아니다. 또 늙은 부모를 마음으로 아끼며 살아가는 것도 아니다. 영화 〈공공의 적〉에서처럼 대학까지 잘 나온 아들이 돈 때문에 부모를 살해하는 인면수심의 사건들도 늘어만 가고 있다.

좋은 대학에 가고, 번듯한 직장에 다니고, 풍족하게 사는 것만이 다가 아니다. 우리는 지금껏 전쟁의 폐허에서 일어나야 한다는, 잘 먹고 잘살아야 한다는 집단 최면상태에서 지내왔다. 그것이 학생들을 병들게 하고, 부모들의 인생을 갉아먹는지도 모른 채로 말이다.

'교육의 목적은 기계적인 사람을 만드는 데 있지 않고 인간적인 사람을 만드는 데 있다.'

20세기 물리학의 새로운 지평을 연 아인슈타인의 말이다. 바로 교육의 목적이 인격 형성에 있다는 것이다. 이는 그 어떤 것보다도 인성에 주목하고 관심을 기울여야 한다는 최원호 박사의 뜻이기도 한다. 《인성코칭, 아이의 미래를 디자인하다》는 '아이가 좋은 대학에 가고, 성공을 이루기 바란다면 인성부터 가르쳐야 한다'는, 이 땅의 부모들에게 던지는 사려 깊고 따뜻한 조언이다.

# 교육의 패러다임이 바뀌고 있다

홍익대부속중고등학교 교장,
홍익대 교육학과 명예교수, 초빙교수
**서정화**

교육현장의 한가운데에 서 있자면 오늘날 교육의 심각성을 통감하지 않을 수 없다. 2011년 12월 대구에서 학교폭력을 당해온 중학생이 자살을 했고, 바로 얼마 전 2013년 3월에도 경산에서 같은 이유로 고등학생이 스스로 목숨을 끊었다. 학교폭력만이 문제는 아니다. 성적을 비관해서, 부모의 잔소리를 견딜 수 없어서 등 많은 이유로 우리의 귀한 아이들이 죽음을 선택하고 있다.

사람들은 요즘 아이들이 약해빠져서 그렇다면서 그 책임을 아이들에게 돌리기도 한다. 그러나 요즘 아이들에게는 핵가족화로 인해 인간으로서의 도리를 알려는 주는 어른이 없다. 또 나누고 배려하는 것을 자연스럽게 배울 수 있는 형제자매도 적다. 거기다 오로지 공부만 해야 하는 입시경쟁 속에서 살고 있다. 그러다 보니 공부를 못하는 아이는 불량학생으로 낙인찍힌 채 주변인으로 내몰린다. 바로 입시 위주의 교육이 우리 아이들을 사지로 내몰고 있는 것이다.

성적은 더 이상 성공을 부르는 키워드가 아니다. 국가에서도 교육계에서도 인성교육에 관심을 두는 이유가 바로 여기에 있다. 최원호 박사의 《인성코칭, 아이의 미래를 디자인하다》의 출간이 반가운 이유이기도 하다. 이 책은 부모에게 공부보다 인성이 중요한 이유, 어떻게 해야 올바른 인성을 형성하게 할 수 있는지에 대한 방법을 부모의 마음으로 친절하게 설명해주고 있다. 인성이 바로 서야 꿈과 행복을 찾을 수 있다. 그 첫걸음에 《인성코칭, 아이의 미래를 디자인하다》가 커다란 도움이 될 것이라 기대한다.

# 전인교육을 꿈꾸다

전 〈동아일보〉 논설위원
**육정수**

최원호 박사는 강단에서 교육문제 전반에 대해 고민과 성찰, 실증적 연구를 해온 분이다. 그래서 이번에 출간한 최 박사의 《인성코칭, 아이의 미래를 디자인하다》는 자녀를 '일류대학에 보낼 수 있는 얕은 테크닉'을 가르쳐 주는 입시가이드 정도로 자칫 오해될 수도 있겠다. 그러나 결코 그런 책이 아니다. 자녀를 좋은 대학에 보낼 수 있는 조건으로 항간에서는 '할아버지의 경제력', '엄마의 정보력', '아빠의 무관심'을 들고 있지만 이런 속된 이야기와도 거리가 멀다.

이 책은 우리 아이들을 어릴 때부터 어떻게 하면 반듯하고 자랑스러운 사회인으로 키울 수 있을까, 즉 전인全人교육에 포인트를 맞춘 엄마 아빠의 지침서라고 할 수 있다.

인간으로서의 도리를 제대로 갖추도록 잠재된 인성을 잘 개발해주면 결과적으로 대학입시에서도 좋은 열매를 맺을 수밖에 없는 자질과

능력을 자연스럽게 갖추게 된다는 것이 최 박사의 생각이다. 따라서
《인성코칭, 아이의 미래를 디자인하다》는 최 박사가 그동안 이루어낸
성찰을 평범하면서도 핵심을 찌르는 교육비결로 집약시켜 놓은 책, 그
야말로 착한 책이라고 감히 추천하고 싶다.

| 추천사 |

# 아이 인생에 최고의 코치는 부모다

〈서울신문〉 선임기자
**이호준**

언론인으로서 가장 고통스러운 순간이 스스로 죽음을 택한 아이들의 소식을 전할 때다. 그때마다 현실을 돌아보게 된다. 우리는 아이들의 인성을 위해 얼마나 노력했는가, 생명의 소중함을 제대로 가르쳤는가. 그런 점에서 교육전문가 최원호 박사의《인성코칭, 아이의 미래를 디자인하다》는 가뭄에 단비 같은 존재다.

최 박사는 책을 통해 부모들이 아이 인생의 코치로 나서야 한다고 주장한다. 방관자나 잔소리꾼이 아닌 조력자로서의 역할을 강조한다. 인성을 제대로 쌓은 아이만이 행복해질 수 있다는 주장은 큰 설득력을 갖는다. 대입전형은 물론 입사시험에까지 인성평가가 확대될 것이라는 소식이 있고 보면 이 책에 거는 기대는 더욱 커진다.

부모의 장기적인 시야가

자녀의 꿈을 결정짓는 중요한 요소가 된다.


루이 파스퇴르

# C O N T E N T S



## 01 아이의 미래를 디자인하다, 부모코칭
### — 부모는 프로코치다

### 인생 최고의 코치, 부모　　　　　　　　　　　　　　24

## 02 아이의 미래를 디자인하다, 인성코칭
### — 인성코칭 없이는 진학도, 취업도 어렵다

### 인성코칭이란 무엇인가?　　　　　　　　　　　　　60

# 03 아이의 미래를 디자인하다, 학습코칭
— 성적은 공부력에 달렸다




# 04 아이의 미래를 디자인하다, 진로코칭
— 진로코칭은 아이를 앞으로 나아가게 한다

# 아이의 미래를 디자인하다, 부모코칭

## — 부모는 프로코치다

# 인생 최고의 코치, 부모

## 부모는 프로코치다

공부에는 왕도가 없다. 사람마다 자기 방식이 있다. 자녀교육 역시 부모 나름의 방식이 있고, 또 고집한다. 그런데도 '어떤 부모가 이렇게 해서 아이를 미국 하버드대학에 입학시켰다'라는 내용을 접하게 되면 앞뒤 안 가리고 따라 하려 든다. 그러면 모든 것이 해결될 것처럼. 그러나 천만의 말씀이다.

부모가 코칭을 생각한다는 자체가 도전이요, 새로운 미래를 찾아 나서는 일이다. 자녀를 위한 코치의 삶이란 참으로 힘들고 어려우며 기약 없는 미래와도 같다. 때로는 확신이 없어 암울하기까지 하다. 하지만 아이도 모르는 잠재능력을 일깨워주는 것이 세상의 어떤 보물을 주는 것보다 큰 코치의 선물이다. 한 생명을 잉태하고, 출산하고, 백지장 같은 아이 인생 위에 아름다운 그 무엇인가를 수놓는 것, 얼마나 가슴 떨리는 일인가.

사실 내 아이만큼 세상에서 귀하고 소중한 것은 없다. 그러나 많은 부모들이 그 보물의 가치를 잘 모르고 있다. 아기 때는 예쁘다고 어쩔 줄 몰라 하다가도 점차 유치원, 초등학교, 중학교, 고등학교로 진학하게 되면 돈 먹는 '하마'로 본다. 심지어 아이를 평생 '짐'으로 생각하는 부모도 있다.

출생과 동시에 아이는 인생이라는 긴 항해를 시작한다. 순풍에 돛 단배처럼 망망대해에서 순항하기만을 기도하면서. 그러나 그 끝은 어디가 될지 모른다. 그들에겐 방향탐지기가 없다. 언제 어느 곳으로 어떻게 향하게 될지 매 순간이 두려움이다. 폭풍을 만날 수도 있다. 그러나 그들에게는 좌충우돌하며 달려갈 용기가 내재되어 있다.

아이 인생 곳곳에 도사리고 있을 폭풍 때문에 한시도 마음이 편하지 않는 것이 부모다. 특히 아마추어 부모일수록 불안은 더욱 크다. 그러나 생각해보자. 부모는 이미 아이가 걸을지도 모르는 그 길을 걸어봤다. 인생이 나아갈 방향을 알고 있는 것이다. 언제 어디에서 어떻게 방향을 전환해야 한다는 것도 오랜 경험으로 잘 알고 있다. 마음먹기에 따라 프로코치가 될 수 있는 요건을 갖추고 있는 것이다. 물론 아이를 장기판의 말처럼 내 마음대로 할 수는 없다. 부모의 충고를 잔소리로 여기고 귀담아들으려고 하지 않는 것이 아이들이다. 그러나 걱정할 필요 없다. 부모 역시 그 시기에 그랬다.

현명한 코치는 방향을 제시해주고 묵묵히 조언한다. 부모도 그래야 한다. 여유를 가지고 지켜보아야 하는 것이다. 그리고 아이가 자신감을 잃지 않도록 격려해야 하는 것이다. 아이가 옆집 아이보다 잘하지 못한다고 부러워할 필요도 없다. 공부를 못한다고 '무능'으로 낙인찍는 코치는 실패한 코치다.

아이는 자라면서 많은 존재들에게 코칭을 받는다. 부모, 교사, 이웃 어른……. 그러나 이들 중에서 가장 큰 애정과 사랑을 품고 있는, 그리고 애정과 사랑을 아이에게 가장 많이 내어줄 수 있는 존재는 부모다. 코칭이라는 것은 근본적으로 애정 없이는 불가능하다. 때문에 부모가 최고의 코치가 될 수밖에 없다. 사랑이 있어야 밤잠 안 자고 아이를 위해 기도하고, 아이가 가야 할 바른 길을 제시해주고, 아이의 작은 성공에도 온 마음을 다해 기뻐해줄 수 있다. 물론 지나친 애정도 문제가 된다. 사랑이라는 이름으로 아이 행동의 모든 것을 통제해서는 아이를 오히려 엇나가게 할 뿐이다. 또 사랑과 애정을 보이지 않는 부모도 문제다. 기본적인 인간관계와 정서는 가정, 그리고 바로 부모를 통해 형성되기 때문이다. 그래서 부모는 최고의 코치가 될 수도 있고, 최악의 코치도 될 수 있다.

프로코치는 아이가 갖고 있으나 아직은 모르고 있는, 혹은 밖으로 표출되지 않은 보물을 찾아내어 보다 나은 삶을 살도록 도와주는 것이다. 그리고 그 최전선에 부모가 서 있다.

# 프로코치는 자신의 삶부터 코칭한다

요즘 부모, 특히 엄마는 참 바쁘다. 아이가 초등학교 다닐 때는 등·하교는 물론이고 학교에 가서 아이가 해야 할 교실청소까지 해야 한다. 중·고등학교 때는 학교 끝나기가 무섭게 강북에서 강남으로, 동에서 서로, 아이가 학원 수업시간에 늦지 않도록 자동차 가속페달을 밟아댄다. 그러다 아이가 대학에 입학하면, 나아가 사회생활을 하기 시작하면 심리적 공허감을 느끼게 된다. '나는 누구인가'라는 생각이 들면서 초라한 자신의 삶을 발견하게 된다. 아이 뒷바라지로 하루 24시간이 모자랐다면 마음의 빈자리는 더욱 크다. 이제는 뒷바라지할 일은 없고, 반대로 시간은 너무나 많다. 남아도는 시간과 열정을 어디에 어떻게 소비해야 할지 도무지 알 수가 없다. 20년을 몸 바쳐 일하다가 하루아침에 실직한 것처럼 공허하다. 언제 돌아올지 모르는 새끼를 기다리며 쓸쓸히 빈 둥지를 지키는 어미 새와 다를 바가 없다. 독립한 새끼를 기다리는 어미 새의 심정을 '빈 둥지 증후군empty nest syndrome'이라 하는데, 40~50대 주부들의 정체성 상실과 심리적 상실감의 애처로운 자화상이라고 하겠다. 남편과 아이 등 가족의 울타리 안에서 평생을 갇혀 살다시피 한 엄마들일수록 그 증세는 심해서 극단적인 경우에는 자살을 시도하기까지 한다.

현명한 코치는 무조건 헌신도, 희생도 하지 않는다. 맹목적인 헌신은 나 자신만 잃어버릴 뿐이다. 내가 있고 내 인생이 있어야 나 자신이 제대로 설 수 있고, 내 인생을 제대로 영위해야 자식 뒷바라지도 보람 있고 즐거운 것이 된다. 헌신을 하게 되면 아이의 일거수일투족에 관심을 갖고, 매사에 간섭하려 든다. 부모의 무한한 사랑을 내세워 필요 이상으로 집착하게 된다. 이것은 서로에게 괴로운 일이다. 현명한 부모는 아이에게 '엄마, 아빠에게도 각자의 인생이 있다'는 것을 알게 한다. 그리고 자신의 인생을 충실하게 채우기 위해 노력한다. 그러면 아이는 저절로 깨닫게 된다. '엄마, 아빠도 헛되게 살지 않으시는데, 어떻게 열심히 살지 않을 수 있겠는가' 하고.

텅 빈 둥지를 바라보며 허탈해 하기보다 아이의 자립을 일종의 '영토확장'으로 생각하는 부모가 되어야 하는 것이다. 아이가 새로운 출발을 시작하는 순간, 부모 역시 힘찬 걸음을 내딛어야 한다. 내 사랑으로 채워야 할 것들이 얼마나 많은지를 돌아보고, 제2의 인생을 시작하는 것이다.

옛날 농경사회의 부모들에게 아이는 곧 일손이었다. 그래서 자기 먹을 것은 자기가 갖고 태어난다고 믿었다. '코칭'이란 것이 따로 필요치 않았다. 그저 부모가 살아온 대로 살아갈 뿐 이 이상의 것을 꿈꿀 수 없었다. 그러나 오늘날은 세분화되었고, 전문화되었다. 어떤 분야에서건 프로가 아니고서는 안 되는 세상이 되었다.

그런데 프로 축구나 프로 야구에서 팀 성적이 하위권일 때 우리는 감독이 경질되는 것을 종종 본다. 그러고는 새 사령탑으로 이전보다 우승이나 경기 경험도 많고 포용력과 카리스마가 있는 인물이 임명된다. 아마추어나 새내기보다 베테랑인 프로를 선호하는 것이다. 제대로 된 코칭이 하루아침에 이루어지지는 않기 때문이다. 팀 성적의 책임이 상당 부분 감독에게 있다는 의미이자, 그만큼 감독의 경험이 중요하다는 의미이겠다.

첫아이 때는 부모도 양육이나 교육적 경험이 부족하다. 물론 결혼한 지 수십 년이 지났다고 해서, 아이들을 둘 셋씩 키웠다고 해서 꼭 프로부모인 것은 아니다. 방임이나 방치, 또는 도가 지나친 간섭을 하는 등의 잘못된 양육으로 아이가 제대로 성장하지 못한 경우도 있기 때문이다.

결론부터 말하자면 부모라는 프로코치는 '교육'이 아니라 '삶'을 코칭해야 한다. 전자는 물고기를 잡아주는 것이고, 후자는 물고기 잡는 법을 가르쳐주는 것이다. 잡아준 물고기는 당장 먹기에는 좋다. 당장은 아이들에게 최고의 선물이 될 수도 있다. 하지만 제한적이고 수동적이다. 반면 물고기 잡는 법을 가르쳐주는 것은 아이에게 당장은 어려운 일이다. 하지만 시간이 지날수록 아이는 자신이 원하는 시간에 자기가 먹고 싶은 다양한 어종의 물고기를 잡을 수도 있게 된다. 선택의 폭도 넓고 능동적이다. 바로 코칭은 해답을 제시하는 것이 아니라 아이 스스로 문제를 해결할 수 있도록 옆에서 도와주는 것이다.

세상 살다 보면 눈물 흘릴 일이 한두 가지가 아니다. 가급적 그런 일을 겪지 않으면 좋으련만 그건 희망사항일 뿐이다. 그런데 우리나라 부모들에게는 복잡한 인생사에 교육 문제가 하나 더 보태어진다. 바로 '교육망국병'이다. 우리나라의 교육열은 가히 세계적이라 할 만하다. 그런데 이제는 열성을 넘어 병이 되어가고 있다. 암이나 에이즈 같은 질병은 지금처럼 과학적인 노력이 꾸준히 이루어진다면 언젠가는 극복할 수 있을 것이라 기대되지만, 한국의 교육망국병은 세계적인 명의 라 해도 감히 손대기가 어렵다. 증상도 다양하고, 원인도 다양하기 때문이다. '나는 절대로 아니야'라며 손사래를 칠지 모른다. 하지만 정도 의 차이는 있을지언정 나라 전체가 교육망국병 몸살에 들썩이는 것을 부인할 수는 없다. 교육은 인간의 삶을 행복하게 하고 자아를 실현시 켜 주는 수단이다. 그런데 그 교육 때문에 인간의 삶이 황폐해지고 있 는 것이다. 무엇이 문제일까?

정부의 교육정책이 문제다. 이런 상황에서 부모는 정부시책에 우왕 좌왕하며 끌려다녀서는 안 된다. 제아무리 변신의 귀재라도, 임기응 변이 뛰어나다 해도 원칙 없는 변화에 시시각각 대처해야 한다는 것은 결코 쉬운 일이 아니다. 정신 바짝 차리지 않으면 우리 아이들은 스스 로 임상실험대상인지조차 인식하지 못한 채 검증도 안 된 교육실험의 희생양이 될 것이다.

또한 우리의 부모들은 일단 제 아이가 대학에 가고 나면 교육제도가 어떻게 변하든지, 교육과학기술부가 있든지 말든지 아무런 상관조차 하지 않는다. 직접적으로 이해관계가 얽힌 일이 아니면 무관심한 것 이다. 현재 초등학교 학부모들도 그렇다. 대학입시에 관심이 적다. 아 이가 자라는 동안 교육정책이 어떻게 변할지 모르는데 지금부터 안달 할 필요가 어디 있느냐고 한다. 반면 중 · 고등학교 학부모들은 교육정 책에 민감하다. 그들에게 교육정책은 발등에 떨어진 불이다. 교육정 책의 직접적인 피해자가 될까 봐 불안해 한다. 부모만 그런 게 아니다. 교육자들 역시 백년대계로서 미래중심적인 정책을 펼쳐야 함에도 불구하고, 바람 부는 대로 코드정치에만 급급하다. 교육자가 아니라 정치가라도 해야 할 정도다. 오로지 부모만이 정치에 휘둘리지 않고 아이의 온전한 미래를 위해 집중한다. 부모가 프로코치가 되어야 하는 이유다.

부모가 아이의 성공적인 미래를 열어주는 코치로서 제 역할을 잘해내기 위해서는 언제, 어떻게, 어느 정도로 개입해야 하는지 알아야 한다. 코칭의 원리에 대한 이해가 필요한 것이다. 성공한 연예인 뒤에는 반듯이 연예기획사의 전문적인 관리능력이 있다. 아이에 대한 코칭도 마찬가지다. 체계적이고 합리적이며 전문적인 코칭이 필요하다.

## 프로코치는 소통의 달인이다

많은 부모들이 자기가 살아오면서 부모로부터 배우고 경험한 내용을 자신의 아이에게 그대로 답습한다. 인생의 경험과 교훈 중 많은 것을 부모로부터 받고, 부모라서 아이에게 전해준다. 하지만 정작 부모 마음속에 코치로서 가져야 하는 프로의식은 찾아보기 어렵다. 앙꼬[팥소] 없는 찐빵이라고나 할까.

우리는 영·유아 시절 부모로부터 전수받은 것들을 마음이라는 은행에 고스란히 쌓아놓았다가 성장하면서 무의식적으로 그것을 불쑥불쑥 꺼낸다. 아니, 그것들이 튀어나온다. 게다가 '내 아이는 그렇게 키우지 않겠어'라는 다짐이 무색할 정도로 부모가 자신에게 했던 부정적인 행동을 일삼고 있는 자신을 때때로 발견하게 된다. 21세기에 살면서 19세기 부모의 교육방법을 벤치마킹하고 있는 것이다.

대가족 사회에서는 형제들을 벤치마킹함으로써 자연적으로 시행착오를 줄일 수 있었다. 그러나 오늘날은 벤치마킹을 하고 싶어도 형제가 없다. 바로잡고 이끌어줄 조부모도 없고, 가장 가까운 부모는 모두 직장에 나간다. 아이 주변에 사람이 없는 것이다. 이웃들과 학부모들과 정보를 주고받고, 인터넷을 헤엄쳐 다니면서 나름대로 정보를 구하고, 교육이나 양육 관련 도서들을 닥치는 대로 읽고, 그도 아쉬우면 교육전문가를 직접 찾아 자문을 구해야 한다. 이렇듯 나름의 애를 쓰다 보니 문제가 발생하면 그 원인과 책임을 모두 아이에게 전가하는 부모들이 적지 않다.

과거의 부모와 자식 간이 잔잔하고 은은하게 흐르는 강이었다면, 지금은 절벽에서 아래로 순식간에 내리꽂히는 폭포와 같다. 요즘은 부모와 자식 사이의 감정 표현이 너무나 즉흥적이고 노골적이다. 서로 간에 배려 깊은 사랑을 느낄 겨를이 없다. 부모나 아이나 '참는다는 것', '기다린다는 것'을 용납하지 않는다. 부모가 기다릴 줄 모르면서 아이가 기다림을 알기를 바랄 수는 없다. 부모가 참지 못하면서 아이가 참고 인내하기를 바랄 수도 없다.

급격한 사회 변화로 세대 간의 의식 차이는 더욱 두드러지고 있다. 부모와 자녀 사이에 대화의 통로가 막히는 일이 다반사다. 물론 1차적인 원인은 부모에게 있다. 부모가 자녀의 의견을 수용하지도 못 하고, 잘라버리기 때문이다. '나는 부모의 말씀에 고분고분 잘 따랐다'는 자신의 경험을 지금의 자녀들에게 강요하기 때문이다. 서로를 이해하기 위해서는 대화가 필요하고, 그러기 위해서는 시간이 필요하다. 더불어 부모는 자녀를, 자녀는 부모를 이해하고자 노력하고 기다릴 줄 알아야 하는 것이다.

부모가 부모다울 때 아이가 아이다울 수 있다. 사랑한다는 명목 아래 과잉보호를 하는 것은 아이를 꿈도 없고 미래도 없는 낙오자로 키우기 쉽다. 그렇다고 독립심을 키운다는 명목 아래 무작정 아이가 하고 싶은 대로 하게 해서도 안 된다. 그렇게 자란 아이는 사회적으로 잠재적 시한폭탄이다.

아이에 대한 적절한 관심과 사랑은 기본이다. 여기에 아이 스스로 자기 할 일을 해내고, 아이 자신의 삶을 개척할 수 있도록 다양한 동기를 부여해주고 아이를 이해하는 것, 그것이 바로 바람직한 부모코칭이다.


## 프로코치는 생각이 자유롭다

리듬체조 선수가 금메달을 따기 위해서는 곤봉, 리본, 공, 줄, 훌라후프 등의 기구를 잘 다룰 수 있어야 한다. 한 종목이라도 취약하다면 금메달을 딸 수가 없다. 리듬체조는 종목별이 아닌 이 중 네 종목의 점수를 합산한 종합점수로 우위를 가리기 때문이다.

사람 역시 편식을 하지 않는 아이가 편식하는 아이보다 신체적으로는 물론이고 정신적으로도 훨씬 더 건강하고 튼튼하다. 편식은 주로 어린 시절 부모의 식습관에 따라 후천적으로 형성된다. 그래서 아이가 밥 먹는 모습을 보면 아이의 성격을 알 수 있을 뿐만 아니라 그 부모의 양육 형태도 한눈에 알 수 있다.

아이는 밥 먹기 싫다고 요리조리 도망치고, 어떻게든 밥을 먹이겠다고 밥그릇까지 들고 아이를 따라다니는 엄마들이 있다. 하지만 프로코치는 아이를 졸졸 따라다니지 않는다. 반강제적으로 자리에 앉혀 울려가면서까지 밥을 먹이지도 않는다. 대부분의 아이들에게는 제 입맛에 비교적 맞으면, 또는 맛이 있으면 다른 사람은 안중에도 없이 혼자 다 먹어치우는 습성이 있다. 음식 앞에 부모도, 어른도 없다. 그런데도 요즘 엄마들은 오로지 아이 입맛에만 맞춰 식단을 짠다. 아빠는 1년 가도 먹고 싶은 음식 한번 못 먹을 정도다. 그러고는 아이를 위해서라고 말한다. 그러나 정말 아이가 크게 되길 원한다면 당장 식단부터 바꿔야 한다. 싫어하는 음식도 서서히 좋아하게 만드는 것이 프로코치의 능력인 것이다.

편식의 문제는 단순히 고른 영양발전을 방해한다는 데 있지 않다. 음식에서 시작된 편식이 대인관계의 편애로 이어지기 때문이다. 사람관계는 입맛대로 골라서 형성할 수 없다. 또 편식이 심한 아이일수록 주변 사람을 무시하는 경우가 많다. 부모에 의해 왕자나 공주로 살았으니 그럴 만도 하다. 부모가 그랬던 것처럼 다른 사람들도 자신을 떠받들어야 한다고 생각하는 것이다. 그러나 어떤 조직에서든 자기중심적이고 남을 배려할 줄 모르는 사람은 따돌림 당하게 되어 있다. 정상적인 조직생활도 어렵다. 인간관계 역시 좁고 편협하다. '밥상머리 교육'이 제대로 이루어지지 않은 탓이다.

아이가 야채를 싫어한다고 햄이나 소시지만 주고, 밥을 싫어한다고 햄버거나 피자만 사주어서는 안 된다. 불고기 반찬을 좋아한다고 해서 무조건 아이 숟가락에 듬뿍듬뿍 올려줄 게 아니라 다른 사람도 배려해야 한다는 것을 먼저 밥상머리에서 가르쳐야 한다. 그래야 친구 집에서 좋아하지 않는 음식을 대접받더라도 감사히 수저를 들 수 있는 법이다.

밥상머리 교육을 제대로 받은 아이는 다른 사람의 호의나 대접에 감사할 줄 안다. 매사에 감사할 줄 아는 사람, 다른 사람의 입장에서 생각할 줄 아는 사람, 가볍게 스쳐 지나간 인간관계도 소중하게 여길 줄 아는 사람, 상대방을 배려할 줄 아는 사람은 언제 어디를 가도 환영받고 존경받는다. 그리고 그 시작은 밥상머리에 있다.

## 프로코치는 행동으로 말한다

아이는 부모의 거울이다. 성격에서부터 말하는 것까지 어쩜 그렇게 부모를 쏙 빼닮았는지 신기할 정도다. 심지어 제발 닮지 않았으면 하는 것까지 닮아 있다.

가정에서 아이의 눈에 비치는 부모의 모습은 의외로 단순하다. 아이가 접하는 아빠의 모습은 저녁에 집에 돌아와 밥 먹고, 신문 보고, 텔

레비전 보다가 자는 것이 전부인 경우가 많다. 아이가 어릴 때는 물론이고, 중·고등학생이 되어도 별다른 변화가 없다. 그저 바보상자에서 흘러나오는 연예인들의 목소리에 귀 기울이며 울고 웃고 할 뿐이다. 대화가 끼어들 자리가 없다. 그러다 보니 한 자리에 같이 앉아 있는 것이 오히려 무안하고 불편하다. 각자의 공간에서, 설사 같은 공간에서라도 각기 스마트폰이나 컴퓨터를 하는 게 더 편하다.

부부의 모습은 어떤가? 오순도순 이야기를 나누는 모습보다는 서로 윽박지르고 싸우는 모습을 더 많이 보여주지는 않았는지. 부모가 하는 말이라는 게 고작 하라는 것과 하지 말라는 내용의 문장 몇 개는 아닌지. 주로 "공부해라"와 "게임하지 마라"일 것이다. 그 외에는 대화의 주제가 없다. 그야말로 소통이 막혀 있는 것이다. 경기에서 좋은 성적을 내는 팀을 보면 선수와 코치가 일심동체라고 할 만큼 행동, 정서, 그리고 감정까지 공유되어 있는 것을 볼 수 있다.

수영을 못 하는 코치가 수영을 가르칠 수 없고, 스케이트를 못 타는 코치가 스케이트를 가르칠 수 없다. 시연해줄 수도 없고, 무엇이 문제인지 파악하기도, 해결방안을 찾기도 어렵다. 당연히 진도는 더디고, 효과도 기대할 수 없다.

가정에서도 마찬가지다. 부모가 함께 책을 읽거나 한 사람만이라도 책을 읽고 공부를 하고 있는 모습을 보인다면 굳이 부모가 아이들에게 공부해라, 책을 읽어라, 고 잔소리할 필요가 없다. 책 읽기가 자연스레 생활의 한 부분으로 자리 잡기 때문이다. 반면 부모가 집에 들어오기 무섭게 게임이나 스마트폰에 빠지면 아이도 그렇게 되기 쉽다. 그런 아이에게는 공부해라, 고 아무리 잔소리를 해도 소용이 없다.

담배 피는 고등학생 아들에게 담배 피지 말라고 훈계했다가 "아버지부터 담배 끊고 말씀하세요"라는 아들의 말에 충격을 받고, 담배를 끊었다는 어떤 분의 이야기를 들은 적이 있다. 아이에게 변화된 행동을 바란다면 자신부터 달라져야 하는 것이다. 프로코치는 100번의 잔소리보다 한 번의 실천이 더 큰 효력을 발휘한다는 것을, 훨씬 강력한 영향을 끼친다는 것을 잘 알고 있는 사람이다.


## 프로코치는 자율성을 강조한다


부모가 일일이 챙겨주지 않아도 자기 할 일을 스스로 알아서 하는 아이가 있는가 하면 하나에서 열까지 끊임없이 간섭하고 챙겨주어야만 하는 아이도 있다. 어른도 마찬가지다. 자신의 일은 결정에서부터 실행까지 스스로 잘 알아서 하는 사람이 있는가 하면 성인인데도 선택

## 부모로서 해서는 안 되는 것과 해야만 하는 것


**해서는 안 되는 것**

▶ 텔레비전 보면서 아이에게는 들어가서 공부하라고 말하기

— 텔레비전을 끄면 자동으로 들어간다. 할일이 없으니까.

▶ 인터넷 고스톱게임을 하면서 아이에게는 게임하지 말라고 하기

— 아이가 속으로 욕한다. 자기는 게임하면서 나만 못 하게 한다, 고.

▶ "그렇게 공부 안 해서 나중에 뭐 될 거야?"라고 묻기

— "아빠처럼 될 거야"라고 할지도 모른다. 그때는 때리지도 못 한다.

▶ 아이에게 술, 담배 심부름시키기

— 차라리 공개적으로 아이에게 술·담배를 가르치는 것이 낫다.


**해야만 하는 것**

▶ 아이가 텔레비전 볼 때 같이 보면서 웃을 때 따라 웃어주기

— 지난 줄거리와 다음번에 어떻게 될 것인지를 물어봐라. 이야깃거리가 생긴다.

▶ 아이가 게임하면 옆에서 가만히 지켜보며 고수라고 칭찬해주기

— 잔소리만 하면 옆에 있을 때는 공부하는 척하다가 혼자가 되면 또 게임한다.

▶ 아이가 신문을 보고 있으면 다 볼 때까지 기다려주기

— 다 보면 당연히 준다. 그때 무슨 내용인지 꼭 물어보고 칭찬해준다.

▶ 부부가 함께 쇼핑 가거나 조용히 이야기하는 모습 많이 보여주기

— 돈 드는 일이 아니다. 아이의 정서가 안정되는 데 도움이 된다.

과 결정의 매 순간에 부모에게 의견을 구하는 사람도 있다. 사회심리 학자 에릭슨은 그 차이를 자율성과 주도성의 발달 수준에 따른 차이라고 설명했다.

에릭슨Erik Homburger Erikson은 인간의 발달 과정을 8단계로 구분했는데, 그중 2단계가 자율성과 수치심의 과정이다. 이 시기 아이들은 걸음마를 배우고, 물건을 잡고, 혼자서 숟가락을 쥐면서 모든 것을 제 마음대로 하려 고집을 부리기 시작한다. 모든 것이 아직은 서툴기 때문에 일거리를 만들기 일쑤여서 여간 성가신 것이 아니다. 하지만 점점 익숙해지고, 혼자 해내는 일들도 많아진다. 이 과정을 통해 아이는 자신의 능력을 확인하면서 자신감과 우월감을 갖게 된다.

그러나 부모가 이때 아이 마음대로 하지 못하게 한 채로 옆에서 도와주고 챙겨주면 아이는 자신의 능력을 얕잡아 보고 열등감에 빠지게 된다. 이렇게 성장한 아이는 어른이 되어서도 누가 옆에서 시키지 않으면 아무것도 하지 않는다.

우리 주변에는 엄마가 밥을 떠먹여 주지 않으면 먹지 않는 아이가 많다. 자율성과 주도성을 형성해야 할 시기에 엄마가 아이가 하려는 의지를 꺾어버린 탓이다. 이런 아이일수록 자율성은 심각하게 떨어진다. 부모가 무조건 자식의 일을 대신해주다 보니 아이들 스스로도 '대리인' 없이는 아무것도 할 수 없다는 최면에 걸려 있다. 밥을 저를 위해 먹는 것이라기보다는 부모가 원하니까 먹는 것으로 인식한다. 이는 학습에도 악영향을 미친다. 자기 주도에 의한 학습을 하지 못하고 강요나 지시를 받아야만 공부를 하는 것이다. 밥이 그랬던 것처럼 공부도 부모를 위해 하는 것이라 여기고 유세를 부린다. 하지만 학습에 대한 흥미와 집중력은 날이 갈수록 떨어지게 된다. '내 인생의 주인은 누구인가?'라는 질문에 겉으로는 "내 인생은 나의 것"이라고 대답하지만 속으로는 '당연히 내 인생은 엄마의 것'이라고 비아냥거리고 있을지도 모른다.

코치라고 해서 성인인 선수의 밥까지 먹여주지는 않는다. 부디 아이를 부모의 손바닥 위에 올려놓은 손오공이라 생각하지 않기를 바란다. 아이의 하루 일과는 물론이요, 친구관계까지 통제하는 등 아이의 자율성을 모조리 빼앗는 부모가 되어서는 곤란하다.

부모의 과잉반응은 아이를 외톨이로 만들 가능성이 높다. 친구란 학교생활을 통해 자연스럽게 형성되는 것이다. 성적에 따라, 가정환경에 따라, 외모에 따라 친하게 지낼 친구와 멀리해야 할 친구를 구분해주는 것은 아이가 건강하게 성장할 수 있는 기회를 빼앗는 것이다.

평소에 아이가 해야 할 일을 스스로 할 수 있도록 기다려주고, 격려해주어야만 한다. 그것이 부모가 해야 하는 코칭이다. 다시 말하지만 사랑이라는 명목으로 자식의 삶을 부모의 의지대로 결정하려 해서는 안 된다. 지나친 사랑은 아이를 병들게 할 뿐이다. 반항심과 의존심을 부추기고 무책임한 사람으로 만든다. 아이가 지쳐서 넘어지고 쓰러질 땐 달려가 일으켜주고 부축해줄 수는 있어야 한다. 하지만 아이를 업고 대신 뛰어서는 안 된다.


## 프로코치는 다양성을 믿는다


아마추어와 프로의 차이는 당장 눈앞의 이익에만 급급해 하는가, 그렇지 않은가의 차이다.

프로코치는 먼 훗날을 바라볼 수 있는 눈을 가지고 있다. 잠재능력을 알아보고 유망주로 발굴해 선수로 양성하는 것에 더 큰 목적을 둔다. 유전을 개발하기 위해 수백 미터 바다 속에 시추공을 뚫는 것과도 같다.

당장 공부를 잘하고 못하는 것으로 아이를 판단하는 것만큼 어리석은 일도 없다. 설령 대학에 진학하지 못했다고 해서 실패한 것도 아니다. 고등학교만 졸업하고도 국내외적으로 큰 사업을 하는 사람이 있는가 하면 대학에 대학원까지 나와서도 취업을 못 하는 사람도 있다.

문제는 또 있다. 공부 잘하는 아이들끼리 모이면 성적이 더 오를 거라고 생각한다는 것이다. 그러나 꼭 그런 것은 아니다. 그룹 내에서 뒤처지기라도 하면 심리적 부담과 스트레스만 가중될 뿐이다. 게다가 요즘 소위 공부 잘한다는 아이들은 서로를 경쟁상대로 간주하기 때문에 자기가 아는 내용을 가르쳐주려고 하지 않는다. '적과의 동침'인 셈이다. 그런 속에서 진정한 친구관계는 형성되기 어렵다.

그러나 성적 차이가 심한 아이들은 경쟁의식이 덜하다. 또 서로를 인정한다. 때문에 베푸는 것이 가능해진다. 공부를 잘하는 아이는 못하는 아이를 도울 수 있는 것이다. 못하는 아이는 배워서 좋고, 잘하는 아이는 자신의 실력을 뽐내면서 친구로부터 인정받을 수 있다. 게다가 가르친다는 것은 복습의 기회를 갖는 것과 같다. 공생의 관계를 형성할 수 있다.

대인관계는 상대적인 경우가 많다. 키가 큰 사람은 오히려 키가 작은 사람과 동행하길 좋아하고, 뚱뚱한 사람은 날씬한 사람과 어울리기를 좋아한다. 자신과 정반대인 친구를 통해 마음의 여유와 정서적 안정을 얻는 것이다. 이는 상대적으로 자기가 가진 것을 인정받기를 원하고, 더불어 자기가 갖지 못한 것에 대한 대리만족으로서의 심리가 작용하기 때문이다.

학교에서는 공부 못하면 아무것도 못하는 죄인 취급받기 일쑤다. 하지만 아이들 중에는 공부만 잘하는 아이도 있고, 공부만 못하는 아이도 있다. 대체로 공부만 못하는 아이가 적응력, 친화력 등의 사회성이 뛰어나다. 그래서 종종 공부 잘하는 아이들의 부러움을 사는 경우도 있다.

하지만 부모들은 그렇게 생각하지 않는다. 아이의 능력을 10이라고 했을 때 나머지 아홉 가지를 잘해도 공부를 못하면 아무 소용이 없다고 생각한다. 반대로 나머지 아홉 가지를 못해도 공부 하나만 잘하면 다 잘하는 것으로 착각한다. 반드시 공부를 잘해야 한다는 왜곡된 생각에 사로잡혀 있는 것이다. 이는 공부만을 유일한 삶의 희망이자 돌파구라 여기기 때문이다. 다양성과 창의성이 배제된 입시 위주의 교육으로만 내달리는 이유다.

공부 못한다고 다른 것까지 다 못하는 것은 아니다. 누구나 나름대로의 장단점이 있다. 공부는 못하지만 소위 싸움 짱인 아이와 공부는 잘하지만 매사에 소극적인 아이가 어깨를 나란히 하고 어울려 다닌다고 생각해보자. 공부를 잘하는 아이의 부모가 알면 기절할 노릇일 것이다. 하지만 이 둘은 서로의 장점을 인정하고, 나아가 서로를 인정한다. 진실한 우정을 쌓을 수 있는 기본을 갖추고 있는 것이다.

학교폭력이 사회문제가 되고 있는 요즘, 예방법은 의외로 간단할 수 있다. 아이들의 심리를 읽는 것이다. 소위 문제아라고 하는 아이들은 보면 크게 두 가지 유형으로 나눌 수 있다. 공부 잘하는 것을 은근히 부러워하며 잘하는 아이와 좋은 관계를 유지하는 경우와 공부 잘하는 것을 부러워하면서도 배척하는 아이다. 후자의 경우는 공부 잘하는 아이 옆에 얼쩡거리거나 "네가 그렇게 공부를 잘하냐?"는 식으로 시비를 많이 건다. 그러면서 한편으로는 '자신은 싸움을 잘한다'는 것을 은근히 과시하며 자기 존재를 인정해주길 바란다. 이때 어떤 반응을 보이느냐에 따라 좋은 관계를 맺을 수도 있고, 그야말로 괴롭힘의 대상이 될 수도 있다. 물론 비굴하게 항복할 수는 없다고 해서 "한판 붙자"라고 하면 대결을 피할 수 없게 된다. 그러나 비굴하지 않으면서 좋은 친구가 될 수 있는 좋은 방법이 있다. 상대를 인정하는 것이다.

문제아들도 역시 아이다. 자존심은 강하지만 자기 존재를 알아주면 금세 마음을 연다. 보통 폭력을 일삼는 사람에게 폭력은 자기를 표현하는 방법이고 자신에 대한 인정을 요구하는 행위다. 따라서 자기를 보고 도망가거나 의도적으로 회피하는 사람이 있으면 당장 불러 세워 인정받고 싶어 한다. 의도적으로 피하기보다는 개인적으로 이야기할 수 있는 시간이나 기회를 마련하여 관심을 보여주는 것이 중요하다. 이때 "너는 잘못하고 있어" 식의 무시하는 행동은 절대 금물이다. 이미 선생님이나 부모로부터 충분히 지적을 당하고 있다. 또래에게마저 무시당하는 일은 더 이상 참지 못한다. 공부 잘하는 것으로는 인정받기 힘드니까 힘자랑을 통해서라도 과시하고 관심 받고자 하는 것이다.

"쟤는 나쁘니까 절대 친구하지 마라", "쟤는 질이 안 좋으니까 말도 하지 마라"는 식으로 무조건 차단시키고 무시하라고 하지 않기를 바란다. 그보다는 아이가 현명하게 대처할 수 있는 방법을 알려주는 것이 좋다. 색안경을 끼고 보기보다는 관계를 인정해주고 지속적인 관심을 가져주는 것이 중요하다.

# 프로코치는 고민을 나눈다

코치는 고민이 없을까? 당연히 있다. 코치는 그 누구보다 자기관리에 철저해야 한다. 그렇지 않으면 결코 살아남을 수 없다. 부모가 코치로서의 코칭을 잘하기 위해서는 자기관리가 필수다. 그리고 코치로서 갖게 되는 고민도 존재한다. 경제적인 문제도 될 수 있고, 건강상의 문제도 될 수 있다.

자녀를 코칭하는 부모에게도 고민은 있다. 그리고 부모라는 이유로 고민을 끙끙 끌어안고만 있다. 감정과 고민을 공유할 때 진정한 가족이 된다는 것을 간과하고 있는 것이다. 고민은 숨겨도 은연중에 드러나게 되어 있다. 내용을 모르는 상태서 부모의 이상한 낌새는 아이를 불안하게 하고, 오해하게 만들 뿐이다. 잘못했다가 가족 간에 갈등만 키울 수 있다. 어떤 상황에 처해 있는지 아이들도 어느 정도는 알고 있어야 감정의 공유가 가능해진다. 또 가족의 일원으로서 책임감도 가질 수 있다. 하루 벌어 하루를 사는 형편이 어려운 집 아이들이 어른스럽고 가족 간에, 형제간에 사랑이 넘치는 것이 그 예다.

아이 때는 누구나 빨리 어른이 되고 싶어 한다. 어떤 간섭이나 통제도 없이 마냥 자유로울 수 있을 것이라는 막연한 동경심 때문이다. 이를 다시 말하면 지금 부모의 간섭이나 통제가 싫다는 의미이기도 하다. 그리고 시험 걱정, 공부 걱정 없는 어른들이 마냥 부럽다는 의미이기도 하다. 하지만 실제 부모는 아이의 생각처럼 자유를 누리지 못한다. 가족에 대한 책임감과 경제적인 문제, 노후문제 등 많은 짐을 지고 있다. 반면 부모가 보기에 아이는 그야말로 천하태평이다. 부모가 벌어주는 돈으로 학교 가서 열심히 공부만 하면 되는데, 뭐가 걱정이고 뭐가 스트레스인지 도무지 이해할 수 없다고들 한다. 본래 자기가 처한 상황이 제일 힘든 법이다. 그래서 필요한 것이 대화이고, 공유다. 서로에 대해 알지 못하면 각자 가진 고충을 이해하기란 쉽지 않다. 장난삼아라도 한 번쯤은 부모와 아이가 서로의 역할을 바꿔보는 건 어떨까. 이것으로 서로에 대해 100% 아는 것은 무리일 것이다. 하지만 서로를 이해하는 데, 갈등을 줄이는 데 도움은 될 것이다. 아이에게 부모가 일하는 곳이 어떤 곳인지 둘러볼 수 있는 기회를 주는 것도 좋다. 아이와 함께 직장을 둘러보며 맡은 일은 어떤 것이고 어떻게 처리해야 하는지에 대해 자연스럽게 이야기를 나누다 보면 아빠가 가족들을 위해 또 다른 조직 안에서 열심히 애를 쓰고 있다는 사실을 어렴풋이나마 깨닫게 될 것이다. 그리고 무엇보다도 부모의 생각이나 부모의 고민을 아이에게 털어놓을 수 있어야 한다. 이야기하는 만큼, 보여주는 만큼 아이들은 부모를 이해한다. 그러면 아이도 자신의 고민을 털어놓는다. 학교생활은 어떠하며, 주변에서 일어나는 일들에 대해서 어떻게 생각하는지 자연스럽게 마음의 문을 열고 이야기를 걸어올 것이다. 부모로서의 권위만 내세우고 아이의 본분만 강조하는 것은 프로코치의 자세가 아니다. 함께 소통하고 교감할 수 있는 친구 같은 부모가 훌륭한 코치다.

# 프로코치는 공부를 내려놓는다

길이 없으면 길을 만들면 되고, 문이 없으면 문을 달면 된다. 그러나 대부분 새로운 도전보다는 안전한 방법을 택하고자 한다. 길이 없으면 돌아가려고만 한다. 원래부터 없었으니까, 라며 새롭게 만들 수 있다는 것을 생각하지 못한다. 그래서일까, 장래 아이가 무엇이 되기를 희망하느냐고 100사람에게 물으면 들을 수 있는 직업의 종류는 열 개 내외가 전부다.

세상을 살아가는 방법과 행복을 얻는 방법에는 정답이 없다. 생각을 바꾸고 마음을 바꾸면 그 방법은 참으로 다양하다. "내가 고생하며 살았으니까 너는 내 전철을 밟지 마라", "난 공부를 못 해서 이렇게 살지만 너는 공부를 해서 꼭 출세를 해라"고 간곡히 당부해봤자 쇠귀에 경 읽기다. 사실 부모 세대에게 출세하기 위한 방법은 오직 공부밖에 없었다. 모노레일이었던 것이다. 하지만 지금은 KTX의 고속철 시대다. 수많은 레일 위에 서로 다른 목적지를 향한 기차들이 오간다. 성공의 목적지고 오직 고시합격을 해야만 도달하는 것이 아니라는 말이다. 제발 공부만이 유일한 출세로 가는 길이고 성공의 어머니라는 생각을 버려라.

박찬호를 비롯해 박세리, 박지성 등 해외에서 활발하게 활동하는 선수들이 있다. 세계 속에서 선수들을 보면서 많은 부모들이 부러워한다. '우리 아이도 나중에 저럴 수 있었으면' 하고 내심 바라기도 한다. 그러면서도 막상 아이에게는 "방에 들어가서 당장 공부해"라고 한다.

너무나도 이중적이다. 운동을 좋아하는 아이라면 경기를 함께 보며 "너도 저런 훌륭한 선수가 될 수 있다"고 격려할 수도 있지 않을까. 운동을 좋아하지 않는다면 페어플레이 정신에 대해 이야기를 나눈다거나 저 위치까지 가기 위해 선수가 얼마나 노력했는지에 대해 이야기를 나눈다면 얼마나 좋을까. 다시 한 번 말하지만 공부만이 능사는 아니다. 세상을 살아가는 방법은 다양해서, 이 세상에 100명이 산다면 그들이 사는 100가지 모습이 다른 방법이 될 수 있다.

아이들의 생김새가 다 다르듯 아이들의 능력과 재능도 다르다. 공부에 흥미와 재능이 있는 아이는 공부를 하고, 노래에 재능을 가진 아이는 노래를 부를 수 있도록 길을 열어주어야 한다. 또 친구들하고 어울려 놀기만 하는 아이라도 그 속에 재능이 숨어 있다. 친구들이 많은 아이는 인간적인 매력과 사람을 다루는 재능이 있는 것이다.

세상은 변했다. 부모도 변해야 한다. 그것이 아이의 인생을 도와주는 길이다.


## 프로코치는 주인의식을 내려놓는다

코치는 주인공이 아니다. 제대로 된 길을 갈 수 있도록, 올바른 방향으로 갈 수 있도록 도움을 주는 사람이다. 따라서 주인의식보다는 관리자의식을 가지고 있어야 한다. "너는 내 것", "내가 아니면 안 된다"는 생각을 과감하게 떨쳐버릴 수 있어야 하는 것이다. 그래야만 코치로서의 삶이 가능해지고, 코칭을 받는 사람도 마음껏 자신의 기량을 발휘하게 된다. 움켜잡으려고 하면 할수록 서로가 힘들어진다.

실제적인 코칭에서 중요한 것은 관리방법이다. 훈련을 시킬 때에 무조건 통제하고 강제하는 것보다는 잡을 땐 잡고 풀어줄 땐 풀어주는 강약조절이 필요하다. 이는 주인으로서보다 관리자로서의 부모 역할을 자청할 때 가능하다.

가정은 아이가 태어나서 결혼에 이르기 전까지 가장 편안하고 따뜻한 안식처다. 더불어 가정은 아이의 신체적, 정서적, 사회적 발달을 위한 교육이 이루어지는 1차 교육기관이기도 하다. 이때의 교육은 주로 부모를 보고 배우는 것으로 이루어진다. 아침에 눈을 떠서 잠이 들 때까지 아이는 눈에 보이는 부모의 모든 행동과 말과 눈빛을 스펀지처럼 빨아들이는 것이다. 때문에 부모에 따라 아이의 성격과 세계관, 가치관 등이 달라진다.

교육을 흔히 백년대계의 육영사업이라고 말한다. 봄에 씨를 뿌려 가을걷이를 하는 1년 농사로 끝나지 않기 때문이다. 따라서 교육에 참여하는 학생과 학부모, 교사 각자의 역할이 너무나 중요하다. 학생과 학부모, 교사가 교육을 통해 새로운 인재를 배출하기 위한 대형 프로젝트에 참여하여 공동 컨소시엄을 구성한 것이다. 따라서 참여자의 능력과 의도, 협력 정도에 따라 결과는 현격하게 나타날 것이다.

건축에서 훌륭한 시공능력을 가지고 있다 하더라도, 기본 설계도를 잘못 그렸다면 시공 자체는 헛일이 되어버린다. 그런가 하면 세계 최고의 설계도면을 그려냈어도 시공 과정에서 설계도대로 공사하지 않는다면 하자가 발생할 수밖에 없다. 설계와 시공이 정확히 맞아떨어지더라도 재료 자체에 문제가 있다면 설계와 시공은 무용지물이 되어버린다. 또한 체계적인 관리 없이 방치한다면 얼마 지나지 않아 무너져 내릴 것이다. 반면 건축 재료가 최상급은 아니었더라도 철저한 관리를 지속하며 돌본다면 오랜 보존은 물론 가치 있는 평가도 받을 수 있을 것이다.

교육에서 교사는 건축 설계자, 학생은 원재료와 시공자, 부모는 건물관리자에 해당한다. 건물이 제대로 서고 유지되려면 설계와 재료, 시공, 관리가 잘 어우러져야 하듯이 교육이 제대로 서려면 교사와 학생, 학부모가 서로의 책임을 다하며 협력해야 하는 것이다. 특히 설계자와 관리자는 흙 속에 파묻혀 있는 진주를 발견하듯 아이의 잠재된 특성과 능력을 발견해야 한다. 이는 교사와 부모가 종합예술가의 눈으로 아이를 바라볼 때 가능해진다.

## 프로코치는 내 아이를 최고로 여기지 않는다

훌륭한 코치는 큰일을 위해서 작은 일을 소홀히 하거나 희생하지도, 자기 팀이 최강이라고 자만하지도 않는다. 끊임없이 훈련과 목표를 정비할 뿐이다.

핵가족화와 어려운 경제상황에 의해 사회·경제적 능력이 있어야 아이를 많이 낳을 수 있다고 여기는 시대가 되어버렸다. 아이 한 명을 키우는 데 드는 비용이 늘어나고 있기 때문이다. 게다가 요즘 부모들은 '내 아이가 최고'라는 환상에 빠져 있다. 그러다 보니 부모들은 아이에게 해줄 수 있는 만큼 최고의 기회를 제공해주고자 한다. 최고의 방법으로 최고로 키우겠다는 것이다. 한마디로 아이에게 올인하는 것이다. 가계경제가 어려움에 처해도 일단 아이에게는 최고의 교육을 시키고자 하는 것이다. 결국 부모는 아이가 대학을 졸업할 때까지 자신들의 삶을 돌보지 못한다.

최고의 교육으로 훌륭한 인재를 양성한다는 취지 자체가 문제는 아니다. 문제는 과도한 경제적 부담이 부모의 삶을 망가뜨릴 수 있다는 것, 나아가 가정불화를 야기할 수 있다는 것이다. 그러나 그보다 더 큰 문제는 아이들에게 있다. 자기중심적이고 이기적인 아이들이 늘어나는 것이다. 또한 성적이 좋지 않으면 아이는 기가 죽을 수밖에 없다. 꽃망울을 피워보지도 못 한 채 부모 가슴에 못질하는 아픔을 남기고 생을 마감하는 아이들이 늘어나는 이유다. 부모의 소원을 들어주기 위해 전교 1등을 하고 나서 제 할 일을 다했다며 세상을 떠나는 아이도 있다. 1등주의, 성적제일주의가 만든 슬픈 우리 아이들의 현주소다.

그뿐이 아니다. 게임을 한다고 부모에게 꾸중 들었다고 다음 날 스스로 목숨을 끊은 아이도 있다. 여자친구 혹은 남자친구와 헤어졌다고 생을 마감하는 아이도 있다. 학교폭력과 왕따를 견디다 못해 세상을 등지는 아이도 있다. 모두 내 아이가 최고이고, 따라서 최고로 키워야 한다는 부모의 생각이 아이를 나약하게, 이기적으로 만들었기 때문이다. 부모가 알아서 다 해준 아이는 나약하고, 나약한 아이는 실패나 좌절을 견디지 못한다. 부모가 1등만을 요구한 아이는 1등이 아니면 존재 이유를 알지 못한다.

그리고 부모의 착각은 아이가 가진 능력을 발견해낼 수 없도록 부모의 눈에 장막을 드리운다. 내 아이가 무엇을 잘하는지, 아이가 마음속에 품은 꿈이 무엇인지 알 수 없게 만든다. 아이의 능력을 발견해내고, 꽃피울 수 있도록 도와주는 것이 부모다. 무조건 1등만을 요구해서는 아이가 꿈을 꿀 수도, 펼칠 수도 없다. 내 아이가 최고가 아님을 인정하면 많은 것이 보인다. 아이의 꿈도 보이고, 아이의 능력도 보인다. 또 아이를 위한 최선의 양육법도 보인다.

사실 전쟁의 폐허 속에서 우리나라가 지금처럼 빠르게 성장할 수 있었던 데는 '내 자식 하나만큼은 남들에게 뒤지지 않게 키우겠다'는 우리 어머니, 아버지의 희생이 있었다. 과거에 그분들은 소를 팔고, 밭을 팔아서라도 아이를 대학에, 그것도 명문대학에 보내고자 했다. 명문대학에 들어가는 것이 곧 인생의 성공과 행복을 보장받는 길이라 여겼던 것이다. 그러나 먹고살기 웬만해진 지금도 명문대학은 여전히 성공을 향한 첫 번째 관문으로 여겨지고 있다. 아니, 과거보다 더 심해졌다고 하는 것이 맞겠다. 아이가 중학교, 심지어 초등학교에 발을 내딛는 순간부터 대학입학을 위한 전투태세를 갖추는 부모가 적지 않으니 말이다. 이런 상황에서 대학진학의 실패는 곧 인생의 실패다. 대학진학을 자녀 인생의 성패를 가르는 기준점으로 여기는 것이다.

한국의 부모들만큼 대학입학을 출세의 지름길로 생각하고 자녀를 위해 헌신과 희생을 다하는 부모는 세계 어디에도 없다. 매년 입시철만 되면 유대교 최대의 성지인 '통곡의 벽'처럼 전국의 대학에는 입시생 부모를 위한 통곡의 벽이 만들어진다. 전국의 사찰과 교회에는 108배를 하고, 새벽기도를 하는 어머니들이 줄을 잇는다. 어떤 엄마는 아이가 고등학교 입학하면서부터 꼬박 3년을 하루도 빠지지 않고 새벽기도를 한다. 부모의 눈물 어린 기도 때문에 하나님이 감동을 받아 하는 수 없이 대학에 합격시켜 준 게 아닐까 하는 생각이 들 정도다. 대학에 가는 것도, 성공을 하는 것도 모두 자녀의 일인데도, 정작 과정의 고단함은 부모의 몫이 되어버린다. 자식 대학 보내기에 인생을 저당 잡힌 채 살고 있는 것이다.

과거에는 자식 잘 키우는 것이 곧 노후보장이었다. 그러나 지금은 다르다. 금이야, 옥이야 온갖 고생을 마다 않고 공부시키고 출세시켜 놓아봤자 그 공은 부모의 것이 되지 않는다. 부모가 그렇게 키운 탓이기도 하다. "네가 최고다"라는 말을 듣고 자란 아이가 부모의 고생을 알 리 없다. 부모의 희생을 당연한 것으로 여긴다. 따라서 훗날 성공해도 부모의 공이 아니라 자신의 능력 덕분이라고 생각한다. 그런 자식에게 이제 돈 없고 늙은 부모는 짐일 뿐이다. 자식만 쳐다보고 살다가는 '닭 쫓던 개' 신세가 될지도 모르는 것이다.

부모로서 해야 할 당연한 의무를 했을 뿐이라고, 아이가 훌륭하게 성장하는 과정을 지켜보며 심리적 포만감을 느꼈다는 데 만족한다고 하면 그나마 다행이다. 그러나 처음부터 보상심리로 가득했다면 상황이 다르다. 자식에게는 부모의 인생을 책임져 줄 준비가 되어 있지 않기 때문이다. 이런 경우 부모는 자신의 인생을 돌아볼 수밖에 없다.

그렇게도 원하는 대학에 진학시키기만 하면 부모로서의 의무는 다 했다고 생각할지도 모른다. 그러나 그 순간 부모 자신의 인생은 내리막길을 시작한다. 아이에게 올인했을수록 내리막길의 경사는 심하다. 남들은 제2의 사춘기를 꿈꾸는데 돈도 건강도 없다면?

부모로서 해야 할 역할은 해야 한다. 하지만 모든 걸 걸어서는 안 된다. 대학이 모든 것을 해결해주지는 않는다.


## 프로코치는 창의적이다


훌륭한 코치는 다른 사람은 생각하지 못하는 기발한 전술로 상대를 무너뜨린다. 기존의 방식과는 다른 선수 교체로 상대의 전략을 흔들어 놓기도 한다. 또 전혀 뜻밖의 선수를 기용해 상대를 혼란스럽게 만든다. 다른 사람이 생각하지 못하는 것을 생각해내는 것, 그것이 프로코치의 자격요건인 것이다.

프로코치로서의 부모 역시 다른 사람들의 생각과 기존의 사고방식에서 자유로워져야 한다. 그러면 어떤 생각으로부터 자유로워져야 할까?


**첫째, 공부 못한다고 먹고살 길이 없는 것은 아니다**

공부 못한다고 먹고살 길이 없다고? 천만에 말씀! 공부는 먹고 살기 위해 하는 것이지, 먹고 죽기 위해 하는 것이 아닌 이상 공부 못해 죽을 일은 없다. 세상에 대학시험 떨어졌다고 죽을 바에야 차라리 굶어 죽는 것이 낫다. 먹고 살려고 대학에 들어가는 것이라면 막말로 떨어졌으니 굶어 죽어야 할 일 아니겠는가. 대한민국에서 공부를 못해 굶어 죽은 사람은 없다. 또 공부를 잘했다고 모두 성공한 인생을 산 것도 아니다. 세상에 얼마나 잘 적응하고 자기 하고 싶은 일을 하면서 자신 있게 살아가느냐가 중요하다. 아이가 공부를 못한다면 차라리 돈 버는 법을 가르치는 것도 방법이다. 그 돈으로 필요한 인재를 활용하는 사람이 될 수 있도록 말이다.

### 둘째, 행복은 학교 성적순이 아니다

행복이 성적순이라는 것은 부모들의 환상이다. 행복과 학교 성적은 아무런 상관관계가 없다. 공부 잘해서 행복하다면 명문대 학생은 평생이 축제여야 하고, 무명대 학생은 평생이 좌절이어야 할 것이다. 그러나 현실은 그렇지 않다. 행복은 성적과도, 대학과도 상관이 없다. 명문대학 출신의 전문직 종사자끼리 결혼한 경우 이혼하는 확률이 훨씬 높다는 통계도 있다. 자신의 현실을 깨닫고 만족하며 앞날에 대한 희망과 꿈을 꿀 수 있을 때 행복은 저절로 오는 것이다.

### 셋째, 인문계 나와야만 대통령이 되는 것은 아니다

학교생활은 세상을 살아가기 위한 정보를 공유하는 과정에 불과하다. 박사학위를 받고 기업을 경영하는 사람도 있지만, 초등학교만 졸

업하고도 세계적인 일류기업을 일구어낸 고 정주영 현대그룹 회장 같
은 사람도 있다. 상고를 나와도, 공고를 나와도 얼마든지 대통령이 될
수 있는 세상이다. 공고 출신이기 때문에 할 수 없다는 생각이 문제다.
상고 출신의 대통령은 안 된다는 고정관념도 버려라. 이루지 못할 꿈
은 없다.

### 넷째, 부정적인 말은 불행의 씨앗이다

사람은 일단 겉보기에 모두 멀쩡하다. 그러나 가만히 하는 말을 들
어보면 헐벗고 굶주리지 않은 사람이 없다. 끼니때가 되면 배가 고파
죽고, 밥 먹고 돌아서면 배불러 죽고, 일만 하면 힘들어 죽고, 놀면 심
심해서 죽는다. 태어날 때부터 거지인 사람은 없다. 그런데도 허구한
날 내뱉는 말이라는 게 고작 '거지같은 인생'이다. 스스로 거지임을 자
처하고 있는 것이다. 비록 세 치밖에 안 되는 입안의 혀를 어떻게 사용
하느냐에 따라 인생의 삶이 거지와 왕자로 나눠질 수 있는 것이다. 성
경에서도 '네 믿음이 너를 구원하였다'라고 하지 않았는가. 내 말이 희
망적일 때는 희망이, 부정적일 때는 불행이 다가온다는 것을 잊지 말
아야 한다.

### 다섯째, 결핍의 요소를 충전하라

무엇을 하려고 하면 온통 부족한 것투성이다. 새로운 것을 시도하
려면 경험이 부족해서 못 하고, 어딜 가려면 시간이 없어서 못 가고, 마
음에 드는 것은 돈이 없어서 못 사고, 하고 싶은 일은 능력이나 나이가

적어서 혹은 나이가 많아서 못 한다고 말한다. 그러다 보니 시도하기도 전에 자신감부터 상실된다. 빈혈 환자처럼 어지럽고 방향감각을 상실하고, 삶의 의욕마저 떨어진다. 이래서는 앞으로 나아갈 수 없다. 혼자의 힘으로 극복이 되지 않는다면 주변에서 자신감 넘치는 사람을 찾아 본받아라. 그로써 삶의 열정을 재충전시켜라. 활력은 죽을 사람도 살릴 수 있는 삶의 열정을 가져온다.

**여섯째, 장남 중심의 남아선호 사상이 문제다**

한국은 전통적으로 장남에 대한 기대가 크다. 그만큼 장남은 성장과정에서 둘째나 셋째보다도 부모로부터 훨씬 더 많은 투자의 수혜를 입는다. 한마디로 편애의 대상이 된다. 유교문화의 영향이겠지만 과거 장남은 부모에게 있어 노후대책의 일환이었다. 때문에 공부시키는 것에서부터 먹고 입히는 것까지 어느 것 하나 부족한 것이 없게끔 했다.

한국의 부모는 장남이 든든하고 모범적이어야 한다고 생각한다. 이는 옛날이나 지금이나 변함이 없다. 아이들의 행동을 그대로 받아들이지 않는 것이다. 그러다 보니 장남은 은연중에 자기 고집이나 주장을 내세우기보다는 부모의 기대에 어긋나지 않으려고 노력한다. 수동적이고, 또 순종적이다. 부모가 만들어놓은 틀에 자신을 가두는 것이다. 이런 상황에서 진취적인 사고를 가지는 것은 거의 불가능하다. 반면 둘째 아이는 자기주장이 강하고 도전과 경쟁의식이 강하다. 둘째 중에 첫째보다 더 똑똑하고 경쟁심이 강하고 도전의식이 뛰어난 아이가 많은 이유다. 나름대로 비교당하면서 경쟁력을 갖춘 것이다. 때론 남보다 튀려는 행동을 일삼아서 부모를 속상하게 하기도 한다. 하지만 실제로 속이 상하는 것은 부모가 아니라 둘째 아이다. 장남에 대한 지나친 기대는 장남을 틀에 막힌 무능한 사람으로 만들고, 둘째와 셋째에게 마음의 병을 가져다줄 뿐이다.

# 02

# 아이의 미래를 디자인하다, 인성코칭

— 인성코칭 없이는
진학도, 취업도 어렵다

# 인성코칭이란 무엇인가?

## 인성의 개념

인성이란 용어는 접근 방법에 따라 다양하게 정의될 수 있다. 일반적인 관점에서는 '인격'으로 정의하는가 하면, 지그문트 프로이트Sigmund Freud는 정신분석적 관점에서 '성격'으로 정의한다. 다른 사람과 구별되는 사고와 태도 및 행동의 특성을 의미하기 때문에 자신만의 스타일이라 할 수 있다. 즉, 인성은 영어의 퍼스낼리티personality와 캐릭터character 모두를 의미하기 때문에 두 가지를 포함하는 것으로 보면 된다.

인성의 의미는 크게 세 가지로 구분할 수 있는데, 개인적인 것, 심리적인 것, 사회적인 것이 그것이다.

첫째, 개인적 의미는 순수한 개인 한 사람의 입장에서 접근하는 것이다. 개인의 인성은 자신의 정체성에 큰 영향을 미친다.

둘째, 심리적 의미는 사람의 마음속 가장 깊은 곳에 자리 잡은 것에 접근하는 것이다. 때문에 학자들은 심리적 의미를 가장 중요한 기본으로 여긴다. '산을 보며 즐기는 것은 어진 사람이요, 물을 보며 즐기는 것은 지혜로운 사람이듯이, 무릇 지킬 만한 것보다 네 마음을 지켜라. 생명의 근원이 이에서 남이니라'는 말도 있다. 심리적 의미는 밑에서 좀 더 자세히 다루기로 한다.

셋째, 개인적 인성과 심리적 인성이 합쳐질 때 개인이 사회 속에서 우뚝 설 수 있다. 개인의 독특함은 사회 속에 있을 때 더욱 빛을 발하며, 개인의 정서는 다른 사람과 조화를 이루며 살아갈 때 안정을 얻는다. 사회 속의 공공질서를 추구하는 것, 나라를 사랑하는 애국심 등은 사회적 인성의 차원이다.

# 인성코칭은 마음을 다스리는 마음교육

인성은 심리학적 관점에서 인성이 형성되는 과정을 중심으로 접근하고, 교육학적 관점에서는 교육이 인성 형성에 미치는 영향을 중심으로 접근한다. 철학적 관점에서는 인간의 존재 가치와 인간성을 어떻게 해석하느냐로, 도덕적인 관점에서는 행동을 결정짓는 요인으로서 접근한다.

우리의 인성코칭은 마음의 바탕인 지, 정, 의, 이 세 가지를 독립된 개체로 분리하지 않도록, 상호보완적인 관계를 형성할 수 있도록 접근

해야 한다. 인성은 공동체의 구성원으로서 갖추어야 할 필수요소이고, 따라서 인성코칭은 인간의 도리를 갖추게 하는 교육이다. 또한 인성은 마음을 교육하는 것이다. 자기 마음을 다스릴 수 있을 때 진정한 성숙된 인간으로서의 삶이 가능하다.

인성코칭에서 중요한 것은 인간의 관계성이다. 이는 나, 인간관계, 나 이외의 대상으로 구분되는데 인성코칭에서 중점을 두어야 하는 것은 다음과 같다.

▶ 나: 친구나 부모, 교사 등과 약속을 잘 지키고 정직해야 한다.

▶ 인간관계: 상대방에 대한 배려심, 책임감, 협동심, 그리고 공감하는 능력을 키워야 한다.

▶ 나 이외의 대상: 성숙한 시민으로서의 민주의식 향상이나 공동체 의식을 가져야 한다.

인성코칭은 바로 이러한 바람직한 도덕적 판단능력을 갖추게 하는 것이다. 도덕적 판단력은 도덕적 가치와 관점에서 판단하고 의사를 결정하는 힘이다. 이를 키우기 위해서는 1차적으로 부모가 양육과정을 통해 도덕적으로 예민성을 강조해야 한다. 또 어떤 사태에 직면했을 때 도덕적 관점에서 인식하게 해야 한다.

인성人性은 사람의 성품character 또는 인격personality이다. 즉, 특정한 개인이 생각하고 느끼고 행동하는 독특한 방식으로 선천적, 후천적 행동특성을 의미한다. 그래서 인성은 다른 사람과의 상호작용을 통해 뚜렷이 드러나게 되어 있다.

인성코칭은 바로 생각하는 힘과 능력을 일깨워줌으로써 행동하는 방식이 달라지고 삶의 목표를 새롭게 세워가는 과정이다. 그런 의미에서 인성코칭은 도덕성, 사회성, 정서를 포함한 인간이 지녀야 할 바람직한 성품을 갖도록 교육하는 것이다. 즉, 지知·정情·의義를 조화롭게 발달시키는 마음의 교육이라 하겠다. 다시 말하면 개인적인 자아실현을 위한 가치교육과 사회적인 도덕적 삶을 추구하기 위한 도덕교육, 그것이 인성코칭의 과제다.


요즘 그야말로 자기 멋대로 행동하는 10대 청소년들이 많다. 단순히 눈앞에 보이는 현실적이고 생리적인 욕구 충족에만 몰두하고 있다. 일부는 사람을 해치는 일조차 두려워하지 않는다. 물론 계획적이라기보다는 순간의 충동에 의한 행동들이다. 모두 자기 마음을 다스리지 못하는 탓이다. 하지만 충동에 따라가다 보면 결국 후회만 남을 뿐이다.

그러면 마음은 어디에 있는 것일까? 히포크라테스는 마음이 뇌로부터 나온다고 했고, 아리스토텔레스는 심장으로부터 나온다고 했다. 또 플라톤은 인격과 지성은 뇌로부터, 두려움과 분노와 용기는 간으로부터, 욕망과 탐욕은 위장으로부터 나온다고 했다. 하지만 어디에서 오는가는, 어디에 있는가는 중요하지 않다. 그것을 통제할 수 있는가가 중요한 것이다. 인간이 동물과 다른 것은 바로 마음을 다스리는 자기 통제능력이 있기 때문이니까.

구약성서 잠언 4장 23절에 보면 '무릇 지킬 만한 것보다 더욱 네 마음을 지키라 생명의 근원이 이에서 남이니라'라는 말씀이 있다. 스스로가 마음을 지키느냐 그렇지 않으냐에 따라 삶이 달라진다는 의미다. 다른 사람이 나에 대해 신뢰를 갖는 것도 내가 나를 신뢰할 때에야 가능한 일이다.

사고思考가 잘못되어 있으면 대형 사고事故가 날 수밖에 없다. 반면 사고를 바꾸면 세상도 바꿀 수 있다. 긍정적인 생각을 하면 말기 암 환자도 건강을 회복하기도 한다. 부정적인 생각은 죽음만 앞당길 뿐이다. 난치의 유전적인 질병도 좋은 습관으로 체질을 바꾸면 자연치료가 가능하다. 행복한 생각은 기쁨, 흥분을 유발하는 신경전달물질인 도파민을 분비시키고, 우울한 생각은 펩티드를 분비시켜 신체에 반응을 유발한다고 한다. 건강도, 인생도 모두가 마음먹기에 달린 것이다.

# 인성코칭은 가치를 깨닫는 가치교육

한 사람이 자아실현을 하게 하려면 얼마만큼의 가치교육이 필요할까? 또 얼마만큼의 올바른 가치관을 확보해야 인간다운 삶을 살 수 있을까?

인성코칭은 목표를 최소한의 인간다움에 두고 올바른 가치를 판단할 수 있는 능력을 갖추는 것에서 출발한다.

남녀노소를 막론하고 올바른 판단력은 자기 정체성에 직접적인 영향을 준다. 흔히 우리는 청소년기에 사춘기를 겪는다. 이 시기를 극복하는 과정에서 상당한 진통을 겪기도 하지만, 그 과정을 통해 삶에 대한 가치를 느끼고 깨닫기도 하는 만큼 성숙한 내공을 다질 수 있는 좋은 기회이기도 하다.

제한되어 있는 삶을 통해 '나는 누구인가'라는 질풍노도의 시기와 맞물린 예민한 삶의 방향, '인간이란 무엇인가'나 '어떻게 살아야 되는가'와 같은 궁극적인 물음에 맞서 미래를 위해 내리는 결단의 직접적인 동기는 인간에 대한 가치다.

우리 인간은 돈으로 환산할 수 없는, 물건과 비교·평가될 수 없는, 그 어떤 것으로도 대체할 수 없는 가치를 지니고 있다. 개개인이 그 사실을 깨닫고 그 사실에 감사하며 겸손한 태도를 가지는 것이 바로 삶에 대한 정체성Identity을 확립하는 것이다. 그리고 그것이 인성코칭의 시작이다.

어떤 의미에서 보면 우리 인간은 하나님이 창조한 이 세상의 것들 중에서 가장 뛰어난 존재다. 자기 삶에 대해 주인의식을 가진 존재로서 스스로를 극복하고 스스로를 지배하며 스스로를 평가할 수 있는 유일한 존재이기 때문이다.

내 삶의 주인은 누구인가? 당연히 나 자신이다. 나를 지탱하고 끌어가는 존재가 바로 나 자신이라는 의미다. 이 확고부동한 가치는 다른 사람이 침범할 수도, 빼앗을 수도 없다. 그리고 빼앗겨서도 안 된다. 가지고 있다고 해서 아무렇게나 내버려 둔다면 주인이라고 할 수 없다. 재산을 지킬 의무는 주인에게 있듯 삶의 주인이라는 가치는 내가 지켜내야 할 의무이자 사명이다.

# 인성코칭은 가정과 교육기관의 공동책임이다

모든 것에는 '시기'라는 것이 있다. 이 타이밍이 잘 맞으면 큰 효과를 발휘하기 마련이다. 영·유아기의 아이를 가진 부모의 역할은 아이의 사회성 뇌 활동이 왕성하게 일어나도록 도와주는 것이다. 흰 종이 위에다 어떤 그림을 그릴 것인가가 전적으로 아이의 부모에게 달렸다는 의미다.

최소 유아기 전까지가 아이의 인성 자체와 성격발달에 중요한 시점이다. 이때 아이가 편안하고 안정적인 생활을 할 수 있도록 부모는 환경적인 것과 아울러 심리적, 생리적인 것을 제공해주어야 한다. 특히 이 시기의 엄마와의 안정된 애착관계는 아이의 인성에 큰 영향을 미친다.

6~7세 이전에 1차적으로 인성이 형성되는데, 이때 가장 큰 영향력을 미치는 요인이 바로 부모, 특히 그중에서도 엄마다. 이 단계에서 부모는 아이와 건강하고 건전한 형태의 애착관계를 이룰 수 있어야 한다. 영·유아기와 아동기를 거치는 동안 아이는 부모를 통해 자연스럽게 공감이나 충동조절 등의 능력을 배우고 익힌다. 또 신체적 행동을 통제하는 것도 이 시기에 가르쳐야 하는데, 가족구성원들 간에 서로 존중하는 것, 때로는 서열에 따라 인정하고 순종하는 것도 이해하게 해주어야 한다. 하지만 현실은 인성보다는 한글이니 영어니 하는 학업에 치중한다. 인성의 적색 신호등이 들어온 상태라 아니할 수 없다.

인성코칭이 이루어지면 아이는 잘못된 감정이나 자기표현방법을 수정하게 된다. 하고 싶다고 해서 모든 것을 다 할 수 없다는 것도, 때로는 하기 싫은 것도 해야만 한다는 것도, 이런 것들을 행동으로 옮기기 위한 노력도 배우게 된다. 이와 같은 일련의 과정을 통해 아이는 자연스럽게 '배려'를 배우게 된다. 또 내가 아닌 다른 사람의 유익을 생각하는 사고도 갖게 된다. 즉, 사회성을 담당하는 뇌가 정상적으로 성장하는 것이다. 이러한 성과는 부모가 아이들에게 관심을 두고 적극적인 사랑과 건강한 애착관계가 형성되도록 돌보는 노력이 있을 때만이 가능하다.

사회성이 건강하게 형성된 아이는 다른 사람을 수용하고 배려할 줄 아는 사람으로 적극 성장한다. 사랑을 받은 사람이 사랑을 베풀 줄도 알고, 다른 사람의 비판적인 이야기도 귀담아들을 줄 안다. 반면 부정과 비난과 원망 속에 자란 아이는 사물을 바라보는 관점 역시 부정적이고 비난적이며 폐쇄적이 된다. 때문에 다른 사람의 조언이나 충고를 용납하지 못하고 받아들이지 못한다. 지나친 경계심과 적대감은 상대를 보복의 대상으로 여기는 잘못된 감정을 축적하게 만든다. 언젠가는 터지고 말 잠재적 시한폭탄으로 자라나는 것이다.

인격형성이 1차적으로 이루어진 곳이 가정이었다면 2차적으로 이루어지는 곳은 바로 유치원, 초등학교를 비롯한 교육기관이다. 가정에서 형성된 1차적 인격이 부모와 관계된 것이라면 교육기관에서 형성될 2차적 인격은 집단, 무리와 관계된 것이다. 물론 가정에서 형성된 1차적 인격이 교육기관이라는 집단 속에서 좀 더 강화되기도 한다.

문제는 1차적 인격이 이때 왜곡되거나 오염될 수도 있다는 데 있다. 대인관계를 통해, 바로 선생님이나 또래 친구들과의 관계 속에서 훌륭한 인성이 자리매김할 수도 있고, 또는 인성의 자리매김은커녕 눈치꾼이 되어 상대방의 감정과 기분에 따라 동요하는 혼란스러움을 경험하기도 하는 것이다. 이런 문제는 1차적 인성이 제대로 형성되지 못했거나 부정적으로 형성되었을 때 더 많이 나타난다. 긍정적이고 포용력이 풍부한 교사가 요구되는 이유가 바로 여기에 있다. 아이들을 강압적으로 억누르는 교사는 행동에 있어 모범이 되지 못하면서 아이에게 이래라 저래라 지시하는 부모와 다르지 않다. 잘못한 점을 들춰 혼내기보다 잘한 점을 드러내 칭찬을 해주어야 하는 것은 부모나 선생이나 마찬가지인 것이다.

사랑이 많은 부모가 사랑이 많은 아이로 키우듯, 사랑이 많은 교사가 사랑이 많은 학생으로 만든다.


## 인성코칭은 태교에서부터 출발

태교에서의 인성코칭은 출산 후의 어떤 노력보다 백배 더 소중하다. 보통 부부는 아기를 임신하면 눈으로 보고, 귀로 듣고, 코로 냄새 맡고, 입으로 먹는 것 등 모든 행동에 신중을 기한다. 과일 하나조차 예쁘고 탐스러운 것만 고르고, 잔잔하고 감동적인 음악을 듣고, 긍정적이고 좋은 생각을 한다. 부부의 일거수일투족 모두가 태아의 인성에 영향을 미친다고 생각하고 이 기간에 온 힘을 다하는 것이 인성코칭의 출발이다.

온 가족의 축복 속에서 태어난 아기와 그렇지 못한 상황에서 태어난 아기에게는 많은 차이가 있다. 원치 않은 임신과 출산이 태아에게 미치는 나쁜 영향은 말로 표현할 수 없다. 인성은 물론 심지어 질병에 대한 면역성, 태내 신체발육, 인지지능발달, 심리적 불안 등 신체적·심리적·정서적 발달에 영향을 미친다. 그러므로 임신하는 순간 이미 부모로서 인성의 모델임을 깨달아야 한다. 엄마 뱃속에서의 인성은 제한되고 안전한 환경 속에서 형성되지만, 출산 후에는 주변 환경의 2차적 요인들에 오염될 다양한 변인들이 도사린다. 그만큼 처음부터 잘 형성될 수 있도록 하는 것이 중요하다.

## 가정에서의 인성코치는 부모

최근 들어 왕따와 학교폭력을 근절시키기 위한 국가적 대책이 적극적으로 시행되고 있다. 왕따나 폭력에 시달리다 자살을 선택하는 아이들이 급증하고 있기 때문이다. 또한 성적 위주의 분위기 속에서 성적을 비관하여 자살하는 아이들도 늘고 있다. 그런데 학교에서 일어나는 일이라고 해서 학교만의 문제라고 할 수 있을까? 이러한 문제들의 원인은 1차적으로는 가정교육의 부재에 있다. 기성세대로서 무거운 책임감을 느낀다.

가정에서 부모는 아이들의 가장 안전하고 든든한 보호자다. 따라서 부모에게는 정상적이고 화목한 가정환경을 조성할 의무가 있다. 또 코치가 선수들에게 모델이 되듯 가정에서 이루어지는 인성코칭의 모델은 부모다. 따라서 코치로서의 책임을 갖고 모범적인 삶을 살아야 한다.

문제아 뒤에는 반드시 문제 부모가 있다는 말이 있다. 아이의 성장 과정에 부모가 얼마나 큰 영향을 미치는가를 단적으로 말해주는 말이다. 아이가 반듯하게 성장하는 데 있어서 가정환경은 중요하지만, 물질적으로 부유하거나 가난한 것은 큰 문제가 되지 않는다. 그것보다는 부모가 아이와 얼마나 소통을 잘하는가, 부모가 얼마나 모범이 되는가가 중요하다.

소통을 위해 대화를 한다 해놓고 아이가 하는 이야기를 잘라버리거나, 죄책감을 느끼게 하거나, 자신감을 잃게 해서는 안 된다. 그런 경우 아이는 방어적이고 공격적인 자세를 취한다. 부모와 아이 사이에 긴장만 고조된다. 아이와 대화를 시작하기 위해서는 수용과 존중의 태도가 있어야 한다. 의견을 묻고 답을 수용함으로써 아이 스스로 적극적으로 반응하도록 배려해야 하는 것이다.

우리는 훈계하고 질문하고 추궁하고 비판하고 겁을 주는 방식에 익숙해 있다. 게다가 먹고살기에 바빠서 대화할 시간도 부족하다. 대화의 방법도 모르고 시간도 없는 것이다. 그러다 보니 그 책임을 교육기관에 떠맡기려고만 한다.

한 기관의 설문조사에 따르면 부모가 아이에게 바라는 최대의 목표 1순위는 명문대학을 나와 고시에 합격하는 것이라고 한다. 그리고 회계사, 변호사, 의사, 교수와 같은 전문 직종을 갖거나 최고의 기업에 취직하길 원한다. 이런 부모의 뜻을 이루게 하려면 일단 중학교에서부터

## 인성코칭을 위협하는 가정의 위기

정보화 발달로 인한 세대 간의 격차, 핵가족의 증가, 맞벌이 가족 및 이혼 및 재혼가정의 증가, 나홀로족으로 인한 1인 가구 형태 증가 등으로 단순했던 대가족 중심의 가족 형태는 이미 큰 변화를 맞았다. 그런데 문제는 이러한 가족 형태의 변화가 아이들의 인성에 부정적인 영향을 미치고 있다는 사실이다. 가족구성원의 감소는 가족관계의 친밀감이나 인간관계의 경험 부족, 세대 간의 갈등, 이성 간의 갈등을 양산했다. 이제 부모는 아이와의 의사소통에, 아이는 부모와의 의사소통에 어려워하고 있다. 가족끼리도 메신저나 카카오톡, 문자메시지 등으로 대화를 대신하는 가정도 늘었다. 주로 자신의 의사 전달에만 집중하는 것이다. 그러다 보니 얼굴을 마주 보고 감정을 받아주는 기본적인 감성적 접근에 실패하게 되고, 그럴수록 부모는 점점 더 권위적 접근만하게 된다. 결국 부모와 아이의 관계가 단절되고 갈등구조 자체가 높아지게된다. 게다가 오늘날 많은 어머니들은 직업을 가지고 있다. 과거에 어머니가자녀양육을 전담하던 것을 생각하면 가정에서의 어머니 존재가 사라진 것이인성코칭에 상당한 부정적인 영향을 미쳤음은 두말할 나위가 없다. 또 어머니의 부재는 자녀에 대한 보호기능 약화, 자녀의 정서적인 발달을 약화시키는 원인이 되기도 했다.

물론 어머니의 역할이 가정에서 어린이집이나 유치원, 초등학교 등 교육기관으로 넘어가기도 했다. 그러나 1대 1의 맞춤이 아닌 교육기관에서의 인성코칭은 한계가 있을 수밖에 없다. 문제는 또 있다. 부모가 교육기관에 위탁시키고도 완전히 믿고 내맡긴 것도 아니라는 사실이다. 부모들은 교육기관이 제대로 역할을 수행하는지 끊임없이 의심하고, 또 제 마음에 들지 않거나 자신의 아이가 차별을 받고 있다는 지극히 주관적인 판단이 들면 가차 없이 교육기관을 상대로 온갖 불평과 원망을 쏟아놓는다. 심지어 다른 곳으로 아이를 옮기기도 한다. 즉, 교육기관이 제대로 된 인성코칭을 하도록 내버려 두지도 않는 것이다. 그러다 보니 교육기관은 부모의 구미에 맞게 국·영·수 중심의 공부에만 치중을 하게 되었다. 인성코칭이 잘못된 것이 아니라, 인성코칭 자체가 사라진 것이다.

맞벌이 가정만이 문제가 아니다. 근래 이혼으로 인한 한부모 가정이나 재혼 가정의 증가 역시 아이의 인성형성에 걸림돌이 된다. 특히 이혼을 하기 전 으레 겪게 되는 부부간의 갈등은 부모에 대한 신뢰나 부모와 아이의 관계 형성에 심각한 문제를 일으킨다.

다시 말해 오늘날은 가족의 기능이 해체된 상태다. 아이들의 인성을 새삼 평가해야 한다는 등의 목소리가 높아진 이유다. 즉, 인성코칭이 일차적으로 이루어져야 할 가정이 제 역할을 수행하지 못했다는 것이다. 한참 성장하고 성숙해야 하는 시기에 우리 아이들은 시험 점수를 1점이라도 높이기 위해 밤늦은 시간까지 학교에서 학원으로 내돌려지고 있다. 절대적인 수면부족 상태에서 아침밥도 제대로 먹지 못하고 있다. 이런 상태에서 가족 간의 의사소통에 실패하는 가정들이 늘어나고 있다. 부모로서 자녀에게 교육적 영향력을 발휘해야 하는 인성코칭 자체를 실행하기 어려운 상황이 된 것이다. 이럴 때는 인성코칭에 매달리기보다 가족의 기본 기능을 회복하는 것이 우선이다. 함께 식사하고, 함께 대화하고, 함께 의견을 나누는 친밀한 관계를 형성하는 것이 필요하다.

고등학교, 대학까지의 학교성적이 좋아야 한다. 좋은 성적 없이는 그 목표를 이룰 수 없기 때문이다. 그것도 내 자식만! 남의 자식은 어떻게 되든 관심 밖이다. 그러다 보니 아이들에게는 친구도 없다. 입시 경쟁에서 밀린 아이들에게는 상대적 박탈감만 가득하다. 이런 분위기에서 인성코칭은 말조차 꺼낼 수 없다.

학교도 변해야 한다. 교과과정이나 대학입시제도도 변해야 한다. 그러나 가장 먼저 변해야 하는 것은 바로 부모다.


# 학교에서의 인성코치는 교사


이제부터라도 공부만 잘하면 모든 것이 용서되는 분위기는 사라져야 한다. 공부만 잘하는 아이들보다 생각을 버리고 나보다 남을 먼저 생각하고 배려하고 자기에게 주어진 책임을 성실하게 완수하는 아이들로 코칭해야 한다. 그렇다고 공부를 등한시해도 된다는 말은 아니다. 새삼 인성코칭을 강조하는 것은 이제까지의 교육이 지성과 인성을 각각의 바퀴로 구분하여 생각했던 것, 그리고 등한시했던 것을 반성하는 의미이자 이제부터는 교육에 지성만이 아니라 인성도 교육내용에 포함해야 한다는 의미다.

인성코칭의 기초공사는 가정교육을 통해 비형식적으로 세워진다. 그런 다음 학교에서의 교육을 통해 형식적으로 이루어져야 한다. 본래 학교는 아이를 '지 · 덕 · 체를 겸비한 원만한 인격체로 성장하게 하는 것'을 교육의 목표로 한다. 그러나 우리의 현실은 그렇지가 못 하다. 지知만 강조할 뿐 덕德과 체體는 찾아볼 수 없을 정도로 미미하다. 명문학교 진학을 위한 교육과정이 운영되고 있기 때문이다. 명문대학에 몇 명을 보냈는지에 따라 학교 평가가 달라진다. 전인교육, 인성교육이 얼마나 이루어졌는지는 관심 없다. 심지어 명문대학에 많이 보내면 전인교육이 잘된 학교로 평가받는 기현상이 벌어지기도 한다. 명문학교에 보내지 못하면 그 학교는 그저 공부 못하는 학교일 뿐이다. 인성코칭에 관심을 갖는 학교가 그런 것처럼 인성코칭을 실천하려는 교사들도 찬밥신세이기는 마찬가지다. 잘 가르치지 못하는 실력 없는 교사로 낙인찍혀 버린다. 학교에 대한 부모들의 평가도 이와 다르지 않다. 부모들의 욕구는 아이가 명문대학에 가는 것에 집중되어 있다. 그러다 보니 명문대학에 많이 보내는 학교가 최고의 학교다. 또 입시 위주의 교육은 아이들끼리의 인간적인 관계 형성을 막고 있다. 대화도 소통도 단절된 상태다. 이런 분위기 속에서 다른 사람을 배려하고 더불어 살아가려는 가슴 따뜻한 사람이 될 수 있을까?

아이들도 공부를 못하면 교실에서조차 인간적인 대접을 받지 못한다는 것을 잘 알고 있다. 선생님은 언제나 공부 잘하는 아이만 감싸고 돈다. 공부를 못하면 수업시간에 뭘 하든 관심도 없다. 그래서 성적이 뒤처지는 아이들은 대부분 학교생활이 즐겁지 않다. 그저 주눅 들어 지낼 뿐이다. 그렇다고 '나도 인간적인 대접을 받고 싶다'는 욕망이 없는 것은 아니다. 그러다 보니 학교만 벗어나면 돌변한다. 때로는 '폭력'으로 그 욕망을 분출하기도 한다. 이는 모두 우리 아이를 더 좋은 대학에 보내달라는 부모들의 지나친 교육열과 이기심, 그리고 이에 휘둘린 학교의 우유부단함이 만들어낸 공동작품이다.

강 건너 불구경식의 학교나 열정도 관심도 식어버린 교사, 그리고 입시만을 외치는 부모들이 우리의 현실을 지배하고 있는 것이다. 이런 상황에서 인성코칭은 불가능하다. 그나마 다행인 것은 대학입학 정원보다 고등학교 졸업생 수가 적은 역전현상이 나타나고 있어 우리의 입시가 대수술을 피할 수 없다는 점이다. 이제부터라도 인성을 위해 무언가를 해볼 수 있는 계기가 마련된 것이다.

우선 인성 위주의 교육이 진행될 수 있도록 교육제도의 개선이 시급하다. 그리고 인성의 중요성을 공부만 외치는 부모들에게 알려야 한다. 이를 바탕으로 교사와 학생 간에 돈독한 인간관계를 형성하고, 교사는 학생들의 롤모델로서의 역할을 수행한다면 그 길이 아주 불가능하지는 않다고 믿는다. 교사가 애정을 가지고 열정적으로 지도를 하면 학생의 성적이 오르듯 학교와 교사가 관심과 열정을 보이면 아이들도 신뢰와 존경심을 보낼 것이다. 인성의 기초가 마련되는 것이다.

# 인성코칭, 왜 필요한가?

## 인성코칭이 왜 필요하고 중요할까

'코칭'이라고 할 때 온갖 별것들이 모두 다 코칭 속에 포함된다. 그러나 막상 학습이나 공부코칭으로 들어가면 방법론에 불과하다. 또한 인성이나 인성코칭의 필요성을 강조하는 경우는 매우 드물다. 공부보다 더 중요한 것이 인성이고 공부를 효과적으로 잘할 수 있는 마스터 열쇠가 바로 인성임을 놓치고 있기 때문이다.

인성이 올바르게 형성되고 발달해야 사회적으로 성공할 수 있으며, 인간다운 삶을 사는 건강한 인격자가 될 수 있다. 현대사회에는 공부를 비롯한 실력은 대단한 데 비해 인성, 즉 흔히 말하는 인간성 자체는 정반대인 사람도 있다. 성공이란 단어 속에는 '인성이 얼마나 훌륭하게 잘 갖춰진 사람이냐' 하는 의미도 포함된다. 우리는 유명 연예인을 비롯한 소위 성공한 사람들의 인기나 능력 외에도 그 속에 감춰져 있던 인성이 그대로 드러나는 것을 자주 본다. 성공할수록 겸손함으로 자신을 무장하는 사람이 있는가 하면 자신도 모르게 자만에 빠져 사는 사람도 있다. 그런데 우리는 평소에 이러한 겸손과 자만이란 용어 자체를 아이들에게 직접적인 양육으로 보여주지도 않으며 말로도 강조하지 않는다. 그러다 보니 일약 스타가 되었다가 얼마 지나지 않아 바로 구설수에 올라 결국 낙마하는 일들이 비일비재하다. 이유인즉 인성 코칭의 한계를 드러냈기 때문이다. 인성이란 자체를 어떻게 코칭하고, 왜 필요한지, 무엇을 코칭할 것인지를 성장과정 속에서 생각하지 않고 그 대상에 포함하지 않은 탓이다. 특정 직위나 특별한 사람이 되었을 때 지적능력이나 전문성은 인정받게 된다. 하지만 행동거지로 인성을 인정받지 못하면 중도에 낙마할 수밖에 없다. 이는 승마와 똑같은 논리다. 누가 안장 위에 앉든 말은 달릴 수 있다. 그러나 말을 조정할 수 있는 능력과 기술을 겸비하지 않은 채 그냥 고삐만 잡았다고 "이랴, 달려" 하고 소리치면 어떻게 될까? 분명한 것은 말은 앞으로 달려 나간다는 것이다. 하지만 안장 위에 엉거주춤 앉아 있던, 준비되지 않은 사람은 달리는 말 위에서 그대로 떨어지고 만다. 심각한 상처를 입을 수도, 심한 경우에는 목숨마저 잃는 대형사고로 이어질 수도 있다. 차라리 달리는 말을 구경할 때가 좋았다고 생각하게 될지도 모를 일이다. 괜히 얼마 달리지도 못 하고 중도에 하차하게 되면 아니한 만 못하다. 하지만 후회해봤자 이미 엎질러진 물이다.

정부 고위직으로 임용되기 위해 국회에서 청문회를 받는 과정을 지켜보면 단적으로 인성코칭의 여부와 그 결과를 알 수 있다. 특정 후보자의 인성이란 것이 고스란히 전파를 타고 전 국민 속으로 여과 없이 그냥 흘러나온다. 심한 경우에는 하수 종말 처리장처럼 썩은 악취가 진동한다. 물론 온갖 불법과 탈법, 그리고 비인간적인 인간성으로 가득한 사람도 있지만 정반대로 1급 청정수라고 할 만큼 아름답고 깨끗한 삶을 살아온 사람도 있다.

또 청문회에 대처하는 자세를 보아도 인성이 얼마만큼 잘 형성되었는지 쉽게 알 수 있다. 어떤 후보는 자신의 비리로 온갖 수모를 당하면서까지 그 직을 얻기 위해 자존심마저 내던져 가며 구애작전을 편다. 또 어떤 후보는 비리가 드러나는 순간 깨끗하게 물러나거나 고사한다. 이는 한마디로 인성, 즉 인품의 차이다.

연예인이 되든 정치가가 되든 이제 새 시대가 요구하는 인물은 인품이 곧은 사람이다. 아이를 이런 인물로 키우기 위해서는 공부보다도 중요한 인성과 훌륭한 인품을 갖도록, 그리고 자기관리가 가능하도록 양육해야 한다. 즉, 아이의 미래를 설계하는 부모라면 최우선적으로 인성을 강조하고 가르치며 실천해야 한다는 것이다.

내가 만일 청문회에 출석해서 인사 검증을 받는다고 생각해보라. 과연 나는 그들보다 얼마나 더 깨끗하고 양심적이며 떳떳한 양심을 가졌는지 뒤돌아보면 아이의 미래 청사진이 보일 것이다. 지금부터 20년 전만 해도 집을 사고팔 때 다운계약서를 쓰는 것이 사회적 통념이고 관례였다. 쓰지 않으면 이상한 사람 취급을 받았다. 병역기피, 논문 이중게재나 자기 논문 인용이라는 것도 마찬가지였다. 하지만 우리 사회에서 더 이상 그런 것들은 통하지 않는다. 아이들의 미래를 위해 작은 한 가지에서부터 자기관리를 철저하게 기할 수 있도록 아름다운 인성을 코칭하는 절대적인 부모의 노력이 필요하다.

모든 사람이 똑같이 출세하는 것은 아니다. 입사 동기라고 해도 한두 번의 승진에서 차이가 나면 나중에는 어떤 이는 임원으로, 또 어떤 이는 중간 관리자로 퇴직할 수밖에 없다. 이런 차이는 왜 날까? 바로 인성의 차이가 빚어낸 결과다. 실무자에서 중간관리자까지는 절대적인 개인의 실력과 능력 위주의 선발이다. 그러나 그 이상에서부터는 실력은 기본이요, 리더로서 갖추어야 할 아름다운 덕목과 리더십, 그리고 인성이 잘 어우러진 종합선물 세트가 필요하다. 인성은 바닥인데 지성만으로 전문가가 되었다면 그 사람의 승진이나 출세에는 분명 한계가 있다는 의미다.

한 가지 더, 승진에서 밀렸다고 애석해 하거나 억울해 할 필요는 없다. 선물 세트 중에 한두 가지가 부족하거나 모자랐다고 평가하고 그것을 위해 노력하면 그만이다. 문제는 '나는 천성적으로 아부하는 성격이 못 되어 밀려난 거야'라며 그럴듯한 핑계로 자기합리화를 하는 것이다. 이런 경우 승진한 사람들을 '모두 하나같이 아부만 잘하는 사람'으로 치부하고 비아냥거린다. 그러나 이는 스스로 자신의 인성이 함량 미달임을 알고 있다는 것, 그래서 자신은 '부정적인 자아 방어기제 선수'라는 것을 고백하는 말이다.

'내 인품이 이 정도밖에 안 되는구나!'라고 순리적으로 받아들이면 모두가 행복해진다. 훌륭한 인품 또는 성품을 지닌 사람은 은근히 사랑을 받을 수밖에 없다. 궁극적인 성공과 행복을 쟁취하느냐, 못 하느냐의 차이는 사람들은 자기의 인성에 따라 덕을 쌓기도 하고 덕을 얻기도 하며 베풀기도 할 줄 아느냐의 차이다.

## 인성코칭은 장거리 마라토너를 위한 것이다

우리의 삶이란 단거리 육상경기처럼 짧게는 몇 십 초에서 몇 분간만 반짝하고 끝나는 것이 아니라, 최소한 두 시간 이상을 달려야 하는 장거리 마라톤과 같이 끊임없는 자기와의 싸움이다. 이렇게 중요한 인성을 강조하는 부모는 많지 않을 것이다. 다들 어릴 때부터 공부기술이나 스킬만 강조한다. 그러다 보니 일정한 명령에 의해 움직인다. 시간이 지나면 사라져 버렸다가도 다시 아침에 전원을 켜면 여전히 똑같은 프로그램으로 움직이는 로봇처럼 기계적인 사람을 만들어내고 있다.

또 우리의 교육제도는 수능시험이나 학교내신을 제일 중요한 평가요소로 삼고 있다. 즉, 수능만 잘 보면 차이는 있겠지만 충분히 성공할 수 있다는 말이다. 이는 영어 과목이 중요하다 해도 수능이나 취업 시험 과목에서 빠져 있다면 영어 공부에 매달릴 사람은 없다는 말이기도 하다. 영어 배점 비중이 높기 때문에 죽기 살기로 영어에 올인하며 그저 입시와 취업을 위한 교육에만 매달려 왔던 것이다.

그동안 학교에서 크고 작은 사건 사고가 생길 때마다 정부에서는 인성교육이 중요하다며 온갖 방법을 다 동원하겠다고 목소리를 높여왔다. 하지만 인성교육은 대학입학시험과 무관했다. 때문에 인성교육은 늘 뒷전으로 밀려났다. 그런데 최근에야 비로소 대학입학사정관전형을 통해 그동안의 형식적인 평가에서 벗어나 새로운 실질적 인성평가 방법을 개발하고 나섰다. 그동안은 대학입학사정관전형에서 특별한 반영이 없었지만, 2012년부터는 본격적으로 인성평가와 관련된 인성평가 지표를 개발하여 입학사정관들에게 설명회를 개최하는 등 점차 학생 선발 과정에서 지원자들의 인성을 최우선적으로 평가하는 인성 중심의 선발 방식을 확보·채택하고 있다. 물론 인성을 어떻게 구체적으로 평가할지는 사회적 합의가 이루어지지 않았다. 하지만 공동체적인 삶을 영위하기 위해 인간에게 기본적으로 필요한 배려, 책임감, 이타심, 예절 등의 덕성을 생활화하고 실천하도록 하여 자신의 삶을 바람직한 방향으로 이끌어 갈 수 있도록 하게 한다는 데는 어느 정도 동의한 셈이다. 또 인성 함양을 위해서는 혼자보다 다른 사람과 함께 공동으로 수행하는 것을 필요한 것으로 규정하는 등 평가 방향이 변하고 있다.

대학입학사정관들의 인성 및 적성에 대한 평가요소 중 가장 큰 비중을 차지하는 것이 공동체의식, 리더십, 학업의지다. 사회활동에 대한 참여, 공동체 목표를 향한 협동심을 중심으로 리더십을 발휘한 경험이나 내용, 그리고 해당 학과에 대한 관심도로 학업의지를 평가하는 것이다. 따라서 학교성적이나 수능시험 등급도 중요하지만, 입학사정관제를 통해 평가가 확대될 영역 자체가 인성평가인 만큼 평소에 인성코칭을 통한 훌륭한 인성이 개발되도록 부모의 자녀 양육 형태가 바뀌어야 하는 것이다. 그래야 아이의 인생도 달라질 수 있다.

인성코칭에는 학습자의 환경, 즉 가정환경과 자기극복 의지가 중요한 비중을 차지한다. 또한 학교 여건도 인성코칭에 변수로 작용한다. 가정에서 환경적으로 훌륭한 인성을 갖추었다 해도 지역의 교육여건이나 학교 환경적 여건이 특별한 경우라면 많은 제약을 받게 되는 것이다. 최근 들어 학교폭력 근절을 위한 관련 정책을 입안하는 과정에서 인성코칭에 대한 변화와 그 필요성을 강조하고 있는 이유이기도 하다.

인성은 인간의 품성을 말하며 인간다운 품성과 됨됨이, 인격 등과 같이 바람직한 의미를 포함하는 도덕적 가치다. 사회마다 적합한 인성과 인성교육의 방향이 다를 수는 있지만, 기본적으로 후천적인 코칭을 통해 성과를 이룬다.


## 인성코칭 없이는 자만심만 키운다

괴테는 말한다.

"정신적으로 육체적으로 타고난 강인함을 갖춘 사람은 대부분 겸손하다. 반대로 정신적으로 특별한 결함이 있는 사람은 보통 사람보다 자만심이 크다."

자만심에 빠진 사람들은 자기 자신은 물론 주위 사람들까지 피곤하게 하고, 누가 지적한다 하더라도 수정하려 하지 않으며, 결국 인간관계 자체를 악화시킨다. 인간관계에서 기피대상 1호를 꼽으라면 단연 자만심으로 가득한 사람이다. 실패한 스타들도 자신의 실패의 원인을 공통적으로 자만심이었다고 고백한다. 자만의 늪에서 허우적거리다가 정신 차리고 보면 이미 깊은 수렁 속에 빠진 상태로 헤어 나오기가 결코 쉽지 않다. 사람은 누구나 허풍이나 허세 떨기를 좋아한다. 물론 한두 번이다. 재미 삼아 농담처럼 시작한다. 하지만 경우에 따라 이런 재미에 익숙해지다 보면 급기야 습관이 되고 만다. 물론 어느 정도의 허영심은 누구나 가지고 있다. 하지만 허영심이 겉으로 드러나면 좋은 인상을 주지 못하기 때문에 대부분 모습을 감추거나 여러 가지 다른 모습으로 위장한다. 겉으로 겸손한 척하는 것도 일종의 허영심이다. 허세, 허풍으로 뭉친 사람들은 자신의 능력은 쥐꼬리만 한데 엄청난 능력을 지닌 것처럼 말한다. 그러다 보면 과대망상에 사로잡혀 실제 가치 이상으로 잘난 체하게 된다. 한두 번은 현혹에 성공할 수도 있다. 하지만 점차 신뢰가 무너지면서 결국에는 사람들로부터 외면을 당하고, 신뢰가 바닥에 떨어져서야 자신의 실체를 인식한다. 하지만 이미 때는 늦었다. 반면 허세와 허풍이 없는 사람은 실제 가치 이하로 자신을 낮게 평가하기도 한다. 이 또한 바람직한 태도는 아니다.

인성코칭이 제대로 이루어지지 않으면 공격적인 성향의 아이로 변하기 쉽다. 그런 아이들은 또래 놀이에서도 늘 규칙을 어기는 등 공정한 경기를 하려 하지 않는다. 성인이 되어서도 마찬가지다. 자신의 충족이 최우선에 있기 때문에 다른 사람의 즐거움을 용납하려 하지 않는다. 한마디로 남 잘되는 것을 보지 못한다. 또 위험한 상황에 직면하게 되면 자기가 강하다는 것을 과시하기 위해 공격적인 행동을 취한다. 주변 사람들에게 자기가 얼마나 강한지를 보여주려고 하고, 아주 사소한 것에서 자기의 자만심을 충족하려고 한다. 또 이런 이들은 항상 자기가 다른 사람에게 어떤 인상을 줄까, 다른 사람이 자기를 어떻게 생각할까, 하는 질문에 몰두하며 타인을 의식한다. 타인의 평가에 전혀 개의치 않는 사람도 있지만 대체로 타인의 평가에 연연하여 그것을 자기에게 유리하게 이용하는 사람도 많다. 또 자만심이 큰 사람은 이기적이어서 자기가 하고 싶은 것은 뭐든지 자기 뜻대로 해야 하며 자신의 의지를 관철하기 위해서는 물불을 가리지 않는다. 다른 사람을 지배하고 자신의 힘을 보이고 싶은 욕망으로 가득 차 있다. 이는 바로 자만심을 충족시키고자 하는 것이다. 자연적으로 활동의 자유를 심하게 제한 받는다.

자만심이 강하면 내면보다는 외양을 중시하며 자기 자신이나 자신에 대한 다른 사람의 판단에 관심을 쏟는 사람이 있다고 가정해보자. 그런 사람은 현실에서 쉽게 소외되고, 인간관계에 대한 이해가 부족하다. 또 늘 자기의 명예에 도움이 되는지 아니면 해가 되는지만 생각한다. 이런 사람과 함께 있으면 참으로 피곤하다. 왜냐면 늘 비판의 대상이 되기 때문이다. 또 보통 자기가 잘못했더라도 그 책임을 남에게 전가하다 보니 항상 자기는 옳고 다른 사람들은 그르다는 식이다. 사실 일상의 삶에서는 옳고 그름을 가리는 것이 그렇게 중요한 것은 아니다. 그보다는 얼마나 일을 원만하게 처리하는지, 함께 해낼 수 있도록 다른 사람을 독려하는지가 더 중요하다.

오늘날 우리 사회 분위기로 볼 때 자만심과 무관하게 산다는 것은 불가능한 일처럼 보이는 것도 사실이다. 하지만 이러한 사실 자체를 인식한다는 것으로도 자녀교육에 상당한 가치가 있다고 본다. 많은 부모가 평생 불행하게 살면서도 불행 자체가 어디에서 시작되었는지 모르며, 그곳에서 헤어 나오지 못한 채 늘 그곳에 머물러 있어야 하는 줄로 착각하고 산다. 그리고 그런 부모의 양육을 받은 아이일수록 미래에 대한 꿈과 희망이나 비전 자체가 지나치게 현실적인 것에 머물러 있기 때문에 더 이상의 목표의식을 가지기 어렵다. 또 다른 사람과 잘 어울리지 못해 인터넷 세상에 빠져 살기 일쑤다. 그러다 보면 현실에도 잘 적응하지 못할 뿐만 아니라 대인관계에 있어서도 갈등을 자주 겪는다. 아이가 자만심을 강하게 갖지 않도록 신경을 써야 하는 이유가 바로 여기에 있다.

인류가 경험한 복잡한 문제의 중심에는 항상 누군가의 헛된 자만심이 있었다는 사실을 기억해야 한다. 또 한 사람의 진정한 인간성을 이해하려면 그의 자만심이 얼마나 강한지, 그리고 그 자만심이 무엇을 지향하고 있는지, 어떤 수단을 사용하는지를 확인하는 것이 중요하다. 자만심이 강한 사람은 공동체 속에서 더불어 살아가는 것을 하지 못한다. 또 그 공동체를 와해시키는 특징이 있다. 공동체의 필요와 원칙을 따르지 않는 절대적인 자기중심의 사고를 가지고 있기 때문이다. 이는 공동체의 요구에 반하는 것들이다. 따라서 자만심이 강한 사람이 조직에 들어가기 위해서는 처음부터 자신의 모습은 철저하게 은폐하지 않을 수 없다. 목표를 달성하기 위해서 위장을 하고 때로는 우회를 하면서도 늘 과연 잘할 수 있을 것인가에 대한 불안과 회의에 사로잡혀 시간을 보낸다. 같은 동료끼리라도 항상 불신감에 가득 차서 상대방을 마음속 적으로 간주한다. 경쟁의식에서 한시도 지고는 못 살기 때문에 늘 특권적인 위치를 찾고, 거리감을 두고 사람을 관찰하며, 공격적인 자세를 취하거나 방어적인 태세를 취한다. 때로는 아주 논리적이면서 자기의 정당함을 증명해 보일 수 있는 생각에 사로잡혀 있어 자신의 삶에서 가장 중요한 것을 저버리기도 한다. 다른 사람보다 더 우월하고 싶은 동경이 숨어 있기 때문이다.

요즘은 어디를 가나 자만심과 야심을 채우기 위해 수단과 방법을 가리지 않는 사람들을 보게 된다. 그들은 결코 호의적이지 않다. 또 스스로도 자신의 태도가 공동체의 원칙에 어긋나고 모순된다는 것을 잘 알고 있기에 이를 애써 감추려고 한다. 그럴수록 자신의 자만심이 더 깊은 곳에 자리 잡게 된다는 사실을 깨닫지 못한 채로 말이다. 공식적인 자리에서도 자기가 발언권을 쥐고 혼자서 떠들어야 직성이 풀리며, 자기가 다른 사람들로부터 주목을 받았는지 그렇지 않았는지에 따라 그 모임의 성격을 판단한다. 자기가 주목을 받지 못하면 나쁜 모임이고 주목을 받았으면 좋은 모임인 것이다. 반면 전혀 자기를 드러내지 않으며 사람과의 접촉을 회피하는 사람도 있는데, 회피하는 방법도 다양하다. 어떤 사람은 초대를 받고도 가지 않거나, 꼭 오라고 사정을 하게 하거나, 아니면 가더라도 늦게 가서 주목을 받는 등 특별한 조건하에서만 모임에 나타난다. 자기가 특별한 사람인 양 거만을 떨며 과시하기도 하고 또 어떤 사람은 모임에 참석하게 된 것을 자랑스럽게 여긴다. 속이 검은 것은 아무리 하얀 천으로 가린다고 해도 보일 수밖에 없는 것처럼 아무리 숨겨도 태도나 복장, 말, 사람들을 대하는 모습을 보면 분명히 드러나는 것이다.

자만심이 강한 사람의 특징은 또 있다. 다른 사람보다 더 우월해지고 싶어 하기 때문에 큰 목표를 세운다. 자기의 능력이 부족하다는 것을 절감할수록 큰 목표를 세운다. 자신의 가치를 제대로 평가하지 못하기 때문이다. 어린 시절 응석받이로 자라면서 부모가 원하는 것을 다 들어주었을 때 이런 사람으로 성장한다. 가령 어릴 때 몸이 약한 아이는 자기가 아프면 주변 사람들이 어떻게 반응하는가를 잘 알고 있다. 정상적인 사람들은 아픈 것을 싫어한다. 하지만 병약한 아이들은 대부분 아픈 느낌이나 아프다는 것을 통해 권력이 강화되는 것을 감지한다. 이를 일명 병 콤플렉스라고 하는데, 사람들의 근심과 걱정을 즐기면서 자연스럽게 무한 지배력을 행사하며 살아가는 비결을 터득한 것이다. 이것이 능숙해지면 아이는 다른 사람의 관심을 끌기 위해 아픈 상황이 실제로 존재하는 것처럼 감정이입 하는 데 뛰어난 능력을 보인다. 이런 아이일수록 항상 혼자 있는 것을 참지 못하고 누군가가 옆에 있어주길 바란다. 또 약한 척 말하고 행동함으로써 다른 사람의 관심을 끄는 데 자신의 정신을 남용하고 왜곡한다. 그러다 보니 주변 사람과 행복을 나눌 줄 모르고, 주변 사람들을 자기 손아귀에 넣으려는 등 지배욕에 사로잡혀 있기 일쑤다. 성인이 된 후에도 직장에서는 물론이고, 부부간에도 자신의 불안을 상대방을 꼼짝 못하게 통제하는 수단으로 사용한다.

# 인성코칭 없이는 질투와 시기심만 키운다

요즈음 아이들이나 신세대 젊은이들의 공통점은 질투와 시기심으로 가득하다는 것이다. 이것들은 우리가 경험하는 흥미로운 성격적 특징으로 흔히 의미하는 애정관계에서 자주 나타난다. 하지만 인간관계 전반에 걸쳐 나타날 때는 문제가 된다.

질투나 시기심의 시작은 유아기에 막내가 태어나고 관심이 막내에게 집중될 때다. 이때 아이들은 마치 왕위를 찬탈당한 것처럼 순간적인 질투심을 느낀다. 특히 동생이 태어나기 전에 부모로부터 각별한 사랑을 받았던 아이의 경우에는 질투를 넘어 적개심마저 갖는다. 또 형제간의 과도한 경쟁도 쉽게 질투심을 유발한다. 엄마들은 입버릇처럼 "형은 잘하는데 동생은 왜 그리 못하냐"고 나무라거나 "동생은 잘하는데 형이 형답지 못하니 동생 보기에 부끄럽지도 않느냐"며 쉽사리 핀잔을 주는데, 이는 비교의식과 경쟁심을 유발하는 말이다. 그 순간 심리적으로 당황스럽기는 형이나 동생 모두 마찬가지다. 비교당하

는 순간 모자란 아이는 수치심을, 잘하는 아이는 우쭐한 자만심을 갖게 된다. 이는 형제간이라고 해서 예외가 될 수 없다.

물론 질투나 시기심이 선의의 경쟁심으로 발전되기도 하지만 심한 경우에는 서로 증오하는 부정적 감정들이 쌓이게 되면서 경쟁관계를 넘어 대립관계를 형성한다. 어린 나이에 증오심을 경험하게 되는 것이다. 이 증오심은 성인의 그것처럼 화나 앙심까지는 아니더라도 일상의 곳곳에서 발견된다. 세련되게 비판적인 태도를 취하는 것 역시 일종의 증오심의 표출이다. 그러나 어느 순간에는 갑자기 폭발하기도 한다.

특히 남매의 경우 여자아이는 남자아이보다 힘이 약하다고 느끼거나 무시당하고 있다고 느끼는 경우가 많기 때문에 남자보다 앞서 가기 위해 더 많이 노력한다. 게다가 사춘기를 지나면서 남자아이보다 정신적으로나 신체적으로 더 빨리 성숙해지면서 질투는 여러 가지 모습으로 나타난다. 문제는 이 중요한 시기에 나타나는 질투심을 내버려 뒀다가는 성인이 되었을 때 남을 불신해 덫을 놓거나 자신이 무시당할까 봐 남을 부정적으로 평가 · 비하하는 태도를 취한다는 것이다. 다른 사람을 깎아내리는 데 선수가 되기도 하고, 상대방의 마음을 상하게 하는 특별난 재주를 갖기도 한다. 자기 발전이나 대인관계에 좋을 게 없다는 말이다.

질투의 출발점에는 다른 사람보다 우월하고 똑똑하고 잘났다는 자기중심적 사고가 있다. 때문에 질투가 심한 사람은 주변 사람들로부터 외면의 대상이 되기도 한다. 결혼 후에는 자신의 배우자를 사랑이라는 사슬로 묶어두고 꼼짝 못하게 하거나, 사랑하는 사람의 주변에 장벽을 치고 일절 접근하지 못하게도 한다. 상대가 숨이 막혀 죽는 지경에 이를 정도로 말이다. 정상적인 생활이라고 하기에는 곤란할 정도로 오직 다른 사람의 자유 의지마저 구속하고 사슬로 묶어놓는 질투는 단순한 감정의 하나가 아니라 이미 그 이상의 병이다.

인성코칭에서 시기심은 중요한 비중을 차지하는데 자신과 다른 사람을 비교할 때 생기는 마음이며 우리의 행복을 방해하는 주된 요인이다. 시기심을 느끼지 않는 사람은 극소수에 불과하겠지만 순탄한 삶을 사는 사람들은 대체로 시기심이 적다. 그러나 암울한 현실의 불안과 불행한 삶을 사는 사람들은 돈, 옷, 외식, 자동차나 집 등에서 쉽게 시기심을 느낀다. 가난할수록 부자에게 느끼는 시기심의 정도도 심하며, 못 배운 사람일수록 배운 사람에 대한 시기심이 크다. 그런데 시기심은 시간이 지날수록 증오심으로 확산된다. 한편 인성이 잘못 형성된 사람은 남들보다 조금 우월하다는 것을 과시하고 상대방을 자극하는 일에 적극 악용하는 경우가 많다.

시기심은 현재의 내 위치와 도달할 수 없는 목표 사이의 거리를 열등감으로 표현한 것이다. 열등감은 우리를 억압하기 때문에 자기 자신을 낮게 평가하고 늘 불만스러워 한다. 이런 사람들은 더 많은 것을 가지고 있음에도 다른 사람들이 자기를 어떻게 생각하는지, 다른 사람은 무엇을 성취하였는지를 생각하며 늘 위축감을 느낀다.

질투나 시기심은 아이들 성장과정에서 발생한다. 요즘은 하나 아니면 둘만 낳다 보니 아이는 부모의 과도한 사랑만 받고 자란다. 부모는 아이가 하고 싶어 하는 것이나 갖고 싶어 하는 모든 것을 다 제공해주는 것이다. 그로 인해 아이는 부족함 없는 유아기, 아동기를 보내게 된다. 그런데 이렇게 지나친 허용을 받고 자란 아이는 자연적으로 독립성이 떨어지고 질투심이 강하다. 외동아이일 경우에는 엄마의 사랑과 관심이 지속적으로 자신을 향해야만 만족감을 느낀다. 양육과정에서 특별한 사람으로 자란 탓에 엄마의 관심이 잠시라도 떨어진다는 생각만으로도 불안함을 느낄 정도다. 부모를 대상으로 하는 질투나 시기심이 큰 아이들은 부모에 대한 의존성이 클 수밖에 없고, 이는 사회성이 떨어지는 결과로 이어진다.

아이가 질투가 심하다면 독립심을 키워주어야 한다. 자신은 엄마와 모든 것이 일체가 아니라는 것, '엄마 따로 나 따로'라는 것, 즉 서로가 독립적인 존재임을 일깨워주는 것이 중요하다. 그렇지 않고 '부모는 자기를 위해서 존재하는 것'으로 착각하도록 내버려 두면 심각한 문제로 빠져든다.

평생 시기심을 버리지 못하고 사는 사람도 있다. 이런 이들은 공동체나 조직에서 비교적 적응을 잘하지 못한다. 일단 몸과 정신에 습관이 된 이상 공동생활에 결코 유익하지 못하다는 것을 알고는 있더라도 이타적인 행동을 할 줄 모른다. 원하는 것을 자기 손에 넣지 않고서는 못 참는 성격이다 보니 어떻게서라도 남의 것을 자기 것으로 만들려 한다. 또한 자기가 이루지 못한 것에 자기 아닌 다른 사람이나 환경적 핑계를 대고 변명하는 일에 너무 익숙하다. 때문에 주로 싸움꾼이나 훼방꾼이라는 이야기를 많이 듣는다. 원만한 인간관계에는 가치를 두지 않을 뿐만 아니라 다른 사람의 입장을 잘 이해하지 못한다. 인간

본성에 대한 이해 자체가 부족한 것이다.

다른 사람의 불행을 오히려 기뻐하는 이런 왜곡된 성격은 결혼 후 배우자에게 신뢰감을 줄 수 없고, 결국 파국으로 치달을 수 있다.


## 인성코칭 없이는 학교폭력만 키운다


학교폭력의 가해 학생을 보면 어릴 때부터 가정에서 감정을 표현하고 상대방의 감정을 받아주는 부모의 모델 학습이 잘못 형성된 경우가 많다. 사실 엄밀히 말하면 이 아이 역시 잘못된 가정교육의 피해자다. 어린 시절에 부모로부터 폭력을 당하게 되면 충동을 조절하는 능력이 제대로 발달하지 못해 쉽게 폭력성을 노출하게 되는 것이다.

사회성 또한 영·유아기를 거치면서 갖게 되는 주변 사람과의 관계를 통해 완성되는데 이 시기에 사회적 뇌가 형성되기 때문이다. 이 시기가 지나버리고 중·고등학교 시기에는 쉽게 수정이 되지 않는다. 따라서 영·유아기에 부모로부터 어떤 자극을 많이 받았느냐에 따라 아이의 뇌에는 긍정적 반응도, 부정적 반응도 형성된다. 부모나 주변 사람들과 긍정적인 애착관계가 형성되도록 해야 하는 이유가 바로 여기에 있다.

사실 학교폭력은 한 가지 원인에 의해 발생하는 경우가 드물다. 여러 가지 복합적인 원인에 의해 일어난다. 하지만 한 가지 확실한 것은 이전에는 공부 잘하는 것을 가장 중요하게 생각하던 부모들도 아이가 학교폭력의 가해자나 피해자가 되고 나서야 공부가 최우선이 아님을 깨닫는다는 것이다. "인성은 50점인데, 학과 성적은 100점이다"라고 할 수 있으면 그나마 다행이다 싶다. 그러나 지금은 인성에 대해 평가할 기준도, 점수도 구체적으로 마련되어 있지 않다. 인성코칭이 실종된 상태로 학교교육이 진행되고 있는 것이다. 즉, 성적만이 최고라는 분위기에서 냉철한 머리만 있고 뜨거운 가슴은 얼음으로 변해버린 아이들을 길러내고 있는 것이다.

학교폭력은 개인적인 요인도 있지만, 가정적 요인과 학교나 지역적인 요인들이 상호작용할 때 나타난다. 가정적 요인으로는 부모의 잦은 싸움을 들 수 있다. 남편은 아내에게 소리 지르고, 욕하고, 물리적 폭력까지 행사하면서 그것을 마치 사랑이라 착각한다. 부부이기 때문에 폭력을 당연한 것으로 여기는 것이다. 그런데 부모의 싸움은 아이의 무의식 속에 폭력의 씨앗을 심어놓는다. 아이에게 폭력의 실마리를 제공하는 것이다. 그런 아이는 부모의 모습이 그르다고 생각은 하면서도 어느 순간 부모의 그릇된 행동, 즉 폭력을 모방한다.

한편 학교폭력을 생물학적으로 접근하려는 견해도 있다. 감정을 조절하는 전두엽의 발달과정에 문제가 발생하여 감정을 조절하는 능력이 부족했을 때 학교폭력이 일어난다는 것이다. 실제로 아동기의 아이들에게는 분노감정을 조절하거나 통제하는 기능 자체가 부족하다. 어떻게 화를 참아야 하는지, 어떻게 화를 표현해야 하는지, 그리고 화를 어떻게 조절하는지도 잘 모른다. 주변 환경이나 주변인들의 상호공감이 절대적으로 필요한 이유다.

어릴수록 아이는 평소 부모의 행동과 말투, 즉 아빠가 엄마에게, 엄마가 아빠에게 하는 말과 행동을 그대로 흉내 낸다. 배우자에게 무심코 던진 화장지, 무심코 쏟아낸 무시와 욕설과 같은 부정적인 기억은 고스란히 아이에게 각인된다. 그리고 나이가 들었을 때 자신도 모르는 사이 그 부정적인 기억은 행동으로 표출된다. 그것이 바로 학교폭력이며 사회폭력이다. 무엇보다도 부모가 긍정적인 모습으로 가정으로 꾸려나가야 하는 것이다. 모범으로서의 성실하고 올바른 부모의 모습을 보여주는 것만으로도 아이는 분노를 인지하는 법과 자신과 다른 사람에 대해 어떻게 이해하고 공감하는가를 깨닫게 된다. 인성코칭이 자연스럽게 이루어지는 것이다.

## 인성코칭은 감정조절 능력을 키운다

다양한 종류의 감정이 있지만, 그중에서 가장 중요하고도 파격적인 것이 바로 분노감정이다. 기쁨이나 외로움과 같은 감정 표현은 다른 사람에게 파괴적인 영향을 미치지 않아 덜 부정적이다. 하지만 분노는 자신을 해칠 수도 있고 상대방을 해칠 수도 있는 예민한 감정이다. 따라서 인성코칭에서도 특별히 '분노'라는 감정에 주목한다.

성공한 사람들은 분노라고 하는 자기감정 조절을 잘했다. 반면 실패한 사람들은 순간적인 분노를 조절하지 못한 경우가 많다. 그들은 어느 한순간을 참지 못하고 과격한 말과 행동을 해서 돌이킬 수 없는 지경에 이르곤 했다. 그런 만큼 아이들에게도 가장 중요한 것 역시 분노를 어떻게 조절하느냐다. 자칫 실패의 걸림돌이 될 수도 있는 만큼 아이들의 마음속에 내재해 있는 분노를 자연스럽게 표현하고 받아들이는 훈련이 중요하다.

먼저 부모와 가족구성원들 사이에서부터 아이 스스로 분노나 순간적인 감정들을 효과적으로 잘 대처할 수 있도록 통제하는 기술을 가르쳐야 한다. 어떤 아버지는 화가 났을 때, 또는 부부싸움 중에 과격한 말과 행동으로 상대방을 제압하고 통제하려 한다. 그러면서도 말로는 "참고 인내하라"고 가르친다. 그러나 인성은 말이나 글로써 가르칠 수 있는 성질의 것이 아니다. 부모의 감정표출, 그 자체가 살아 있는 교육이 된다. 말로 가르치려 하기보다 스스로 평소 모범이 되는 행동을 보여주어야 하는 것이다. 행동 없는, 말뿐인 가르침으로는 아이들을 좋은 길로 인도할 수 없다. 묵묵히 보여주기만 하면 된다.

학교폭력의 면면을 들여다보면 한때 피해자였던 아이가 한순간에 가해자로 변모, 자신이 받았던 피해를 고스란히 또 다른 아이에게 행사하는 경우도 있다. 폭력행사를 통해 자신의 존재가치를 확인하고 복수라는 심리적 동기를 해소하는 것이다. 하지만 그보다 많은 경우는 바로 가정에서 부모로부터 폭력을 경험한 경우다. 부모가 정서적으로 대인관계에서 사랑결핍현상을 보인다고 하자. 그러면 그 가정의 아이는 단순한 결핍에서 끝나지 않는다. 그야말로 사랑에 관한 한 아사餓死 상태가 된다. 심각한 감정손상을 입게 되는 것이다. 그런데도 유아기나 아동기 때 손상된 감정은 일단은 수면 아래에 조용히 가라앉아 있다. 그러다 어느 정도 자랐을 때, 특히 청소년기에 자기감정이 손상을 입거나 다른 사람으로부터 공격을 받는 상황에 직면하는 순간 걷잡을 수 없이 폭발한다. 이는 모두 분노감정에 직면했을 때 평정심을 잃지 않는 것을 배우지 못한 탓이다. 또한 자신의 잘못된 행동이 그 원인이었음을 모르는 부모의 무지 탓이다.


# 인성코칭은 게임으로부터의 탈출구다

사회성 뇌의 발달은 1차적으로는 부모, 2차적으로는 교육기관 종사자들로부터 어떤 자극을 많이 받느냐에 따라 수준이 달라진다. 물론 1차적으로 부모의 역할과 반응이 가장 중요하다. 이때 인성, 사회성, 자존감이 건강하고 튼튼하게 잘 형성된 사람은 2차 과정에서 큰 영향을 받지 않는다. 그러나 문제는 신세대 부모들은 아이가 건강한 아이로 성장할 수 있도록 사회성, 자존감 등 인성을 코칭하는 데 직접적으로 개입해야 한다는 것을 인식하지 못하고 있다는 사실이다.

인성코칭은 건설현장의 기초 골조공사와도 같다. 기초공사가 잘 안 된 상태에서 외장이나 내장 인테리어를 번듯하게 해놓았다고 치자. 당장 겉으로는 아무런 문제가 보이지 않을 것이다. 그러나 시간이 지날수록 금이 가고, 부서지는 곳이 늘어난다. 한순간의 폭풍우로 폭삭 주저앉아 버릴 위험을 안고 사는 것과 다르지 않다. 인성코칭도 마찬가지다. 1차적으로 부모가 그 책임을 다하지 않고서는 2차적으로 교육기관이나 사회의 엄청난 노력이 필요하다.

아이를 키우다 보면 대체로 중학생 때까지는 부모 말에 순종하는 것처럼 보인다. 그러다 어느 순간부터 부모의 개입 자체가 곤란한 상황에 빠지고 만다. 이는 인성코칭의 효과가 나중에 나타나는 만큼 그 부재에 따른 부작용도 나중에 나타나는 탓이다. 바로 시간이 지날수록 인성이 상실된 그 자리에 따뜻한 가슴 대신 차가운 머리만 남게 되는 것이다. 그때부터는 인터넷게임에서 알 수 없는 적을 향해 적개심을 표출하듯 자기의 감정을 상하게 하는 사람에게 공격과 적개심을 표출한다.

인성이 제대로 형성되지 못한 인간이 얼마나 사악한지를 보여주는 사건들은 국내외적으로 하루가 멀다 하고 일어나고 있다. 공부하라는 부모를 잔소리한다고 폭언과 폭행을 일삼다가 급기야 죽이기까지 한다. 학교 선생님을 향한 욕설과 폭행도 이제는 낯설지가 않다. 심지어 자기를 괴롭히는 또래에 대한 복수심으로 간접살인을 하거나 자기보다 나약한 또래를 대상으로 무차별적인 폭력을 행사하는 일도 비일비재하다. 이들이 훗날 고시에 합격한들 제대로 된 사회생활을 할 수 있을 것이며, 제대로 법을 집행할 수 있을 것인가.

실제로 우리 사회 곳곳에는 인성의 함량 부족을 보이는 인물들이 많다. 부정선거에 각종 청탁, 공금횡령에 비리, 모두 인성이 부족한 탓이다. 사회의 발전, 국가의 발전, 그것은 한 인간의 발전을 근간으로 한다. 올바른 인성을 갖춘 이들이 늘어날 때 이 사회, 이 국가의 발전은 기대해볼 수 있다. 그리고 그 시작은 가정에서의 부모의 손에 달렸다.

## 영 · 유아의 스마트폰 중독

스마트폰은 이제 더 이상 어른들의 전유물이 아니다. 아이들에게도 최고의 장난감이 된 지 오래다.

영 · 유아기 시절의 아이는 부모와 많은 스킨십을 가지면서 함께 놀고 생활하는 등의 정서적 공감의 시간이 많아야 인성의 틀을 올바르게 만들 수 있다. 그런데 요즘 부모들은 아이가 떼를 쓰거나 이유 없이 울면 스마트폰을 아이에게 건네준다. 뇌가 발달되는 이 시기에 전자파가 해로운 것은 두말할 것도 없는데도 말이다. 그저 부모 편하자고, 남 보기 부끄러우니까 등의 이유로 손쉽게 스마트폰을 내어준다. 부모의 인성코칭에 대한 개념이 부족한 탓이다.

청소년들의 인터넷게임 중독은 사회문제가 된 지 오래되었다. 그런데 이제는 영 · 유아들의 스마트폰 중독현상을 걱정해야 한다. 문제는 영 · 유아의 스마트폰 중독현상은 청소년의 인터넷게임 중독과 비교할 수 없는, 상상을 초월하는 부작용을 가져온다는 것이다. 여기에 아이들은 부모와의 따뜻한 스킨십보다는 영어나 수학, 예체능을 위한 학원으로 내돌려지면서 과도한 스트레스와 중압감을 겪고 있다. 인성코칭이 사라진 빈자리를 게임과 학원이 차지해버린 것이다. 스마트폰 중독에 학업에 대한 과도한 스트레스로 아이들의 정신이 병들어 가고 있다.

아이들이 한참 성장할 때 영양이 부족해서 성장이 제대로 이루어지지 않았다면 금방이라도 성장판 수술 같은 방법을 동원하여 정상적인 신체 성장이 이루어지도록 할 수 있다. 그러나 인성의 부재는 당장 드러나는 문제가 아니다. 또 당장 눈으로 확인할 수 있는 성질의 것도 아니다. 때문에 인성코칭의 중요성을 피부로 느끼기가 어렵다. 반면 일단 그 문제점이 드러나면 그 결과는 신체 성장과는 비교가 되지 않을 정도로 충격적이다.

원만한 대인관계의 시작은 부모와의 건강한 애착관계다. 그런데 부모 스스로가 애착 대신에 스마트폰을 아이에게 내주었다. 사람보다는 기계, 놀이보다는 게임, 가정마다의 가풍보다는 애플리케이션을 제공하는 회사의 규약이 아이에게는 더 중요하게 된 것이다.

게임에 빠져 사는 동안 아이의 정신은 참담할 정도로, 마치 100년 동안 가뭄을 겪은 땅처럼 황폐해졌다. 사회성 대신 성폭력, 게임중독, 우울증, 자폐, 중도탈락, 학교폭력, 대인기피, 자살, 폐쇄공포증 등 정신병리적 이상 소견을 적어도 하나둘씩 안고 있다. 이런 아이는 훗날 부모도, 친구도, 동료도 귀하게 여기지 않는다.

이런 문제는 한 가정의 문제이기 이전에 한 사회, 한 국가의 문제도 된다. 그동안 한국 교육이 인성은 등한시한 채 공부 잘하는 자만이 살아남을 수 있음을 강조해왔기 때문이다. 부모들은 제 자식이 뒤처질까 두려워 너나없이 공부만 잘하도록 강요했다. 아이의 감정은 무시한 채.

인성코칭의 부재에서 온 문제의 해결은 인성코칭밖에는 없어 보인다. '소 잃고 외양간 고치기'라지만 늦었다고 방관할 수는 없다.

# 인성코칭 없이는 대학 진학도 어렵다

한국대학교육협의회는 연세대처럼 교사 추천서에 '인성 및 대인관계 평가 항목'을 사용하는 대학이 2011년 35곳에서 2012년 50여 곳으로 늘어났다고 발표했다. 대학에서는 인성 및 대인관계 평가 항목을 책임감, 성실성, 준법성, 자기주도성, 리더십, 협동심, 나눔과 배려 등의 7개 분야로 정해 '미흡'부터 '탁월'까지 5단계로 평가하겠다고 밝혔다. 실력도 실력이지만 같은 점수라면 당연히 인성이 뛰어난 학생을 선발하겠다는 것이다. 이는 이제 인성코칭 없이는 대학진학도 어렵다는 의미다. 두 손 들어 환영할 일이 아닐 수 없다. 주요 대학의 입시에서 인성평가가 강화된다는 자체만으로 새로운 교육의 패러다임 변화가 시작되었다고 할 수 있다. 이러한 변화는 학교폭력 근절대책의 하나로 2013학년도 대학입학사정관전형에서 인성평가를 강화하겠다는 정부의 방침에 따른 것인데, 아무튼 모처럼 제대로 된 정책을 펼쳤다. 인성을 강조하는 것이 지극히 당연한 일인 만큼 몇 년 이내에 전체 대학으로 확산될 것이다. 늦었지만 인성의 중요성이 제대로 강조되는 시점에 기대 이상의 효과가 나타나길 소원한다. 정보력을 동원한 발 빠른 엄마라면 당연히 인성평가의 척도에 비중을 두고 초점을 맞출 것이다.

인성은 거시적인 관점에서 인간의 기본적인 가치와 존엄을 인정받는 중요한 변수가 된다. 원칙적으로는 초등학교 과정에서부터 이러한 인성 중심의 학교교육이 진행되고, 중학교, 고등학교로 심화하여 올라가는 것이 발달 심리 과정으로도 일치한다. 따라서 인성코칭에 있어

당장에 보이는 가시적인 효과도 중요하지만, 보다 더 많은 대학의 입시, 그리고 고등학교 학생선발, 중학교까지 확산하는 것이 당연하다. 다소 거꾸로 진행되는 분위기지만 가장 영향력 있는 대학입학전형 자료로 활동된다는 궁극적인 목적이 달성되었기에 실효성 있는 정책으로 자리 잡게 될 것이다.

입학사정관전형에 포함되지 않을 때는 아무런 효과를 거둘 수가 없지만, 전형에 포함됨과 동시에 효과가 나타나는 것이 한국교육의 매력이다. 제아무리 훌륭한, 별의별 방법을 다 동원해도 학교폭력은 좀처럼 근절될 조짐이 없는 것도 같은 이유다. 만약 크고 작은 학교폭력 관련 사항을 모두 학적부에 기재하고 이를 대학입학사정 자료로 활용한다고 하면 아주 예민한 반응을 야기함과 동시에 인성이 훨씬 강조되는 효과를 거둘 수 있다. 나아가 대학입학 자료뿐만 아니라 신입사원 인사면접 자료에까지 확대 사용한다면 학교폭력에 부모나 학교가 지금처럼 방관하지는 않을 것이다.

서울대 의과대학은 수시모집에서 구술고사를 없애는 대신 인성·적성면접을 강화한다고 했다. 더불어 의사라는 직업에 맞는 인성과 윤리관, 소통능력을 갖췄는지를 한 시간 동안 평가할 계획이라고 발표했다. 이는 전공에 따라서 인성과 윤리관까지 평가하는 인성의 시대의 출발을 의미한다. 대학 발전뿐만 아니라 근본적으로는 의사의 인성을 통해 환자의 생명까지 사랑하고 존중하는 인간존엄성을 일깨우겠다는 훌륭한 의지의 제도화라 하겠다. 사실 일부 의사들이 환자를 대상으로 한 비윤리적이고 비의료적 행위로 인해 의사에 대한 신뢰와 명성이 이전과 다르게 추락했다. 개인의 삐뚤어진 인성 때문에 환자는 인권을 유린당하고, 생명까지 위협받았던 것이다. 이런 경우 병원 측으로서는 경제적 손실은 물론이고 병원의 이미지 실추를 부르는 불필요한 송사를 감내해야 했다.

"여러분, 의사가 되기 전에 인성부터 갖추세요. 대화하는 법부터 배우세요. 낯선 이와 친구들, 모든 사람과 이야기를 하세요."

이 말은 영화 〈패치 아담스Patch Adams〉의 주인공 로빈 윌리엄스 분이 퇴학청문회에서 동료 의대생을 향해 호소한 말이다. 영화의 주인공은 실재 인물로서 '3학년까지 환자를 만나서는 안 된다'는 학칙을 어기고 병동을 드나들며 '너무나 인간적인' 진료활동을 벌였다는 이유로 퇴학 위기에 몰렸다. 그리고 그는 의료계에 "환자를 만나지 말고 인간을 만나라"는 메시지를 전한다. 진료 현장에서 기계적인 의료진과의 문답과 각종 첨단기기에 익숙해야만 하는 것은 비단 우리만의 현실은 아닌 듯하다.

'의사 되려면 인성부터 갖춰라'

미국 의과대학협회AAMC가 2015년부터 의과대학 시험과목에 인성 과목을 추가한다는 내용의 기사가 지난 2012년 4월 18일자에 보도되었다. '패치 애덤스'와 같은 '따뜻한 심장'을 가진 의사들을 배출할 수 있도록 의과대학원 시험과목을 바꾸기로 한 것이다.

미국의과대학협회 회장 대럴 커시Darrell G. Kirch는 "훌륭한 의사는 과학이 아니라 인간을 이해할 수 있어야 한다"고 말했다. 과학지식이 풍부하고 의료기술이 뛰어난 의사가 아니라 인간과 사회를 잘 이해하는 '인간적인' 의사를 길러내기 위한 변화라는 설명이다. 환자가 꼽은 최고의 의사는 단순히 병을 고쳐줄 뿐만 아니라 자신의 말을 들어주고 이해해주는 따뜻한 심성을 가진 의사라는 협회의 조사 결과가 이를 뒷받침한다.

한편 성균관대학교에서는 2013학년도 대입 수시모집 입학사정관전형부터 수험생의 학교생활기록부에 기재된 학교폭력 가해 여부 등을 심의할 예정이라고 발표했다. 다만 교사나 동급생이 가해 학생이 잘못을 반성하고 뉘우쳤다는 내용의 추천서를 써줄 경우에는 이를 감안해 반영한다고 했다. 이를 위해 대학은 원로 교사, 경찰 관계자, 정신과 의사, 상담 교사, 심리 전문가 등으로 구성된 인성평가 자문단을 구성할 계획이다. 이는 심의에 따라 수험생의 성적이 합격선에 들더라도 학교폭력 가해 사실을 반성하지 않은 것으로 확인될 경우 불합격 처리될 수 있다는 의미다. 이와 같은 성균관대학교의 입장은 '2012년부터 인성평가를 강화하겠다'는 한국대학교육협의회 방침에 따른 것이다. 한국대학교육협의회는 올해 입학사정관전형에서 대부분 대학이 자기소개서와 교사추천서에 인성과 대인관계 평가 항목을 만들어 이를 활용할 예정이라고 밝힌 바 있다. 재밌는 것은, 기존의 입시 위주 평가를 뛰어넘으려는 이 같은 변화를 이유로 '인성평가'에 대비한 과외와 입시학원이 생겨나는 웃지 못할 일이 벌어지고 있다는 것이다. 국·영·수보다 인성이 더 중요한 평가 요소가 된 만큼 이런 기관들은 앞으로 더욱 성행할 것으로 보인다. 리더십과 비전, 커뮤니케이션 능력 등을 위시한 '인성'이라는 게 그렇게 단기속성으로 키워질 리 만무한데도 말이다.

제대로 된 인성코칭은 가정에서, 그리고 부모를 통해 장기적인 안목으로 진행되어야 하며, 그러려면 당연히 부모의 올바른 변화가 선행되어야 한다. 먼저 부모가 바뀌고 가정이 바뀌어야 한다. 변화해야 하는 것은 아이가 아니라, 언제나 부모다.

# 무엇을, 어떻게 코칭해야 하는가?

## 자녀의 가치관을 코칭하라

가치관이란 어떤 일정한 방식으로 행동하게 하는 원리나 신념이다. 자기를 포함하여 세계나 어떤 대상에 대해 갖는 근본적 태도나 관점을 말한다. 쉽게 말하면 옳은 것, 바람직한 것, 해야 할 것, 하지 말아야 할 것 등에 관한 일반적인 생각이라 할 수 있다. 따라서 진로를 결정하는 데 있어서도 중요한 요인이 된다.

사람에 따라 외재적인 가치를 추구하기도 하고, 내재적인 가치를 추구하기도 하는데, 우선 외재적인 가치는 돈이나 사회적 명예, 정치 지도자들의 권력, 지위와 같이 어떤 일에 대한 가치가 눈으로 보이는 것을 말한다. 반면 내재적인 가치는 어떤 일을 하면서 얻게 되는 정신적인 즐거움과 만족, 보람, 성취감 등을 의미한다.

그런데 돈을 모으는 과정에 있어 수단과 방법을 가리지 않는 사람들을 우리는 종종 보아왔다. 돈이 목적이고, 그로 인해 보람을 얻었다고 해서 올바른 가치관을 갖고 있다고 말할 수 있을까? 그 사람의 목적은 오직 돈이다. 건강이나 나눔이나 행복, 자신으로 인한 남의 불행 따위는 관심의 대상이 아니다. 오로지 목적을 위해서 매진할 뿐이고 수단은 상관없다는 사고 역시 그 사람의 가치관이다.

공부도 마찬가지다. 성적만 올려 전교, 아니 전국 1등이 되는 것을, 나아가 좋은 대학에 들어가는 것만을 목표로 공부하는 이들이 적지 않다. 이들 중 몇몇은 성적을 위해 부정행위도 서슴지 않는다. 공부를 잘해서 나중에 어떤 일을 해보겠다, 가 아니라 그저 1등만이 최고라는 가치관을 갖고 있는 것이다. 그러나 이런 가치관이 바람직하지 않다는 것은 이미 우리 모두가 잘 알고 있다.

사실 부모의 최대 관심사는 오로지 아이의 성공뿐이다. 아이를 임신하는 그 순간부터 아내는 남편에 대한 사랑과 관심의 대부분을 잊어버린다. 태교에서부터 출산, 영아기, 유아기, 초등·중학교 시기를 거칠수록 아내의 인생은 자녀교육을 위한 것으로 탈바꿈되어 간다. 물론 아내보다 아이에게 집중하는 남편도 더러는 있다. 어쨌든 양자 모두 아이의 인생에 부모의 인생이 매몰되어 간다는 문제가 있다. 하지만 더 큰 문제는 부모의 목표가 아이의 성공, 좋은 성적을 받거나 좋은 대학을 가거나 좋은 직장을 얻는 것, 바로 외재적 가치에 치중되어 있다는 점이다.

외재적 가치들에 목적을 두어서는 올바른 인간으로 성장할 수 없

## 존경하는 인물로 배우는 가치관

행동을 보이는 것만으로 부족하다 싶으면 아이에게 존경하는 인물을 설정하
게 하는 것도 좋은 방법이다. 그 인물의 품성과 가치관과 교류를 하게 되면 올
바른 가치관을 형성할 수 있을 뿐만 아니라 훗날 진로를 결정하는 데 있어서
도 도움이 될 것이다.

— 아이가 가장 존경하는 인물을 한 명 선정하게 한다.

— 존경의 이유와 언제 어떤 일을 계기로 존경하는 마음이 생기게 되었는지
를 자세히 기록하게 한다.

— 존경하는 인물이 바뀌었다면 바뀌게 된 계기나 이전 인물에 대한 실망의
이유 등을 자세히 기록하게 한다.

— 인물이 겪은 상황에 만약 자신이 처하게 된다면 어떻게 행동할지 생각하
게 한다.

— 어려운 상황이나 불가능하다고 판단되는 한계에 부딪쳤다면 제일 먼저 상
담할 사람을 정하게 한다.

— 그 사람을 상담자로 정한 이유가 무엇인지 세 가지 정도 생각하게 한다.

— 문제 해결의 열쇠는 누구에게 있는지 생각하게 한다.

다. 청소년기는 각자 타고난 잠재력을 개발해 미래를 향한 방향, 목적을 선택하고 결정해야 하는 시기다. 자신이 살고 있는 사회와 문화 속에서 다양한 경험을 통해 삶의 목적, 가치, 태도, 습관, 행동 규범 등을 결정해야 하는 것이다. 이때 근간이 되는 것이 바로 아동기에 부모가 심어준 자아 개념과 가치관이다. 이것들은 모두 부모의 태도, 습관, 가치관 등이 내재화되면서 확립된다. 따라서 돈만 밝힌다고 아이를 타박하기 전에 부모가 먼저 올바른 가치관을 갖고, 그에 따른 올바른 행동을 보여야 한다.

## 자녀의 건강한 성격을 코칭하라

코치로서 코칭의 개념이나 목표 설정이 부족하다면 프로코치가 될 수조차 없다. 다른 사람이 눈치 채기 이전에 먼저 알아차리고자 하는 노력이 필요하다.

그렇다면 부모는 자녀의 무엇에 관심을 가질까? 건강한 아이, 공부 잘하는 아이, 똑똑한 아이로 키우는 데 관심이 많다. 반면 성격 좋은 아이로 키워야겠다는 생각은 별로 없어 보인다. 물론 몸이 건강하다는 말 속에는 신체적 건강뿐만 아이라 정신적 건강이 포함되어 있기도 하다. 하지만 신체적 건강은 출생 후 영양관리 상태에 따라 얼마든지 달라질 수 있는 것이지만, 정신적 건강은 태아 때부터 시작해 출생 후 유아기를 겪는 동안 주변의 양육형태 및 태도에 따라 달라진다.

대인관계에서 가장 중요한 요소 중 하나로 많은 사람들이 '성격'을 꼽는다. 심지어 세상을 살아가는 방법이나 과정에서의 성공과 실패도 성격이 좌우한다고 주장하는 성격예찬론자들도 있다. 그렇다면 자기 자신의 성격에 만족하는 사람들은 얼마나 될까?

성격은 성인이 되고 늙어 죽을 때까지 쉽게 바뀌지 않는다. 신체적으로 허약하거나 특이체질이라면 의학적인 방법을 동원해서 성장을 촉진시키고 체질을 개선할 수 있다. 하지만 한번 형성된 성격은 평생을 두고 애써도 잘 고쳐지지 않는다. 영·유아기 때 부모를 통해서 좋은 성격을 형성해야 할 이유가 바로 여기에 있다.

물론 나중에 성격의 결함을 깨닫고 고치기 위해 노력할 수는 있다. 실제로 성격검사 등의 심리검사를 통해 자기 성격의 장단점을 정확하게 분석한 다음 장점은 유지하고 약점은 고치려 애쓰는 사람들도 많다.

가끔 공공장소에서 "얘가 도대체 누굴 닮아서 이래?" 하고 소리치는 엄마들이 있다. 그런 모습을 볼 때마다 나는 '누굴 닮긴 누굴 닮아?

엄마 아빠를 닮아서 그렇지' 하고 속으로 중얼거린다. 그런 말은 제 얼굴에 침 뱉는 것과 다를 바 없다. 사실 성격이야말로 부모가 물려줄 수 있는 최고의 유산이다. 물론 하루아침에 성격 좋은 아이로 키울 수 있는 것은 아니다. 하지만 아이의 사회적 관심의 발달 초기에는 어머니에서 가족구성원, 가족 이외의 주변인 순으로 영향을 받는 만큼 어릴 때부터 진실하고 변함없는 사랑을 보여주는 것이 중요하다. 물론 사랑이 지나쳐서도 안 된다. 또 배우자에게만 관심을 갖고 아이에게 무심하다면 아이는 스스로 사랑받지 못하는 무의미한 존재라고 느끼게 된다. 정서적으로 격리가 되는 것이다. 부부관계도 중요하지만, 정서적 지지를 어떻게 조절하느냐에 따라 과잉보호가 될 수도 있고 정서적 격리가 될 수 있다.

신체적 건강뿐만 아니라, 밝고 명랑하고 적극적인 성격을 지닌 더불어 살아갈 줄 아는 아이로 기르는 것은 온전히 부모의 몫이다. 운동선수들은 코치와 함께 지내는 시간이 많으면서 점점 코치의 성격과 비슷하게 변해간다. 마찬가지로 부모와 가장 많은 시간을 보내는 아이들은 부모와 판박이처럼 똑같아질 수도 있다. 때문에 부모는 아이의 성격 형성에 최전선에 있다는 것, 부모의 생각과 행동이 아이에게 그대로 옮겨 갈 수 있다는 것을 명심해야 할 것이다.

한편 자신의 성격 장단점을 파악한다는 것은 매우 중요하다. 그러나 입사할 때도 대다수의 많은 사람은 회사의 이미지, 규모나 급여, 복지 등만을 고려할 뿐 실질적으로 본인이 어떤 성격이나 태도를 갖고 있으며 대인관계 정도는 어떤가에 대해서는 별로 중요하게 생각하지 않는다. 기업은 면접과정에서 가능한 한 기업의 특성과 지원자의 적성이나 성격이 잘 맞는 사람을 선발하려고 한다. 반면 정작 지원자는 자신의 적성과 맞지 않는 직장에 일한다는 것이 얼마나 힘들고 어려운지를 모른다. 시간이 지날수록 부적응을 경험할 수밖에 없기 때문에 자신의 능력을 발휘할 수고 없고, 정신적인 스트레스도 크다. 결국 그만두거나 이직을 고려할 수밖에 없는 위기 상황에 봉착할 수밖에 없다.

적성을 판단하는 기준은 '어느 정도의 능력을 발휘할 수 있느냐'다. 일반적으로 업종이나 업무 특성에 따라 개인의 성격과 태도가 달라져야 하는데, 예를 들어 영업직에는 적극성이, 기술직에는 지구력이 필요하다. 또 회의에서 자기주장을 펴지 못하는 사람이라면 기획이나 상담역으로는 부족하다. 그러나 아무리 적성에 맞고 협동심이 강하다 해도 이기심이 강한 사람은 곤란하다. 협동심은 어려운 일을 어떻게 대처해가는가를 결정짓는 요인이고, 사교성은 상대의 기분을 파악하고 잘 어울리는가를 결정짓는 요인이며, 인내력은 일을 추진함에 있어 중간에 중단하지 않고 끝까지 끈기 있게 계속할 수 있는가를 결정짓는 요인이다. 또한 자주성은 타인에게 의지하지 않고 스스로 처리할 수 있는 능력이고, 사고력은 사물을 유심히 관찰하는 습관이며, 자기신뢰성은 자신 있게 모든 일에 대처하는 능력이다. 따라서 자신의 성격이나 태도를 정확하게 파악해야 적성을 찾는 데 훨씬 도움이 된다. 또한 희망직종의 기업에 따라 성격을 살린 업무에 배속 받는 것이 훨씬 시너지 효과를 향상하는 지름길이다.

### 내향성과 외향성

어떤 이는 타인과 협조를 잘하고, 환경을 자연스럽게 받아들이며, 상대에게 장단을 잘 맞추고, 매사에 사교적이며, 누구하고든 편히 마음을 터놓는 관계를 맺는다. 정반대로 어떤 이는 남과의 교제를 별로 좋아하지 않고, 혼자 있거나 책을 읽거나 음악을 듣거나 산책하는 것을 좋아하는 등 자기만의 세계에 틀어박히며, 좀처럼 다른 사람과 화합되지 않는 폐쇄적 성향을 갖고 있기도 하다. 주위 상황이나 환경은 이런 외향성이라거나 내향성이라고 하는 성격 형성에 커다란 영향을 미친다. 일반적으로 직장에서는 내향성보다 외향성 타입을 원하는 경향이 있다.

### 수동성과 능동성

능동적인 성격의 사람은 매사에 적극적으로 제의하거나 행동하려고 하며 상대를 강제로 자신의 페이스로 끌어들이려는 면이 있다. 반면 수동적인 성격의 사람은 자기주장을 거의 하지 않는다. 상대의 사고에 추종하는 경향이 커서 상대의 의견을 그대로 받아들이곤 한다. 또한 어떤 일에 대해 판단하거나 주장하지 않는다. 때문에 “예”, “아니오”를 분명하게 하지 않는다. 그러나 분명한 것은 대인관계에서 어떤 태도를 보이느냐에 따라 관계 형성의 폭이 달라진다는 것이다.

수동적이냐 능동적이냐에 따라 ‘어떤 상황에서 어떻게 행동하는가’를 예측할 수 있다. 따라서 부모들이 평소 생활 속에서 보이는 아이의 신중성, 책임감, 적극성, 협조성, 자율성, 활동성 등의 정도를 잘 알고 있는 것도 실제적으로 큰 도움이 된다.

### 신중성

평소 행동에 있어 주의나 사고가 깊은가, 계획성이 있는가를 보면 신중한지 그렇지 않은지를 알 수 있다. 신중한 사람은 주의가 깊고 감정을 억제할 줄 알며 꼼꼼하다. 그러나 신중하지 못한 사람은 매사에 신경질적이다. 또 열등감에 빠져 있는 등 정서적으로 감정적이고 충동적인 성향을 보인다.

### 책임감

책임감은 일에 대한 성실성과 근면성을 말하는데, 책임감이 강한 사람은 독립심이나 정의감이 있는 반면에 책임감이 부족한 사람은 인내력이나 도덕심, 열정이 부족하다.

### 적극성

적극적인 사람은 매사에 참여의식이 높고 활동적인 경향을 갖고 있다. 자신감이 있고 말하기를 좋아하며 친구관계에서도 분위기를 이끌어가는 편이다. 반면 소극적인 사람은 결단력이 부족하고 사교성 또한 부족하다는 단점을 갖고 있다.

### 협조성

협조성이 강한 사람은 기본적으로 사람에 대한 친밀감을 갖고 있어서 인간관계를 형성하고 유지하는 데 큰 장점이 있다. 타인을 존중하려는 마음도 가지고 있다. 물론 협조성이 업무적 실적이나 능력으로 바로 연결되는 것은 아니다. 하지만 협조성이 낮으면 자기중심적이고 고독에 빠져 있거나 자폐적인 성향을 보인다. 또 신경질적인 반응으로 사람들의 관계를 원만하게 형성하지 못한다.

## 자녀의 돈에 대한 가치관을 코칭하라

부모로서 아이들을 코칭할 것은 한두 가지가 아니다. 특히 아동기 때나 청소년기 때 경제적인 마인드나 돈에 대한 가치관을 코칭하는 것은 매우 중요한 일이다. 여기에서 가르쳐야 하는 돈에 대한 가치관은 1천 원짜리에는 1천 원의 가치가, 1만 원짜리에는 1만 원의 가치가 있다는 식의 절대적 가치만을 의미하지 않는다. 바로 상대적 가치를 가르쳐야 하는 것이다. 즉, 1천 원으로도 그 가치를 수치로 환산할 수 없을 만큼의 가치를 창출할 수 있다는 것을 알게 해주어야 하는 것이다.

돈에 대한 가치관을 코칭한다고 "돈만 많이 벌어라"고 해서는 안 된다. 묻지도, 따지지도 말고 돈 되는 일이라면 무조건 다 하라는 식의 코칭을 이야기하는 것이 아니다. 물론 돈이 많아야 제대로 부모 노릇을 하고, 돈이 없으면 부모 노릇조차 하기 힘들다고 생각하는 사람들도 있기는 하다. 그러나 돈으로 부모 노릇을 한 사람은 자식들에게 제대로 된 부모 대접을 결코 받을 수 없다는 것을 알아야 한다. 심지어 노인이 되어 경제적인 힘을 잃게 되면 부모로서의 권위마저 위협을 받게 된다.

돈 한 푼 없으면서도 자녀들에게 큰소리치고 최고의 대우를 받는 사람이 있는가 하면 돈방석에 앉아 있을 때만 간신히 부모의 권위를 유지하는 사람도 있다. 이는 모두 아이가 어릴 때 부모가 뿌린 씨앗 때문이다. 하지만 코칭 자체의 문제점을 깨달았을 때는 이미 늦은 것일지도 모른다. 아이를 코칭하는 일은 인생을 코칭하는 일이다. 시행착오를 수정할 시간적 여유가 없다.

삶의 여유가 있다면 행복한 삶의 일차적인 요건을 갖춘 셈일 뿐이다. 돈 있다고 모두 행복한 것이 아닌 것처럼, 가난하다고 모두 불행한 것은 아니다. 가난하지만 오히려 재벌보다 더 행복한 삶을 살 수 있다면 그가 바로 행복한 재벌이다. 그리고 그것은 바람직한 코칭의 결과다. 또 돈을 무작정 모은다고 해서 다 부자가 되는 것은 아니다. 돈을 번 만큼 쓸 때는 과감하게 가치 있는 일에 사용할 줄 알아야 한다. 그것이 곧 지혜요, 올바른 경제 마인드다. 구두쇠처럼 모으기에만 급급한 사람은 결국 제대로 입어보지도, 먹어보지도 못 한 채 죽게 된다.

우리나라 굴지의 기업총수들 중에 돈이 없어서 죽는 사람은 없다. 돈으로 목숨을 살 수 있었다면 아마도 수백 명의 목숨을 부여잡고 성경에 나오는 무드셀라처럼 999년을 살고도 남았을 것이다. 어제 누군가가 그토록 갈망하던 삶을, 오늘 건강하게 살고 있다면 인생에 그보다 더 큰 행복은 없다. 돈으로 침대는 살 수 있어도 잠은 살 수 없고, 돈으로 큰 아파트는 살 수 있어도 가정은 살 수 없다. 마찬가지로 행복은

## 행복한 가정을 위한 경제 마인드 7

**1. 돈으로 가정을 살 수 있다고 생각하지 마라**

— 돈으로 가정을 샀다면 돈이 떨어졌을 때 가정도 깨진다.

**2. 돈에 깔려 죽더라도 돈벼락 한번 맞았으면 좋겠다고 생각하지 마라**

— 돈벼락 맞고 깔려 죽어봤자 아무 소용없다. 남 좋은 일만 시킨다.

**3. 재벌 2세 부러워 마라**

— 인생은 제힘으로 살아야 제 맛이다.

**4. 남들 앞에서 돈 없다고 죽는소리하지 마라**

— 도움 받으려고 죽는소리해 봤자 살아 있는 거지 취급당한다.

**5. 돈은 있어도 가치 있게 쓸 줄 모르면 없는 것보다 못하다**

— 돈 1만 원을 10만 원 쓰는 기분으로 사용하면 부자가 따로 없다.

**6. 돈은 통장에 찍혀 있을 동안은 숫자에 불과하다**

— 숫자놀이에 취미 붙이지 마라. 그러다간 절대 돈을 쓰지 못한다.

**7. 매월 일정금액 이상은 자기를 위해 투자하라**

— 자기를 위한 투자만큼 확실한 투자는 없다.

돈으로 살 수 있는 것이 아니다. 그러니 너무 "돈", "돈" 하지 말아야 한다. 돈이 인생의 전부인 듯 집착하면 아이 역시 돈에 집착하는 인생을 살게 될 것이다. 비록 경제적인 어려움이 있더라도 남한테 나쁜 짓 안 하고 성실하게 사는 것보다 당당한 일이 없음을 아이에게 보여주어야 한다.

아이들에게 한번 물어보자. "네 생각에는 엄마, 아빠가 행복한 것 같니?"라고. 아이들의 눈에 비쳐진 부모의 모습은 부모 자신들보다 더 정확하다. 아이들을 위해 죽어라고 고생한다면서 많은 시간을 아이와 함께 하지 못한 채 힘들어 하고 불행해 한다면 아이는 아무리 부모가 자신을 위한다고 해도 부정적으로 평가하게 된다. 그리고 마음으로는 부모가 열심히 돈을 벌어 많은 재산을 물려주기를 바라면서도 정작 자신은 부모가 되었을 때 지금의 부모처럼 죽어라고 고생하지는 않을 것이라고 결심한다. 부모처럼 살고 싶지 않다고 생각하는 것이다. 삶의 모델이 되지 못한 부모라니, 잘못된 코치의 결과 때문이 아니겠는가.

## 자녀의 결혼에 대한 가치관을 코칭하라

연애를 하는 동안에는 서로의 행복을 위해 헌신하겠다는 일념밖에 없다. 그리고 더 큰 행복을 위해 둘이 하나가 되기로 약속한 것이 결혼이다. 남편은 아내의 행복을 위한, 아내는 남편의 행복을 위한 삶을 시작한 것이다. 하지만 시간이 지나고 결혼이 일상이 되어가면서 행복지

수는 같이 지내온 시간만큼 낮아진다. 왜 그럴까?

　결혼은 단지 한집에 살게 되었다는 것을 의미하지 않는다. 결혼을 한다는 것, 가정을 꾸린다는 것은 성숙한 두 사람이 정신적·육체적 교감을 통해 행복을 가꾸어간다는 의미다. 때문에 배우자를 이기려고 하는 사람은 더 없이 '못난 사람'이다. 배우자는 경쟁상대가 아니기 때문에 상호협조, 인내, 이해가 수반되어야 한다.

　부부는 결혼 이전에 서로 다른 가정에서 성장했기 때문에 행동, 가치관 등 모든 것이 다를 수밖에 없다. 이 다름에서는 오는 갈등을 해결하는 방법은 단 한 가지, 서로 다른 사실을 인정하고 각자의 개성을 최대한 존중하는 것뿐이다. 결혼 직전까지 각자가 살아온 가정환경, 가족관계, 교육정도, 종교, 가치관 등 십 수 년 동안 형성된 삶의 가치관이 다를 수밖에 없음을 인정하기만 하면 된다. 그런데 가치관에 따라 행복의 요소는 돈도 될 수 있고, 명예, 권력, 건강, 성격 등 다양한 것이 될 수 있다. 하지만 가정의 행복, 부부의 궁극적인 행복을 위해 필요한 것은 바로 무엇보다도 '대화'다. 강렬한 눈빛이 교차했다고 해도 누군가가 먼저 입을 열어 말로 청혼하지 않았다면 결혼은 불가능하다. 결혼생활에서도 대화가 없다면 서로를 이해하기 어렵고, 결국 불만만 쌓여간다.

　부부관계에서 대화는 공기 중의 산소와 같다. 평상시에 마음껏 숨 쉴 수 있는 것은 눈에 보이지 않는 산소 덕분이다. 그러나 백두산이나 히말라야 같은 고산 지대로 올라가면 고소증과 호흡곤란을 일으킨다. 산소가 희박하기 때문이다. 부부간의 대화가 부족하게 되면 벙어리 냉가슴 앓는 심정으로 한 지붕 두 가족으로 살아가며 호흡곤란을 호소하다 결국 하산할 수밖에 없는 지경에 다다르게 된다.

대화에는 서로를 향한 인격적이고 인간적인 나눔의 대화가 있는가 하면 비인격적이고 비인간적인 명령과 지시와 구박 위주의 인격적 모멸감을 주는 대화도 있다. 부부관계도 마찬가지다. 남편이 아내에게 거침없이 내뱉는 호칭에서 "야", "어이", "이봐"처럼 누가 들어도 감히 배우자를 부르는 소리라고 생각할 수 없는 표현은 상대를 무시하고 비인격적으로 대하는 생각에서 비롯한다. 이런 호칭을 사용하는 사람이 다른 말이라고 해서 듣기 좋고 기분 좋게 표현할 리 없다. 매사에 거친 표현들이 다반사이고 무조건 명령과 지시뿐이다. 복종을 요구하기에 상대방의 감정이나 정서적 반영은 안중에도 없다. 이런 유형은 자기중심적이고 권위주의적이라 가정의 분위기는 당연히 압도적이다. 서로 간에 마음 편하게 말하고 싶어도 대화 자체가 어렵다.

인간은 다른 동물들과는 달리 열정적인 감정을 가지고 있다. 그리고 훈련에 의해 다른 사람의 감정을 배려할 줄도 안다. 그런데 문제는 가까운 사이일수록 자신의 감정만 앞세운다는 데 있다. 특히 부부가 그렇다. 사실 부부 사이에 가장 인내하기 힘든 것이 감정 표출이다. 하지만 감정을 무조건 숨기려 해서도 안 되고, 그렇다고 있는 대로 폭발시켜서도 안 된다. 감정을 숨기면 서로에 대해 신뢰가 무너지고, 감정을 폭발시키면 상대에게 상처를 주기 때문이다.

흔히들 '부부싸움은 칼로 물 베기'라고 한다. 칼로 물을 벨 수 없듯 부부 역시 아무리 싸워도 갈라질 수 없다는 의미다. 그러나 상처 없는 싸움이 있을까? 여기에서의 상처는 꼭 까지고 피가 나는 육체의 상처만을 의미하지 않는다. 정서적이고 심리적인 감정의 상태를 모두 포함한다. 부부싸움에 오고가는 욕설과 폭언은 배우자에게 씻을 수 없는 정신적 피해를 입힌다는 것을 알아야 한다. 간혹 싸움이 싫다고 해서 자포자기 심정으로 그냥 져주는 척하는 경우도 있다. 그러나 이 역시 상대를 속이는 행위로 바람직하다고 볼 수 없다. 부부는 무촌이다. 세상에서 둘도 없이 가까운 관계였다가도 한순간에 원수지간이 될 수도 있고 남이 될 수도 있다. 서로가 끊임없이 진솔한 마음으로 배우자를 존중하고 배려해야 하는 이유다.

배우자의 감정을 상하게 하지 않고 진솔한 마음으로 나누는 대화는 가정에서 일어나는 대부분의 문제를 해결하는 힘을 갖고 있다. 그리고 무엇보다도 그런 가정에서 자라난 아이들이 정신적으로 건강하다.

부부관계에 이상신호가 오면 결국 아이들에게까지 부정적인 영향을 미친다. 서로를 비난하는 부부의 아이는 책망과 비난에 길들여지게 되고, 냉랭한 집안 분위기 속에서 주눅이 들거나 반대로 반항하게 된다. 결국 사회성이 부족할 수밖에 없다. 반면 서로를 사랑하고 존중하는 부부의 아이는 격려와 칭찬, 사랑의 표현에 길들여지면서 자신감 충만한 심성 고운 사람으로 성장한다.

다시 말하지만 결혼은 각기 다른 가정에서 자란 성숙한 두 사람의 육체적·정신적 결합이다. 때문에 생각이나 가치관이 서로 다를 수밖에 없다. 또한 배우자는 싸워서 이겨야 하는 경쟁자가 아니다. 끊임없이 이해하고 협력하고자 노력해야 하는 이유가 바로 여기에 있다. 행복은 저절로 이루어지지 않는다.

## 부부간에 말문을 여는 Tip 4

1. 출 · 퇴근 시 다정하게 인사하자

— 이왕이면 아침 출근길에는 기분을 상하게 할 수 있는 이야기는 삼간다.

2. 하루에 한두 번씩 배우자에게 안부를 전하자

— 문자메시지도 좋지만 짧은 대화라도 꼭 목소리를 듣는 게 좋다.

3. 텔레비전 시청 시간을 줄이자

— 텔레비전에 빠질수록 대화는 줄어들 수밖에 없다.

4. 컴퓨터 사용 시간을 줄이자

— 집에 들어오기 무섭게 컴퓨터에 매달리는 것은 배우자를 배려하지 않는

　행위다.

# 자녀 스스로가 인성코치임을 코칭하라

세계 대형 박물관에 보관 중인 역사적인 보물들이 만일 지금까지도 발견되지 않은 채였다고 가정해보자. 세계사에 길이 남을 역사의 한 페이지를 장식할 수 없었을 것은 물론이고, 어쩌면 지금 이 순간에도 자신이 얼마나 값진 보물인지도 모른 채 여기저기 굴러다니고 있을지도 모른다. 제아무리 값진 보석이라도 갈고 닦지 않으면 아무 짝에도 쓸모가 없는 법이다. 또 어떻게 관리되는가에 따라 그 값어치는 배가 될 수도 있고 그렇지 않을 수도 있다.

똑같은 70세라고 하더라도 어떤 사람은 50대로 보이고, 어떤 사람은 80대로 보인다. 이는 젊은 시절부터 건강관리를 어떻게 했는가에 따른 결과다. 자신의 얼굴은 오로지 자신에게 책임이 있는 것이다. 코칭에 있어서도 마찬가지다. 출생에서 성장까지 부모와 교사의 역할은 절대적이다. 그러나 아무리 훌륭한 부모와 스승을 만났다 한들 백이면 백, 모두 성공으로 이어지지는 않는다. 부모와 스승의 역할도 중요하지만 코칭의 핵심주체가 바로 자기 자신이기 때문이다.

산해진미로 푸짐하게 차려진 상을 내놓아도 먹지 않으면, 먹더라도 제대로 소화를 시키지 못하면 아무 소용없다. 마찬가지로 부모와 훌륭한 코치가 코칭을 이끌어도 아이에게 관심과 의욕이 없다면 기대효과는 떨어지기 마련이다. 셀프코칭이 이루어져야 하는 이유다.

그런데 셀프코칭은 나이를 먹는다고 저절로 되는 것이 아니다. 어린 시절부터 철저한 자기통제와 자율성이 훈련되어 있어야만 가능하

다. 엄격한 자기통제보다는 다른 사람에 의한 통제에 더 많이 길들여
져 있는 우리의 현실을 생각하면 좀 암울하기는 하다.

아이가 스스로를 셀프코칭하기 위해서는 우선 자신의 성격을 파악
하고 자기의 조절 능력을 파악해야 한다. 흔히 인생을 장거리 마라톤
에 비유한다. 마라토너가 장거리를 달리면서 경쟁하고 극복해야 할 대
상은 그 누구도 아닌 바로 자기 자신이다. 달리는 내내 힘들어 주저앉
고 싶은 유혹과 목이 타는 갈증 속에서 수많은 생각이 왔다 갔다 할 것
이다. 포기하고 싶다는 좌절, 그래도 끝까지 달려보리라는 도전, 남들
보다 더 좋은 기록으로 완주하고 싶다는 욕심들이 뒤섞인 갈등 속에서
무엇을 선택할 것인지는 순전히 자신의 몫이다. 그리고 그 선택은 어
릴 때부터 어떤 코칭을 받아왔는가, 그리고 코칭의 주도자로서의 역할
을 해왔는가에 달려 있다.

자기와의 싸움 끝에 맛보는 완주의 기쁨이 크기 때문일까? 최근 마
라톤은 선풍적인 인기를 끌며 많은 사람들의 사랑을 받고 있다. 하지
만 사랑을 받는 만큼 부작용도 생겨 우려를 낳고 있다. 건강과 자기만
족을 위해 시작한 마라톤으로 오히려 건강을 잃는 사람도 있고, 심지
어 죽음에 이르기도 하니 말이다. 실로 안타까운 일이 아닐 수 없다.
아무리 건강하더라도 신체 능력 이상으로 과도하게 달리면 건강을 해
치게 된다. 또 페이스 조절을 하지 못하고 지나치게 오버페이스를 하
면 심장마비가 일어날 수도 있다. 이 모두 자신의 건강 상태와 체력을
파악하지 못하기 때문에 일어나는 불상사다. 비단 마라톤에 국한된 이
야기는 아닐 것이다. 최고로 손꼽히는 훌륭한 코치가 과학적인 프로

그램을 제시한다 해도 이를 실천해야 하는 사람은 코치나 감독이 아닌 선수 자신이다. 필드에서 뛰면서 과하거나 부족한 것을 감지해 조절하고 요구하는 것은 온전히 자신의 몫이다.

같은 출발선에 서 있지만 누군가는 먼저 출발할 수 있고, 또 다른 누군가는 늦게 출발할 수 있다. 그러나 먼저 출발했다고 해서 반드시 결승점에 먼저 도착하는 것도 아니고, 늦게 출발했다고 해서 결승점에 늦게 도착하는 것도 아니다. 출발과 도착, 그 사이의 과정에서 노력과 태도, 정신자세를 비롯한 무수한 변수들로 인해 결과는 얼마든지 뒤바뀌는 것이다.

꿈을 실현시키기 위해서는 스스로를 통제할 수 있어야 한다. 더불어 맡겨진 학습이나 일을 성취하기 위해서 얼마나 열중하고 있는지를 수시로 자문할 수 있어야 한다. 만약 최선을 다해 열심히 노력하고 있다면 다행이지만, 그렇지 못하다면 새로운 방법을 찾아야 한다. 무엇보다 자기에게 맞는 목표와 맞는 방법을 찾아내서 실천하는 것이 중요하다.

## 부모가 본보기가 되어라

오늘날 젊은이들은 왜 부모들과 충돌하고 부모에게 저항할까? 바로 어른들이 주장하고 설교하는 바대로 실천하지 않기 때문이다. 말만 하고 본인은 본이 되지 못하는 것만큼 역효과 나는 것도 없다. 아이에게 몇 번을 강조해도 모자란 것만 같은, 긍정적이고 훌륭한 가치관이 있다면 수십, 수백 번 말로 하는 것보다 부모 스스로가 본보기가 되는 것이 가장 확실하다. 아이에게 가치관을 가르치고 싶다면 그에 따라 살아가는 모습을 보여주면 된다.

부모의 권위는 말로 세워지는 것이 아니다. 모범이 되고 본보기가 되었을 때 자연히 따라오는 것이다. 단순히 말로만 설득하거나 나이가 많다는 이유로 합리화하려 해서는 위기만 맞게 될 것이다. 그러면 아이들에게 어떤 가치관을 어떻게 심어주어야 할까?

**첫째, 정직honest의 가치관이다.**

정직은 입학사정관전형에도 포함되어 있는 만큼 중요한 덕목이다. 말이나 글로서는 얼마든지 "나는 정직하다"고 표현할 수 있고 그럴듯하게 연출할 수도 있다. 부모라면 누구나 자식 앞에서 모르는 것이 없는 만능인이 되고 싶어 한다. 그리고 그러기 위해 거짓말조차 선의라는 말로 포장한다. 자식에게 늘 최상의 모습을 보이고 싶어 하기 때문이라는 것은 이해하지만 오히려 역효과가 날 수도 있다. 거짓말하는 부모의 모습만 보게 해서는 아이가 정직하기를 바랄 수 없다. 매번 거짓말을 하는 부모의 모습은 고스란히 아이에게로 옮겨진다. 거짓말을 일삼는 아이가 되는 것이다. 말로만 정직을 외치고 행동으로는 옮기지 않는 이중적인 인격까지도 그대로 닮는다. 거짓말이 잘못이라는 것을 이해하지 못한 채로 말이다. 설사 거짓말이 잘못이라는 것을 이해했다

하더라도 "부모도 그랬으니까", "원래 다 그런 거야" 하며 자신을 합리화한다. 아이가 정직하기를 바라면 먼저 부모 스스로 정직해야 하는 것이다.

따라서 엄마 아빠도 모르는 것이 있으면 공부를 하거나 도서관에 가서 책을 봐야 한다는 것을 이야기해주고, 어른들도 다 아는 것은 아니라는 사실을 아이에게 이해시키는 것이 좋다. 최근에 읽은 책 중에《당신은 정직한가You've got to be kidding!(낸 드마스)》라는 책은 정직에 대해 다시 한 번 생각할 수 있는 기회를 안겨주었다. 모든 상황에서 자신의 윤리적 양심을 지킬 수 있는 방법으로 '윤리나침반'을 제안하고, 각각의 상황에서 '윤리나침반'을 어떻게 활용하는지까지 설명하는 이 책을 꼭 한번 읽어보기 바란다.

**둘째, 타인에 대한 배려consideration의 가치관이다.**

최근 엄청난 베스트셀러로 화제가 된《멈추면 보이는 것들(혜민 스님》이라는 책이 있다. 이 책 제목 그대로 멈추면 보이는 것이 너무도 많다. 정작 앞만 보고 죽어라고 달릴 때는 보지 못하는 일들이 잠시 멈추는 순간에 보이기 시작한다. 아이들이 성장하는 모습이 보이고, 아내가 새롭게 보이고, 나의 삶조차 새롭게 보이는 놀라운 일을 경험한다. 그리고 그때 비로소 배려의 참된 가치를 깨닫게 된다.

나에 대한 배려가 얼마나 행복하게 다가오는지 느껴보라. 오늘 하루 내 마음에 안 드는 잘못된 일이 있었지만 '그래, 그렇게라도 했으니 얼마나 잘했어. 다음에 더 잘하면 되지 뭐'라고 생각하면서 스스로를 위안하고 배려하는 것이다. 마음이 조금이나마 안정되지 않는가. 그런데 이런 느낌을 내가 아닌 주변 사람으로부터 받았다고 생각해보면 전의 경우와는 또 다른 차원의 행복감에 젖게 된다. 어쩌면 사람이 세상을 살면서 가장 행복할 때가 다른 사람으로부터 따뜻한 배려를 받았을 때일지도 모른다.

하지만 나 아닌 타인을 도와주거나 보살펴주려는 마음은 흉내 낸다고 하루아침에 갑자기 급조될 수 있는 성질의 것이 아니다. 타인에 대한 배려가 얼마나 가슴 따뜻한 일인지는 모두가 잘 알고 있다. 그래서인지 배려를 잘 실천하는 사람들을 보면 '나도 저랬으면' 하고 생각하게 된다. 하지만 말로만 배울 수 있는 것이 아니다. "남을 돕는다는 것은 사람으로서 마땅히 해야 하는 일이고, 남을 돕게 되면 스스로도 행복해진다"고 아무리 말로 떠들어봤자 이해할 수 없다. 하지만 휠체어에 탄 사람이 지하철에 잘 탈 수 있도록 뒤에서 밀어줬는데 그 사람이 고맙다면서 웃는 얼굴을 보내주었다고 가정해보자. 그저 약간의 도움만 주었을 뿐이지만 타인에게 기쁨을 주었을 뿐만 아니라 나 역시 기쁨을 얻게 된다는 것을 몸으로 느끼게 된다.

필자는 정말 감동적인 배려를 아낌없이 받은 때가 몇 번 있었다. 한번은 서울역에서 출발하는 광주행 기차를 타야 했는데 바로 타지 않으면 강의에 늦을 수밖에 없는 시간대의 표가 매진되려 하고 있었다. 다행스럽게도 앞에 선 몇 분들이 바쁜 것 같으니 먼저 표를 끊으라고 양보를 해준 덕분에 가까스로 그 기차를 탈 수 있었다. 너무 감사하다고 연신 인사를 하고 떠났다. 그리고 강의 시작 전 모인 사람들에게 그 이야기를 전했다. 그때 일을 기억하며 때로는 나도 모르게 기차표를 끊을 때면 뒤를 돌아보게 된다. 나보다 더 급한 사람이 있다면 나도 한번 보답 겸 배려를 하고 싶어서다.

그런데 배려가 타인에 대한 것이라고 해서 가족과는 상관없는 것이라고 생각해서는 안 된다. 부부간의 배려, 부모와 자식 간의 배려, 형제간의 배려는 가족공동체를 한데 묶어주는 근간이 된다. 인간의 관계는 나로부터 시작해 가족, 그리고 사회로 확장된다. 인간관계의 시작이 바로 가족 안에 있는 것이다. 가족 간의 배려가 없이는 사회에 대한 배려도, 남에 대한 배려도 기대할 수 없다.

**셋째, 종교religion적인 가치관이다.**

우리는 보통 종교의 자유가 있다고 말한다. 그러나 한국 사회에서는 부모가 아이의 종교를 강요하는 편이다. 물론 가족이 하나의 종교를 갖는다는 것은 가족 간이라 해도 있을 수 있는 종교적 갈등을 차단하는 방법 중 하나이기는 하다. 하지만 말로만 종교를 강요할 뿐 종교적이고 경건한 삶을 지향하지 않으면 역효과만 부르게 된다.

교회에 다니는 부모가 기독교의 가르침대로 가족이나 다른 사람에게 진심으로 사랑을 실천하면서 산다면 그 부모의 아이들은 사랑이 많은 아이로 자라난다. 또 부모를 존경하게 되면서 부모가 믿는 종교를 믿게 된다. 반면 말로는 예수를 믿는다면서 같은 교회 사람들끼리 똘똘 뭉쳐 교회를 다니지 않는 사람들을 배척하거나 업신여기는 부모의 아이들은 제 부모에게서 사랑을 배울 수가 없다. 사랑의 실천을 이야기하는 종교를 믿는다면서도 행동으로는 옮기지 않는 부모를 보면서 아이들은 혼란을 느낀다. 오히려 교회를 다니지 않는 편이 낫다는 생각을 할 수도 있다. 이런 부모일수록 아이들에게 종교를 강요한다. 억지로 교회에 끌고 다니고, 예배시간에 졸았다고 혼을 낸다. 그럴수록 아이들을 더 종교에서 멀어지게 한다는 것을 모른 채로 말이다. 부모는 열성적인 기독교인인데 아이들이 그렇지 않다면, 안티 기독교인이 되어 부모뿐만 아니라 교회를 비방하고 기독교를 비방한다면 그 책임은 바로 부모에게 있다.

종교적인 가치관은 때로 그 어떤 것으로도 바꿀 수 없을 만큼 삶의 절대적인 신념으로 자리한다. 최근 사회적으로 큰 파장을 몰고 온 수혈거부영아사망사건이 그 대표적인 예다. 선천성 심장질환 때문에 생후 2개월이었던 아기에게 수술이 필요한 상황이었지만, 여호와의 증인이었던 부모가 수술에 필요한 수혈을 거부해 수술이 지연되었고 결국 아기가 사망한 것이었다. 세상에 그 어떤 부모가 자신의 아이가 죽기 바라겠는가. 부모는 나름대로 종교적 신념에 따라 내린 판단이었겠지만 법적 처벌을 피할 수는 없다. 또 개인의 종교적 가치관을 이유로 병역 의무를 거부하거나, '양심적 집총 거부'에 따라 전쟁 또는 무장 충돌에의 직·간접적 참여를 거부하는 이들도 많아졌다.

이렇듯 종교적인 가치관은 심하면 한 사람의 삶을 파괴시키고 한 가정을 궁지로 몰아넣고 한 사회에 영향을 끼칠 수도 있다. 잘못된 종교적 가치관을 아이들에게 전해주어서는 안 될 이유가 여기에 있다.

**넷째, 결혼wedding에 대한 가치관이다.**

결혼이라고 했을 때 모두가 행복을 떠올리지는 않는다. 부모의 행복한 모습을 보고 자란 아이는 한 가정을 이루고 부부로 살아가는 것이 진정한 행복이라고 생각하지만, 허구한 날 부부싸움 때문에 가슴 졸이며 살아온 아이는 결혼에 대해 부정적인 성향이 강하다. 때문에 결혼을 두려워하기도 하고 기피하기도 한다.

게다가 우리는 지금 이혼을 권하는 사회에 살고 있다. 불과 수 년 전만 해도 이혼을 가족의 불명예로 생각하고 한번 시집간 딸에게 그 집의 귀신이 되라고까지 주문했었다. 그러나 이제는 귀신은커녕 신혼여행에서 서로 마음에 들지 않으면 더 늦기 전에 바로 돌아오라고 요청하는 부모도 있다고 한다. 혼인신고마저 제때 하는 사람이 바보라는 소리를 듣는다. 텔레비전 연속극은 온통 중년의 남자가 젊은 여자와 바람이 나고 중산층 가정주부가 외도하는 이야기로 넘친다. 이혼은 이제 슬픔이나 절망이 아닌 불편한 결혼생활에 대한 환상으로 탈바꿈했다. 이혼한 사람은 용기 있는 사람으로 부러움의 대상이 되었다. 물론 오죽하면 그렇게 할까마는 이혼이 곧 독신의 자유로움을 만끽하며 살 수 있는 방편으로 오인되고 있는 현실은 위험하다. 이러한 부모의 결혼과 이혼에 대한 가치관의 차이는 곧바로 아이에게 전해지게 된다.

"나는 바람 풍 해도 너는 바람 풍 해라"는 방식은 더 이상 통하지 않는다. 부모가 행복해야 아이도 행복하다. 자녀가 행복한 결혼생활을 하기 원한다면 부모가 먼저 행복하게 사는 모습을 보여주면 된다. "나는 불행하게 살았지만, 너만은 행복하게 살아라", "나는 어쩔 수 없이 이혼했지만 너만은⋯⋯"이라고 말하는 것은 의미가 없다. 그보다는 어떤 상황에서 어떻게 대처하는 것이 지혜로운 것인지 몸소 보여주는 것이 현명하다.

**다섯째, 공부, 즉 배움**learning, study**에 대한 가치관이다.**

'공부'라고 하면 '평생의 한'이라고 할 만큼이나 공부에 원수진 사람들이 많다. 학교 다닐 때에 가정형편 등으로 중도 포기한 사람일수록 더 그렇다. 그들은 배움에 대한 열정과 가치관이 남다르다. 최종 졸업장이 고등학교냐 대학이냐가 그 사람의 능력을 좌우하는 우리 사회에서 학벌에 대한 열등감이나 피해의식은 자신의 아이에 대한 과한 학구열로 나타나기도 한다. 사느라 바쁘다는 핑계로 자신은 책 한 줄 읽지 않으면서 아이에게만 공부하라고, 공부를 해야 사회에서 대접받을 수 있다고 다그친다. 자신은 하지 않으면서 하는 강요는 설득력을 갖지 못한다.

공부하라고 소리 지르기 전에 책상에 앉아 신문이라도 보는 행동을 보여라. 또 학벌에 대한 피해의식이 있다면 지금이라도 늦지 않았으니까 사이버대학이나 학점은행제를 이용해 공부에 도전을 해보라. 만학도로서의 아름다운 모습만큼 아이에게 귀감이 되는 것도 없다. 그러면 아이는 저절로 공부하게 될 것이다.

**여섯째, 돈money에 대한 가치관이다.**

'돈'과 '건강' 중에서 어떤 것을 선택할 것인가, 라는 질문을 던지면 요즘 사람들은 대다수가 '돈'을 선택한다고 한다. 돈이 있으면 병원 검진도 편하게 받을 수 있고 건강식품을 사 먹을 수도 있다면서 말이다. 건강도 돈으로 살 수 있다는 것이다. 그러면 삼성의 이병철이나 현대의 정주영, 애플의 스티브 잡스가 돈이 없어서 죽은 것일까? 결국 돈으로 건강을 살 수 있다는 생각은 착각이다.

돈을 벌겠다고 죽어라고 일만 하다가 몸에 병이 들어 그동안 저축해둔 돈을 병을 고치는 데 다 쓰고도 모자라 빚더미에 앉는 일을 우리는 주변에서 종종 본다. 병이 커지기 전에 병원 한 번 가지 못했을까를 생각하면 안타깝기만 하다. '돈은 돌고 도는 것'이라고 해서 돈이라고 부른다고 했다. 돈은 있다가도 없고, 없다가도 있는 것이라고도 했다. 그런 돈 때문에 살기도 하고 돈 때문에 죽기도 한다. 돈에 대한 욕심은 '딱 한 번만'이라는 자기합리화를 방패 삼아 유혹에 첫발을 내딛게 한다. 그리고 그릇된 방법으로 돈맛을 들이는 순간 이미 되돌릴 수가 없게 된다. 죽더라도 돈에 한번 깔려봤으면 하는 사람도 있다. 사용해보지도 못 하고 죽는다는 데 그것이 소원이라니, 참으로 어리석다고밖에 할 말이 없다.

고려 말의 장군인 최영은 16세 때 사헌부간관司憲府諫官을 지냈던 부친으로부터 "너는 마땅히 황금보기를 돌 같이 하라"라는 유훈遺訓을 받고 그것을 평생의 좌우명으로 삼았다고 한다. 돈은 수단의 하나다. 돈이 인생의 목표가 되면 돈보다 더 귀한 것을 잃어버릴 수 있다는 것, 그것을 부모가 아이에게 가르쳐주어야 한다.

**일곱째, 권리right와 의무duty, obligation에 대한 가치관이다.**

'권리'는 어떤 일을 행하거나 타인에 대해 당연히 요구할 수 있는 힘이나 자격이고, '의무'는 사람으로서 마땅히 해야 하는 책임으로 이행하지 않았을 시 법에 의해 처벌을 받을 수도 있다. 그런데 이 둘은 독립적으로 존재하지 않는다. 의무를 이행해야 권리도 생기는 법이다. 그런데 우리 사회에는 의무는 없고 권리만 있다.

나에게는 지하철 빈자리에 앉을 권리가 있다. 돈을 주고 승차권을 구입했기 때문이다. 이에 이의를 제기할 사람은 없을 것이다. 그런데 목적지가 아직 한참 남았는데 임산부나 노약자가 내 앞에 서 있다. 순간 두 마음이 마음에서 충돌을 일으킨다. 얼른 자리를 양보하라는 마음과 모르는 척 잠을 자는 척해버리라는 마음이 그것이다. 이런 때 옆에 앉아 있던 어르신이 나에게 "젊은이가 좀 양보하게"라고 말이라도 하면 상황은 심각해질 수밖에 없다. 서 있는 사람에게도 앉아서 갈 권리는 있다. 그러나 노약자라고 해서 양보 받아야 한다는 권리는 없다. 그러면 나에게는 노약자에게 자리를 양보해야 하는 의무가 있는 것일까?

자유로울 권리가 있으면 남의 자유를 침해하지 않을 의무가 있는 것이다. 말할 권리가 있으면 남의 말을 막지 말아야 할 의무도 있는 것이다. 아이를 자유롭게 키울 권리가 있지만 공공장소에서 뛰어다니게 함으로써 다른 사람에게 피해를 주는 것은 그 사람의 자유를 침해하는 행위다. 즉, 의무를 이행하지 않은 것이다. 물론 이 경우 법의 처벌을 받지는 않는다. 그러나 사회적으로, 통념적으로 지탄의 대상이 된다.

일방적인 자신의 권리만 주장하고 의무와 책임을 다하지 못하면 갈등을 불러일으킨다. 민주시민으로서의 의식은 권리와 의무가 균형 있게 이행될 때 완성된다는 것을 잊지 말아야 한다.

**여덟 번째, 생명존중**life—love**이다.**

생명을 존중한다는 것은 생명 그 자체를 높여 귀중하게 대한다는 것을 의미한다. 이 세상에 존재하는 것 중 생명만큼 아름답고 존귀한 것은 없다. 그런데 우리나라는 OECD국가 중에서 자살률 세계 1위라고 하는 오명을 안고 있다. 하루에 43명이 스스로 목숨을 끊고 있는 것이다. 그런데 더 큰 문제는 부모라는 지위를 가진 사람들이 그중 절반이 넘는다는 것이다.

스웨덴 카롤린스카대학과 덴마크의 코펜하겐대학 연구팀은 1만5천 명이 넘는 10대 이상 젊은이들을 대상으로 부모의 자살 또는 정신질환과 자녀의 자살시도에 대한 상관관계를 조사했다. 그런데 부모가 자살시도를 했거나 정신질환으로 입원치료를 받은 경우 그 집의 아이는 2

년 이내에 자살시도를 할 가능성이 높다는 결론을 얻었다. 아이는 부모의 말과 행동뿐만 아니라 부모가 가진 생명에 대한 생각에도 영향을 받는다는 의미다.

아이들은 감정통제 능력이 부족하다. 그래서 모든 일들을 쉽게 결정짓는 단점이 있다. 아이들이 자살을 선택하는 데 많은 시간이 걸리지 않는 이유이기도 하다. 하지만 평소 생명존중에 대한 확고한 생각이 있는 부모의 말과 행동은 아이로 하여금 어떤 극한 위기상황에 직면해도 꿋꿋하게 버티게 해준다. 부모가 삶에 대해 애착을 갖는 것이 중요한 이유다. 우리는 쉽게 사업이 어렵고 힘들다고, 사는 게 힘들다고 아이 앞에서 쉽게 투덜거리고 삶을 포기하는 듯한 발언을 일삼는다. 이는 자신의 정신건강에도 유익하지 못할 뿐만 아니라 아이의 정신건강에도 바람직하지 않다.

인성의 중요성은 학생과 교사, 그리고 학부모, 어느 누구를 막론하고 누구나 너무도 잘 알고 있다. 하지만 문제는 실천이다. 요즘 가정에서는 부모나 할머니, 할아버지께 좀 버릇이 없어도 그냥 넘어간다. 밥상머리 예절이 사라진 지 오래다. 모든 것이 아이 위주로 바뀌었다. 그야말로 아이가 상전이 되었다. 핵가족화에 한 자녀 가정이 늘어난 탓이다. 그러다 보니 집 밖에서도 아이가 남에게 폐를 끼쳐도 대수롭지 않게 여긴다. 옆에서 훈계라도 할라치면 "웬 참견이냐"며 면박을 주기 일쑤다. 내 아이만 귀하기 때문이다. 학교폭력에서 있어서 가해자의 부모가 더 큰 목소리를 내는 것도 다 이런 이유다. 학부모 사이에서 공공연하게 "차라리 때리고 다니는 게 낫다"고 하는 말이 도는 이유이기도 하다. 일부 학부모는 아이가 맞고 오기보다 차라리 때리고 오라고 강요하지만 이제는 더 이상 이유 여하를 막론하고 학교 내에서 학생들 간에 폭력은 용인되지 않는다는 것을 분명히 알아야 한다. 특히 학교폭력 예방 및 대책에 관한 법률<sup>학폭법</sup>에 따라 비록 원인 제공은 상대방이 했다지만 폭력을 행사한 사람은 엄격하게 처벌받는다. 내 자식이 아픈 것이 좋은 부모는 없다. 그러나 내 아이가 귀한 만큼 다른 사람의 아이도 귀하다. 생명을 가진 모든 것들에 대한 경외심을 가져야만 학교폭력도, 예절도 제자리를 잡을 것이다.

# 인성코칭, 무조건 따라 하기

### 적극적으로 마음을 표현하라

말과 몸짓, 자세, 표정과 태도는 서로의 마음을 나누는 중요한 수단이다. 관심은 있어도 이를 표현하지 않는다면 자녀의 마음속에는 부모에 대한 거부감이 생기게 된다. 특히 한국의 아버지들은 유교문화적인 환경의 영향으로 자녀들에게도 함부로 감정을 드러내지 못한다. 따뜻한 말로 서로를 위로하고 격려하는 분위기에 익숙하지 않아 어색하기만 하다. 그저 과묵한 것을 아버지다운 것으로 여겼다. 그러다 보니 속내를 알 수 없을 정도로 무표정하다. 그러나 신세대들은 솔직한 감정표현을 선호한다. 친구나 이성 간에도 민망할 정도로 솔직한 감정을 표현한다. 이제 부모와 자녀 간에도 서로의 감정, 느낌, 요구사항 등을 털어놓고 이야기할 수 있어야 한다.

### 감정충돌에 앞서 공감적 반응을 보여라

코칭에서의 핵심은 공감적 반응을 해주었을 때 시너지 효과를 얻게 된다는 점이다. 감정은 상황이나 개인의 특성에 따라 요동친다. 하지만 코치는 보다 안정적이고 평안한 감정을 유지해야 하고, 상대의 감정에 공감할 수 있도록 마음을 열어야 한다. 공감적 반응을 보일 줄 모르는 코치는 구성원들을 더욱 힘들게 만들고 전체적인 분위기를 가라앉게 만들 뿐이다.

자녀의 코칭에서 공감이란 자녀의 입장에서 현실적인 문제를 이해하려고 노력하는 것이다. 아이들은 민감하다. 부모가 아이의 문제에 접근하는 것 자체를 부정하거나 체벌을 위한 추궁식의 접근을 하게 되면 아이는 부모를 기피 대상으로 생각하고 마음의 문을 닫아버린다. 그렇게 되면 아이는 점점 부모에게 어떤 응대도 하지 않는다. 이런 모습은 부모에게는 반항하는 모습으로 비쳐지고, 결국 큰소리를 내게 된다. 이런 경우 효과적인 방법은 일단 무조건적으로 이해하고 수용하려는 입장에서 대화를 하는 것이다. 가령, 엄청난 핸드폰 요금 때문에 부딪쳤다면 무조건 정지시키거나 아예 핸드폰을 빼앗아버려서는 안 된다. 일단은 아이 편에서 이해하려 애를 쓰고, 어떻게 하면 요금을 줄일 수 있는지 진지한 대화를 나누어야 한다. 이때 중요한 것은 아이 스스로 사용량을 줄이겠다는 방법을 제시할 때까지 기다려주는 것이다.

공감이란 것이 대화 창구를 여는 일차적 기술이다. 출입문 손잡이를 동시에 서로 밀거나 당기려고 하면 두 사람 모두 결코 문을 나설 수 없다. 상대방이 문을 당기려고 하면 같이 밀어주고, 밀려고 하면 당겨주어야 한다.


**심리적이나 신체적으로 안정감을 주어라**

부모가 아이에게 신체적 안정뿐만 아니라 정서적인 안정을 제공했을 때 올바른 코칭이 진행된다. 신체적 학대나 체벌에 대한 불안감은 심리적으로 위축되게 하고 행동상의 제약이 있다는 것을 인지하게 한다. 그렇게 되면 아이는 자신감을 상실한다. 부모가 자녀의 약점이나 무능함을 들추어내는 것은 다른 사람에게 받는 스트레스보다 더 큰 의욕을 앗아가는 일이다. 반면 자녀의 단점을 수용하고 받아들여 주면 아이는 부모에게 신뢰를 갖는다.

코칭은, 장점은 부각시키고 단점은 격려와 지지를 통해 보완할 수 있는 상호 관계를 설정할 때 가능하다는 것을 잊지 말아야 한다.

정서적인 안정을 위해서는 부모의 감정변화에 일관성이 있어야 한다. 시시각각으로 변해서는 오히려 정서적으로 혼란만 가중시킨다.


**코칭에도 한계가 있다는 것을 알게 하라**

부모의 코칭이 자녀의 모든 문제를 해결할 수는 없다. 아니, 그래서도 안 된다. 인간은 성장함에 따라 자신의 문제를 스스로 해결해가고자 하는 독립심이 커진다. 그런데 코치를 한다고 부모가 일방적으로 해결해주려고 해서는 자녀를 무기력하게 만들 수 있다. 사회적으로 성공한 사람들만 보아도 부모의 적극적인 도움이나 과잉보호보다는 힘들고 어려운 과정을 스스로 딛고 일어선 경우가 훨씬 더 많다. 따라서 부모의 코치로 모든 문제를 해결할 수 있다고 아이가 생각하게 해서는 안 된다. 코치가 언제까지나 옆에 있어주는 것이 아니라, 어느 정도 정상적인 궤도에 도달할 때쯤이면 떠날 수밖에 없음과 한계점이 있음을 미리 알려주어야 하는 것이다. 그리고 문제해결의 책임과 성장의 책임이 자신에게 있음을 분명히 깨닫게 해야 한다. 그것이 바로 코치의 역할이다.

### 말과 행동을 일치하라

아이에게 성실함을 가르치려면 아이와의 약속도 잘 지키는 부모가 되어야 한다. 부모는 아이와 약속을 하고서도 형편에 따라 잊어버리거나 피곤하다면서 지키지 않는다. 이는 아이에게 상실감만 줄 뿐이다. 급기야 부모를 믿지 못하게 되고, 약속을 중요하게 생각하지 않게 된다. 약속은 지켜질 때 의미를 갖는다.

### 칭찬과 격려를 아끼지 마라

다른 사람의 칭찬도 중요하지만 아이에게는 부모의 칭찬과 격려가 가장 중요하다. 칭찬에는 상대방에 대한 존중이 기본이 되어야 한다. 따라서 부모는 먼저 아이를 존중했는가를 반성해야 한다. 부모가 아이를 존중하고 일관성을 가지고 대하면 아이가 심하게 엇나가지 않는다. 또 세상에 나섰을 때 당당하게 맞선다. 용기와 자신감이 있기 때문이다. 이는 부모의 칭찬에서 비롯된다.

부모의 칭찬이 아이에게 해줄 수 있는 최고의 선물이요, 유산인 이유다.

## 때로는 회초리를 들어라

이제 교사는 아이들이 제멋대로 굴어도 회초리를 들 수 없다. 야단을 치거나 회초리라도 들게 되면 실시간 동영상으로 인터넷에 올라가 일순간 사회적 지탄의 대상이 되어버린다. 심지어 경찰에 신고해 경찰이 학교로 출동하는 일까지 벌어지고 있다. 부모는 학교로 쫓아와서 수업 중인지 아닌지, 교실인지 교무실인지도 분간 않고, 다른 학생들이나 교사를 생각하는 최소한의 마음마저 눈곱만큼도 없이 막무가내로 교사를 다그친다. 다른 학생들이 지켜보는 가운데 가해 학생을 폭행하기도 한다. 자초지종 따위는 상관없다. 참으로 기상천외한 일들이 교실에서 벌어지고 있다. 그러나 잘못을 했을 때는 따끔한 회초리도 때로는 필요하다. 잘못을 하고도 감싸고만 돌면 아이는 잘못인 줄 모르게 된다. 감정이 실리지 않는 이성적인 질책이 반드시 있어야 하는 이유다. 내 아이부터 잘못된 것은 엄격하게 꾸짖는 실천이 필요하다. 몰라서 못 하는 것이 아니라 일단은 부모부터 잘못된 인성을 지녔기에 누가 누구를 꾸짖어야 할지 판단이 서지 않는 것이다. 부모도 부모다워야 아이들을 훌륭하게 키울 수가 있고, 교사도 교사다운 인성과 성품을 지녀야 교사로서의 기능과 역할을 잘 감당할 수 있고, 아이들을 훌륭하게 가르칠 수가 있다

## 스마트 기기에 대한 사용을 통제하라

요즘 아이들은 스마트폰을 가지고 있지 않으면 왕따를 당한다고 한다. 또 스마트폰의 위치 추적 기능 없이 아이를 세상에 내놓기가 무서운 것도 사실이다. 하지만 문제는 이런 기기들이 아이들의 정서를 무섭게 파괴한다는 점이다. 영·유아기에 전자기기에 노출된 아이들은 전두엽 발달이 저하되고, 결

국 폭력성이 발달한다. 아이가 어리면 어릴수록 그 파괴는 심각해진다. 우리 말도 잘하지 못할 때 영어 학원으로 내몰리는 아이도 마찬가지다. 부모의 사랑이 있어야 하는 자리를 차가운 기기와 지성이 차지해버린다. 컴퓨터나 스마트폰은 아이 스스로 통제할 수 있을 때 만질 수 있게 해야 하는 이유가 바로 여기에 있다.

**눈앞의 잘못을 당장 바로잡아라**

아이의 인성이 올바르게 자리 잡는 데는 누가 뭐라고 해도 부모의 역할이 가장 크다. 아이에 대한 사랑은 마음속에 품고, 눈앞의 잘못은 바로잡아 주어라. 그렇지 않으면 나중에 눈물로 밤을 지새우게 될지도 모른다. 불쾌한 행동을 일삼는 사람, 표정이 어두운 사람, 인사성이 없는 사람, 자세가 오만한 사람, 태도가 무례한 사람, 이기적인 행동을 하는 사람, 혐오감을 주는 행동을 하는 사람, 다른 사람의 말을 일방적으로 끊는 사람, 자기주장만 내세우는 사람, 다른 사람의 이야기에 관심을 보이지 않는 사람, 남에게 위해를 가하는 사람, 인생의 낙오자가 된 사람이 내 아이가 될 수도 있다.

아이를 키운다는 것은 번거롭고 힘들고 짜증나고 인내심이 요구되는 일이다. 하지만 생명을 준 만큼 책임을 다해야 한다. 아이의 훌륭한 인성은 생명 다음으로 부모가 줄 수 있는 가장 아름다운 유산이다.

# 핵심 인성코칭 7가지



## 자신감을 키워라

자신감이란 내거 어떤 일을 성공적으로 해낼 수 있다는 확신이다. 새로운 일에 도전하거나 목표를 계획하고 그것을 추진할 때 자신감은 성공 여부에 큰 영향을 미친다. 자신감이 충만하면 안 될 일도 되게 할 수 있지만 자신감이 없으면 그 반대인 것이다.

자신감은 대인관계에서도 중요하다. 남들이 뭐라고 하는 것에 지나치게 연연해 하기보다는 내 식대로 행동하는 것이 좋다. 누군가와 대립하게 되더라도 자신감이 충만해야 자기의 의사를 분명하게 밝힐 수 있고, 문제를 해결해나갈 수 있다.

부모의 양육형태에 따라 아이들의 자신감은 커지기도 하고 작아지기도 한다. 그런데 어릴 때부터 자신감이 부족하면 어른이 되어서도 자기표현을 쉽게 하지 못한다. 또 다른 사람에게 이용당하기도 쉬워 자신의 권리조차 지키지 못하는 등의 불상사가 일어날 수 있다. 따라서 아이를 교육한답시고 무조건 누르기만 하는 것은 옳지 못하다.

반대로 자신감이 너무 강하기만 해도 곤란하다. 자신감이 너무 강한 사람은 순진하지만 주위에 대한 배려가 없는 행동을 종종 한다. 그러다 보니 다른 사람과의 충돌을 일으키고 결국 친구를 만들기보다 적을 만든다. 독단적으로 자기주장만을 강하게 펼치거나 자랑하는 것을 좋아하는 사람, 완고한 사람들의 특징이다. 그러나 이런 자신감은 시간이 지난 후에 많은 후회를 낳을 수밖에 없다. 약점은 약점으로 인정하는 것도 매우 중요한데, 자신감이 지나치게 큰 사람의 단점은 바로 약점을 인정하지 않는다는 것이다.

▶ 너무 자신을 다른 사람과 비교하지 마라.

— 비교를 계속하다 보면 자신에 대한 환멸을 느낄 수 있다.

▶ 모르는 것을 아는 척하지 말고 약점은 약점으로 인정하라.

— 나중에 들키면 더 큰 화를 당하게 된다.

▶ 너무 지나치게 강한 야심은 내려놓아라.

— 야심이 강하면 자신감이 없어질 수도 있다.

▶ 어려운 일일수록 처음부터 된다고 생각하고 시도하라.

— 애초에 안 된다고 생각해서는 시도도 할 수 없다.

▶ 남이 잘하는 일은 나도 똑같이 잘해야 한다는 생각 자체를 버려라.

— 나에게는 내가 할 수 있는 일이 따로 있다.


# 낙천적인 사람이 되어라

자신이 평소에 낙천적으로 생각하는지, 아니면 비관적으로 생각하는지를 정확하게 알아야 한다. 이는 세상 살아가는 방식에 많은 영향을 미치기 때문에 중요하다. 인성코칭에서 가장 중요한 것 중 하나가 바로 낙천적인 성격을 길러주는 것이다. 한번 비관적이 되면 쉽게 낙천적으로 바꿀 수 없다. 따라서 가능한 한 어릴 때 부모의 양육을 통해 기본적인 낙천적 인성의 틀을 잡아주어야 한다.

사람이 어떤 것을 믿게 되었을 때 그 마음과 몸이 스스로 반응하여 믿음을 주는 좋은 방향으로 개선되어진다는 말이 있다. 바로 '위약효과'다. 위약僞藥이란 심리적 효과를 얻기 위해 환자가 의학이나 치료법으로 받아들이지만 치료에는 전혀 도움이 되지 않는 가짜 약제를 말한다. 영어로는 'placebo'라고 한다. 따라서 위약효과란 의사가 환자에게 가짜 약을 투여하면서 진짜 약이라고 하면 환자는 좋아질 것으로 믿게 되고, 그 결과 병이 낫는 현상을 말한다. 어려운 상황이라도 낙천적인 태도를 보이면 긍정적인 효과가 나타난다는 것이다.

반면 비관적인 태도로 생각하면 부정적이고 비관적인 결과를 불러일으킨다. 비관적인 눈으로 사물과 자신을 들여다보기 시작하면 끝없이 부정적으로 생각하게 된다. '나는 운이 나쁜 사람'이라고 생각하면 항상 운이 없는 일만 생겨날 수밖에 없으며, '나쁜 인간'이라고 생각하면 그것이 원인이 되어 병이나 불행을 초래하는 것이다.

그러면 무엇이 원인이 되어 누구는 낙천적인 사람이 되고 누구는 비관적인 사람이 되는 것일까? 심리학자들의 공통적인 의견은 유년기 부모의 양육방법과 태도에 따라 결정된다는 것이다. 비판적이고 비관적인 부모 밑에서 자란 아이는 대체로 비관적인 생각과 행동을 하게 된다. 그러나 긍정적이고 낙천적인 생각과 행동으로 삶을 살아온 부모 밑에서 자란 아이는 희망찬 태도를 갖고 적극적이고 긍정적이며 미래 지향적인 행동을 한다.

환경은 생각의 지배를 받을 수밖에 없다. 낙천적인 사람은 무의식 중에 자신의 힘과 능력을 가장 효율적으로 사용하지만, 비관적인 사람은 의심이 많고 자신감이 부족해서 항상 주저하며 자신의 능력을 대담하게 사용할 기회를 잡지 못할 뿐만 아니라 행동한 후에도 항상 후회를 하곤 한다. 이런 행동의 습관은 실패를 자처할 수밖에 없다.

실패한다고 생각하면 할수록 그만큼 실패할 확률도 높아진다. 하지만 성공한다고 생각하면 그 이상으로 성공할 확률도 높아진다는 것을 명심하라.


▶ 유쾌하지 못한 일이 있어도 그 안에서 플러스가 되는 것을 찾도록 노력하라.

▶ 가능한 한 낙천적인 사람들을 만나서 그들의 행동을 관찰하고 배워라.

▶ 자신이 안고 있는 문제를 너무 깊게 생각하지 말고 괴로워하지 마라. 대신 그 시간에 성공을 위해 모든 정력을 쏟아라.

▶ 상황이 어떤가에 관계없이 가장 좋은 태도를 보이는 것이 무엇인지 파악하라.

▶ 성공은 낙천적인 태도 덕분이라는 것을 기억하라.




# 위험에 대해 신중하라


위험을 자초하는 태도는 결코 바람직하지 않다. 실패한 사람들은 평소에 신중하지 못하고 대부분 물불을 가리지 않는 기분파형에 속한다. 앞뒤를 가리지 않는 저돌적인 스타일 때문에 나중에 많은 후회 속에 눈물을 흘리는 경험을 하곤 한다.

일단 신중함이 없는 사람은 대담하다. 또 무례함을 일삼는다. 모든 것을 자기 마음대로 하려는 경향이 강하기 때문에 다른 사람이 뭐라고 하든지 관심 밖이다. 남을 생각하는 인정이 빠져 있고, 침착함을 잃기 쉽다. 때문에 공격적인 행동을 쉽게 일삼는 특징이 있다. 주변을 제대로 파악하지 못하고, 자신의 행동이 어떤 결과를 초래할지도 모른다. 그래서 누군가에게 이용당하거나 악용될 소지가 있다. 그런데도 주변 사람의 충고는 쉽게 무시해버린다. 자기의 능력을 과대평가하는 경향이 있기 때문이다. 이는 자신의 능력에 대한 객관적인 평가를 하지 못하면서 다른 사람에게 인정받고 싶다는 강한 욕구는 지나치게 강렬한 탓이다. 부모의 인성코칭에서 신중함을 고려해야 하는 이유가 바로 여기에 있다. 승승장구하다 중도 하차하는 사람들의 원인을 찾아보면 대부분 순간적으로 신중하지 못했던 데 있다. 그 순간의 실수가 한순간에 모든 것들을 잃게 만들어버린 것이다.

▶ 왜 나는 신중하지 못할까를 생각하라.

▶ 언제나 그때의 상황에 맞게 신중하게 생각하고 행동하라.

▶ 신중함이 겁쟁이가 아니라 앞뒤 가리지 않음이 더 겁쟁이라는 것을 명심하라.

▶ 신중하지 못해 사고가 생겼다면 나와 가족들이 얼마나 큰 상처를 입을까를 생각하라.

▶ 순간의 감정 때문에 인생을 망치지 말고 감정의 균형을 유지하도록 노력하라.

▶ 동물이 위험한 행동을 하지 않는 것은 보신본능 때문이다. 따라서 신중하지 못한 것은 동물보다 못하다는 것을 기억하라.




# 정신적으로 자립하라


모든 사람의 마음속에는 남녀노소를 불문하고 자립에 대한 목표가 있다. 그러나 일상생활에서 그것을 실현한다는 것은 여간 어려운 일이 아니다. 자립한다는 자체가 성공의 길로 들어선 것이나 다름없다고 해도 과언이 아니다.

자립은 다른 사람의 의견에 속박되거나 노예가 되는 것이 아니라 어떤 규칙이나 제제에도 끄떡없이 일상생활을 한다는 것이다. 그렇게 살 수 있다면 골치 아픈 일들이 모두 사라질 것이고, 그로 인해 더욱 편안한 삶을 누릴 것이다. 더 이상 남을 위한 인생도 아니요, 누구를 위해 대신 살아주는 그런 삶도 아니다. 나만을 위한 인생을 살고 있다는 것을 진정으로 실감하게 될 것이다.

가족관계, 특히 부모와 자녀와의 관계에서 정신적인 자립이 이루어지지 않으면 결혼을 하고 한 가정을 이루게 되더라도 진정으로 독립된 자립이 이루어지지 않는다. 마마보이가 그 대표적인 경우다. 결혼을 했으면 당연히 남편은 아내의 이야기를 듣고 아내는 남편의 이야기를 들으며 살아가는 것이 정상적인 가정이다. 그러나 정신적으로 자립하지 못한 남편과 아내는 육체적으로만 함께 살 뿐 정신적으로 함께 사는 것이라 할 수 없다. 결혼 전과 마찬가지로 그 모든 면에 있어서 부모의 명령이나 지시에 따를 테니 말이다. 이런 사람은 매사에 부모의 권위에 순종하고 복종함은 물론이고, 배우자의 의견보다는 부모의 판단을 중시한다. 그래서 부모의 말만 따르고 부모가 시키는 대로만 하려 한다. 당연히 부부관계는 멀어질 수밖에 없다. 즉, 정신적 자립 없는 결혼생활은 이혼으로 가는 지름길이다.

▶ 자신이 정신적으로 의존하고 있다고 생각하는 사람을 생각해보라.

▶ 의존관계를 끊어버릴 수 없다면 무엇 때문인지 고민해보라.

▶ 인생을 스스로 살고 있다는 것을 실감하려면 정신적으로 자립하라.

▶ 지금까지 나를 속박하고 있는 문제들을 떨쳐버려라.

▶ 정신적으로 왜 자립해야 하는지를 설명하고 상대방을 설득시켜라.




# 다른 사람의 심리나 성격에도 관심을 가져라


사람들은 자기 자신뿐만 아니라 다른 사람의 심리나 성격을 판단하는 것에 관심을 갖는다. 물론 직관적 판단력이라는 것은 나이가 들어감에 따라 보다 정확해진다. 부모가 그렇고, 어르신들이 그렇다. 사람 보는 눈이 생긴 것이다. 이 눈은 갖고 싶다고 해서 갖게 되는 것도 아니고 정확해지고 싶다고 해서 정확해지는 것도 아니다. 그저 될 수 있는 대로 많은 사람과 접하고 그들과 함께 많은 이야기를 나누며 그들을 잘 관찰해보는 정도다.

얼굴의 표정이나 몸짓도 다 다르고 생각과 행동을 겉으로 드러내 보이는 것도 천차만별이다. 눈과 귀를 열고 사람들이 표현하는 여러 가지가 무엇을 의미하는지를 의식적으로 이해하려고 노력해야 뉘앙스의 미묘한 차이를 더 잘 파악할 수도 있고 상대를 이해할 수도 있다.

말을 듣는 입장에서 보면 다른 사람이 말하는 내용을 그대로 받아들이는 사람도 있고, 그 속에 감추어진 미묘한 감정이나 갈등을 먼저 알아차리는 사람도 있다. 그런데 남의 말을 있는 그대로 믿었다가는 사기를 당하거나 남에게 이용당하기 쉽다. 후자의 경우라야 위기를 모면할 수 있는 법이다. 사람들이 자신의 마음보다 상대방의 마음을 알기, 즉 독심술 같은 것에 더 많은 관심을 갖는 이유다.

말을 하는 입장에 보면 생각을 객관적인 사실 그대로 전달하려는 사람이 있는가 하면, 진짜 본심은 숨겨둔 채 자기 살 궁리만을 위해 상대방을 이용하려는 사람도 있다. 이런 이는 사람을 상대할 때 미리 함정을 파놓기 때문에 조심성 없이 그를 믿었다가는 그 함정에 빠져들기 쉽다. 무조건 잘해주고 좋은 느낌이라고 해서 모두가 좋은 것이라 할 수 없다. 세상을 살아가는 방법도 중요하지만, 때로는 상대방이 던져놓은 미끼에 걸려들지 않은 방법도 중요한 것이다. 스스로 좋은 인성을 가지는 것도 중요한 일이지만, 좋은 인성이나 인품을 가진 사람을 만나는 것도 말할 수 없이 중요하다.

우리는 다른 사람의 심리와 성격을 종종 잘못 판단하게 된다. 어떤 사람이 좋으면 그 사람의 긍정적인 측면만 보게 되고, 싫으면 부정적인 것들만 보게 된다. 또 사람은 평소에 자기가 알고 있는 A라는 사람과 비슷한 B를 만나게 되면 B에 대해 잘 알지도 못 하면서 그를 새로운 사람으로 보는 것이 아니라 '투사적 속임수'에 기인하여 'A와 비슷한 한 사람'으로 결론짓는다. 이는 모두 잘못된 판단으로 이어진다. 선입견에 사로잡혀서 사물을 객관적으로 판단하지 못하는 오류를 범하는 것이다.

- ▶ 처음 만나는 사람을 어떤 타입의 사람으로 보려고 하지 마라.

- ▶ 처음 만나는 사람은 중립적인 입장으로 대하고 선입관을 갖지 말고 대하라.

- ▶ 처음 대하는 사람에 관한 판단을 서두르지 말고 충분한 시간을 가지고 관찰하라.

- ▶ 사람을 볼 때는 상대의 표정, 몸짓, 목소리, 말투에 더 많은 관심을 가져라.

- ▶ 평소 알고 있던 사람과 닮은 사람이라고 잘못된 특성을 그 사람에게 투사하지 마라.

- ▶ 만일 싫은 사람이 있다면 싫어하는 이유를 알기 위해 주의해서 그 사람을 살펴라.

- ▶ 사람은 누구를 막론하고 서로 다른 감정과 특성을 가진 존재임을 기억하라.


핵심 인성코칭 6

# 포용력을 가져라

인성코칭의 하이라이트는 어쩌면 '내가 아닌 다른 사람을 포용'하는 포용력이 아닐까 싶다. 포용력은 가장 아름다운 지혜로서 그 사람의 인격을 대변한다. 포용력이 있고 없음은 다른 사람을 너그럽게 받아들이느냐, 받아들이지 못하느냐의 차이다. 포용력이 있는 사람은 자신과의 다른 생각, 행동, 생활 스타일, 종교, 가치관, 출신 지역, 출신 학교 등을 가진 사람과 잘 어울린다. 대단한 능력이다.

토의나 의논 과정에서 보면 "옛날에 이렇게 했으니까 지금도 이렇게 해야 한다"거나 "아빠는 옛날에 이렇게 살았으니까 너희들도 그래야만 한다"고 하는 사람도 있다. 또 자기 위주로만 말하면서 자기주장을 정당화시키거나 변론하기만 하는 사람도 있다. 이런 이들은 다른 사람은커녕 자기 자신도 받아들이지 못하는 사람이며, 이기주의자에 옹고집쟁이에 불과하다. 우리는 아직도 경험이나 학식, 가치관, 대인관계, 경제적 능력 등을 기준으로 다른 사람과 나를 구분한다. 하지만 우리의 인생에서 포용력의 중요성은 세상을 어느 정도 살아보았다면 잘 알고 있을 것이다. 조금만 더 포용할 수 있었다면 부부간의 사랑도 달라졌을 것이고, 이혼율도 그렇게 높아지지 않았을 것이다. 부모와 자녀와의 관계도 당연히 달라졌을 것이고, 직장에서의 상사와 동료와의 관계에도 엄청난 변화가 있었을 것이다. 따라서 진정한 성공을 이루고 싶다면 지금부터라도 포용력을 갖도록 노력해야 한다.

어떤 사람은 개방적이면서 포용력이 있기도 하고, 또 어떤 사람은 자신은 물론 다른 사람의 작은 실수도 용납하지 못할 만큼 포용력이 없기도 하다. 그런데 우리는 대담하면서도 포용력이 있는 사람을 부러워하고 좋아한다. 대부분의 여성이 포용력이 넓은 남자를 결혼 대상자로 선호하는 것도 그 때문이다. 자신의 의견과 다른 이야기도, 다른 의견도 잘 들어주는 사람, 편견에 사로잡히지 않는 사람, 마음을 열어놓고 이야기할 수 있는 사람, 많은 사람들이 자신은 그러하지 못하면서도 다른 사람은 그리기를 원한다. 그러나 일단 자기 자신을 포용할 수 있을 때 다른 사람에 대한 포용력도 생긴다.

포용력이 없으면 피곤한 인생을 살 수밖에 없다. 왜 그럴까? 흑과 백의 논리밖에 전개할 줄 모르기 때문이다. 색상에는 흑백만 있는 것이 아니고 무지개의 일곱 색깔 외에도 다양한 색깔이 존재한다. 그러나 포용력이 없는 사람은 중간색에는 관심이 없다. 중간을 알게 되면 더 아름답고 더 화려한 세상을 만끽할 수 있는데 말이다. 사람이 세상을 살다 보면 흑과 백의 논리로만 설명할 수 없는 것들이 더 많다. 중간의 색에 주의를 기울이면 옳고 그름만이 아니라 하나의 것에도 옳은 점도 있고 틀린 점도 있을 수 있다는 것을 발견하게 된다.

아파트 1층에 살면 잔디밭이나 주차장밖에 보지 못한다. 하지만 고층의 펜트하우스에 살면 한강이 흘러가는 모습이나 시내 전체를 한눈에 보는 안목이 생긴다. 또 1층에서 보면 인간이 가장 위대해 보이지만, 옥상에서 내려다보면 그렇게 위대하다 여겼던 사람은 점으로밖에 보이지 않는다. 당장 눈에 보이는 모든 것이 인생의 전부가 아니라는 의미다.

▶ 따뜻한 사랑과 정이 있는 사람은 포용력이 높다.

— 포용력이 높은 사람 주위에는 동료가 들끓게 마련이다.

▶ 부끄러움을 당하기 전에 마음을 열어라.

— 자신의 주장만 고집해서는 안 된다.

▶ 명대로 살고 싶다면 포용력을 가져라.

— 그래야 초조하지도, 울화통이 터지지도 않는다.

▶ 말할 권리도 있지만 들어야 할 의무도 있다는 것을 명심하라.

— 말하는 입은 하나인 것에 반해 다른 사람의 말을 듣고 이해하는 귀는 두 개다.

▶ 바보 같은 소리라도 들어주는 사람이 되어라.

— 들어주지 않는 사람은 더 바보 같은 사람이다.

▶ 포용하지 못하는 원인을 분석하라.

— 불안을 느끼거나, 내가 무능하다고 느끼기 때문에 그런 것은 아닌지 원인을 정확히 알아야만 문제를 해결할 수 있다.




# 열등감을 펼쳐라

열등감은 누구에게나 있다. 그러나 다른 사람에게 보여주고 싶지 않은, 자기 속에 꼭꼭 숨겨둔 자기만의 비밀이다. 그래서 더러는 숨겨진 그 비밀이 고개를 내밀까 봐 노심초사하며 긴장한다. 하지만 그래서는 대인관계를 원만하게 유지하기 힘들다.

숨기려고만 하는 것은 열등감을 잘 이해하지 못한 데서 오는 잘못된 태도다. 사실 열등감만큼 훌륭한 녀석도 없다. 열등감을 감추지 않고 펼쳤을 때 우리는 살맛 나는 세상을 만나게 되기 때문이다. 반면 더 깊은 자기 속으로 감추다 보면 다른 사람의 등 뒤에서 비겁하고 초라한 모습만 보일 뿐이다. 자랑스럽게 살아도 다 못 살다 갈 인생인데 굳이 수치스러운 삶을 스스로 선택해야 할 이유는 없다.

열등감을 극복하게 되면 성공적인 삶을 살게 되지만, 열등감을 극복하지 못하면 실패할 수밖에 없다. 성공한 사람들은 자신의 열등감을 극복하기 위해 온갖 노력을 다했다. 또 그들은 자신의 열등감을 부끄럽게 생각하지 않았다. 반면 실패한 사람은 열등감 때문에 스스로 심리적 수치심을 견디지 못했고 부끄러워했다. 그러다 보니 매사에 자신감이 없었다. 한없이 초라한 자신의 모습을 미워하고 분노하며 원망하다 못해 자학까지 하기도 했다. 결국 실패를 떠안을 수밖에 없었다.

열등감은 주변 사람 누구에게도 말하지 못하는 혼자만의 마음병이다. 열등감의 유형은 다양하지만, 나는 이전에 집필한 《열등감 부모》라는 책에서 다섯 가지로 정리했다. 신체적인 열등감, 경제적인 열등감, 사회적 열등감, 가정적인 열등감, 학벌에 대한 열등감이 그것이다.

우리의 선조들은 온갖 지혜로운 말로 자녀들의 열등감을 극복하고 자신감을 갖도록 격려했다. 키가 작으면 남녀를 불문하고 자신감 상실의 원인이 되기도 하고 다른 사람들에게 놀림감이 되기도 한다. 그래서 우리 선조들은 '키 큰 사람치고 싱겁지 않은 사람 없다'라든가, '키 크다고 하늘에 별 따 오냐', '작은 고추가 맵다' 등의 속담으로 키에 대한 열등감을 극복하고 자신감 갖도록 조언했다. 또 외모에 대한 열등감이 있는 이들에게는 '예쁜 것들은 꼭 예쁜 값을 한다', '얼굴 예쁜 것들 치고 공부 잘하는 아이 못 봤다'는 등의 말로 외모가 아닌 다른 것으로 승부할 수 있도록 용기를 심어주었다. 요즘에는 '얼굴 못생긴 것은 용서가 되어도 직장 없는 것은 용서하지 못한다'는 말도 있다. 또한 여성이 남성보다 능력에 있어서 부족하다는 생각은 이미 과거의 고리타분하고 구태의연한 사고가 되어버렸다. 여성대통령에 여성장관이 심심치 않게 등장하는 것이 그 증거다. 즉, 키나 외모, 성별보다는 능력을 최고로 인정하는 사회가 되었다. 따라서 그런 것들에 열등감을 가질 필요가 없다.

그런데 물질만능의 피해랄까, 현대인들은 돈이나 집과 같은 경제적인 문제에 있어서도 열등감을 갖는다. 경제적 열등감에 찌든 사람일수록 차가 무슨 차인지, 아파트가 몇 평인지에 목숨을 건다. 그 사람의 내면 같은 것에는 관심도 없다. 소형차 타는 것을 능력 없는 것으로 비하하고 부끄럽게 여기는 것도 모자라 큰 차를 타고 다니는 사람들을 향해 "모두 도둑놈"이라고 비난하기 일쑤다. 그런 사람일수록 교통 신호대기 중에 우연히 큰 차량과 나란히 대기라도 하게 되면 파란불이 들어오기도 전에 쌩하고 달려 나가야 직성이 풀린다. 심리적으로 너보다 더 빨리 갈 수 있다는 것을 보여주겠다는 심리의 표출이다. 하지만 그래봤자 50미터도 못 가 추월당하고 만다. 죽어라고 밟아도 소형차가 대형차의 배기량을 추월할 수는 없으니 말이다. 시쳇말로 자존심이 상해 죽을 지경이 된다. 하지만 정작 다른 사람들은 아무 관심조차 없다. 괜한 자격지심일 뿐이다.

이런 사람은 동창모임을 갔을 때 목적지 전방 100여 미터쯤에 차를 세워둔다. 그리고는 아는 사람이라도 만날까 싶어 두리번거린다. 친구들에게는 지하철 타고 왔다고 둘러댄다. 그러면서 친구들의 으리으

리한 대형차에 비해 초라하기 그지없는 자신의 소형차를 다시 타야 한다는 사실에 비참해 한다. 차라리 차를 버리고 가고 싶을 정도로 말이다. 물론 모든 소형차 운전자가 그렇지는 않다. 장소를 막론하고 당당하게 정문에 주차하고, 집에 갈 때면 차 없는 친구들을 태워주는 사람도 있다. 그런 사람은 2~3차선에서 음악을 크게 틀어놓은 채로 뒤차가 빵빵거려도 아랑곳없이 느긋하게 달린다.

자신을 부끄럽고 초라하다고 여긴 사람과 당당했던 사람 중 누가 더 행복할까? 현재 자신의 모습을 부끄러워만 했던 사람은 다음 모임에 불참하거나 아예 친구들과 연락을 끊어버릴지도 모른다. 그러나 당당했던 사람은 다음 모임 때는 근사한 중형차를 타고 나타날 가능성이 높다. 현재의 열등감을 당당하게 인정하고 이를 극복하게 위해 노력할 때 성공이 뒤따르기 때문이다.

▶ ~하는 척하지 마라.

— 열등감이 강한 사람일수록 반동형성적인 언행에 속는다. 없으면서 있는 척, 모르면서 아는 척, 약하면서 강한 척하지 말아야 한다.

▶ 오기를 부리지 마라.

— 자기의 약점을 치부라고 생각할수록 발버둥을 치게 된다.

▶ 허세를 부리지 마라.

— 있지도 않는 자랑을 늘어놓다가가는 바보 취급만 당한다.

▶ 하나의 관점에만 얽매이지 마라.

— 상대방을 만날 때 특정 직업 등 하나의 관점만 놓고 판단해서는

안 된다.

▶ 사실대로 말하라.

— "저는 이것은 잘 못합니다", "잘 모릅니다", "돈이 없습니다"라고 말하는 것을 부끄러워할 필요는 없다.

▶ 자기 집착에서 벗어나 주변 환경에 관심을 갖고 새로운 사실을 발견하라.

— 자기가 열등감이 강하다는 사실을 발견하는 것 자체가 발견이다.

▶ 남이 나를 어떻게 생각할까를 고민하지 마라.

— 상대에게 관심을 가지고 눈빛을 보아야 한다.

▶ 언어가 아닌 행동을 중요시하라.

— 열등감으로 고민하는 사람은 다른 사람의 말을 잘 믿는다. 사실 판단을 못 하기에 속는다.

▶ 다른 사람보다 우월한 사람이 된다는 생각을 버려라.

— 자아 실현에 흥미를 가지면 다른 사람에게 인정받는 것을 이차적인 것으로 여긴다.

▶ 어설픈 칭찬에 현혹되지 마라.

— 열등감이 강한 사람은 허세를 부리는 사람을 간파하지 못하고 대단한 사람이라고 존경하다가 속는다. 진짜와 가짜를 구별하지 못하지 못한다.

▶ 항상 인정해달라고 외치지 마라.

— 스스로 인정하면 그만이다. 항상 다른 사람의 인정과 칭찬을 바라면 자신의 능력을 과시하고 증명해 보이려고 한다. 하지만 그래서는 본인도 상처를 받고 상대방에게도 상처를 입힌다.

## 열등감을 펼친 사람들 '네 가지'

KBS 2에서 방영되고 있는 〈개그콘서트〉에는 '네 가지'라는 코너가 있다. 나는 처음부터 이 코너 마니아가 되었다. 《열등감 부모》라는 책을 통해 했던 '열등감 극복 프로젝트'라는 강연 내용과 똑같았기 때문이었다. 마치 강의 내용을 그대로 요약한 교육용 동영상처럼 느껴졌다.

'네 가지'는 자신들의 겉모습과 외모만 보고 판단하는 사람들에게 외치는 네 남자의 속사정 개그다. 김기열은 인기 없는 남자, 양상국은 시골에서 올라온 촌티 나는 남자, 허경환은 키 작은 남자, 김준현은 뚱뚱한 남자다. 그들은 사람들이 싫어하는 조건을 모두 네 가지 제시한 후 오해하지 말라고 한다. "세상은 왜 인기 없는 남자를 싫어하는가?", "세상은 왜 촌티 나는 남자를 싫어하는가?", "세상은 왜 키 작은 남자를 싫어하는가?", "세상은 왜 뚱뚱한 남자를 싫어하는가?"가 그것이다.

김기열은 인기 없는 남자 캐릭터를 연기한다. 사람들에게 인기 없다는 것은 자신의 존재감을 의심케 하는 문제다. 하지만 그는 '인기 없다'는 문제를 드러냄으로써 사람들에게 관심을 불러일으키고, 그로 인해 이전과는 다른 큰 사랑을 받고 있다.

양상국은 시골 출신이라는 점을 그대로 표출하고 있다. "그래예, 저는 시골에서 올라온 촌놈입니데이"라는 말투로 시골 환경과 도시환경의 비교로 울분을 토한다. 특정 지역 출신임을 부끄럽게 여기지 않고 마음만은 턱특별시민이라고 자랑스럽게 호소함으로써 사회문화적 열등감을 극복한 경우라 하겠다.

허경환은 키 작은 남자다. "커피는 아메리카노, 악기는 피아노, 내 키는 와 이리 작노"라며 최고의 공감대를 형성하고 있다. "개그맨치고 이 정도 생겼으면 형광등 없이도 번쩍번쩍 하잖아"라면서 자신의 작은 키를 "그래, 나 키 작다"라고 솔직하게 인정하고 있다.

김준현은 뚱뚱하다는 신체적 열등감을 표현한다. 다들 "뚱땡이", "돼지"라고 놀려대지만 "그래, 나 뚱뚱하다. 왜, 햄버거라도 하나 사줘 봤어?"라며 뚱뚱하다고 빈정대는 사람들에게 오히려 사정없는 호통을 날린다.

사실 자신의 신체적인 열등감, 특히 그 가운데서도 얼굴이 못생겼다거나 키가 작다거나 몸무게가 많이 나간다거나 하는 것들 때문에 주눅 들 필요는 없다. 그 열등감으로 대인관계조차 기피하는 사람들도 있지만, 그럴 필요가 없음을 자신 있게 보여주고 있다. 그런 의미에서 '네 가지'의 주인공들은 모두 자신의 열등감을 최고의 방법으로 극복하고 있다. 열등감을 당당하게 펼치고 있는 것이다.

앞에서도 "열등감은 펼치면 성공이요, 감추면 실패"라고 했다.

열등감을 펼치는 방법은 간단하다. 얼굴 못생겼다고 놀리는 사람에게는 "그래, 나 못생겼다. 왜?", "그러는 너는 얼마나 잘 생겼냐"라고 강편치를 날리면 된다. 사투리 쓴다고 촌놈이라 놀리는 사람에게는 "당신도 서울 촌놈이네"라고 하면 된다. 뚱뚱하다고 "돼지"라고 놀리는 사람에게는 "내가 돼지 될 때 우유 한 통 사 준 적이 없으면 말을 하지 마"라고 하면 된다. 당당하면 되는 것이다.

우리 주변에는 비록 얼굴은 못생겼지만 잘생긴 사람보다 더 많은 친구들을 가진 사람도 있고, 키는 작지만 키 큰 사람보다 더 큰 회사를 경영하는 사람도 있다. 또한 혼자 걷기도 힘들 정도로 뚱뚱하면서도 홀쭉한 사람보다 왕성하게 사회활동을 하는 사람도 있다. 이런 사람들이 바로 열등감을 극복하고 성공한 사람들이다.

돈이 없다고 죽는소리하기보다 "나 돈 없으니까 네가 밥 사라"고 당당하게 말하는 것이 더 낫다. 그런 사람치고 굶어 죽을 사람은 없다. 하지만 가난을 수치스럽게 여기고 있는 척, 배부른 척하다가는 굶어 죽기 쉽다. 학교는 어떤가. 대학을 나오지 못한 것을 부끄럽게 여겨 학교 이야기만 나오면 얼굴이 붉어지다 못해 바로 자리를 옮기는 사람도 있다. 그런가 하면 "제가 가방끈이 짧아 못 배워서 좀 무식합니다"라고 웃으면서 당당하게 말하는 사람도 있다. 이런 사람치고 실제로 무식한 사람은 없다. 대학 졸업한 것이 부끄러울 정도로 말이다.

우리나라에서는 같은 박사학위라도 해외에서 받은 것이 아니면 업신여기는 경향이 있다. 그래서 개중에는 유학파가 아니라는 이유로 기죽어 지내는 사람도 있다. 국내에서 박사학위를 받은 것을 마치 무슨 죄인이라도 된 듯 스스로 부끄럽게 여기는 것이다. 그런데 자기 스스로를 부끄러워하는 사람을 다른 사람들이 인정해줄 리가 없다.

안타까운 일은 그것만이 아니다. 신세대 부모들을 만나보면 "딸아이가 성형하면 견적이 많이 나오겠다"는 등 "그 얼굴로는 취업할 수 없다" 등의 위험천만한 말들을 쏟아낸다. 명문대학을 가는 조건으로 '성형 3종 세트'를 내걸기도 한다. 그런 부모들은 마치 무뇌아처럼 보인다.

신체적 열등감을 극복하지 못하면 자존감 형성이 어려울 수밖에 없다. 자존감이 낮으면 심리적으로 위축되어 사회적 활동에 있어서 아무것도 할 수 없게 된다. 나중에는 심한 우울증과 대인기피 현상으로 이어진다. '추락하는 것에는 날개가 없다'는 말은 열등감을 극복하지 못한 사람에게 해당되는 말이다.

스스로의 삶을 아름답게 펼쳐가는 길은 자기 속에 갇혀 있는 열등감을 펼칠 때 눈에 보인다. 낙하산이 펼쳐져야만 살 수 있듯 열등감도 펼쳐져야 성공할 수 있다. 펼쳐지지 못한 열등감은 수많은 이들을 고통 가운데 쓰러져 가게 했다.

최근 언론에서 주목하는 두 사람이 있다. 이들은 모두 열등감을 극복한 사람들이다. 열등감을 성공의 디딤돌로 삼아 우뚝 올라선 사람들이다.

첫 번째 인물은 바로 영화감독 김기덕이다. 그에게는 중학교 졸업이라는 학벌에 대한 열등감, 시골 출신이라는 환경적 열등감, 가난에 대한 경제적 열등감, 정상적인 영화공부를 하지 않은 비전공자라는 열등감, 공장 출신이라는 사회적 열등감이 있었다. 그야말로 열등감 종합세트라고 할 만하다. 중졸 학력에 구로공단과 청계천에서의 공장생활은 꼬리처럼 그를 따라다녔다. 그러던 중 프랑스 유학을 갔고, 그곳에서 영화를 만났다. 그렇게 해서 그는 1996년 〈악어〉라는 작품으로 감독 데뷔를 했다. 그리고 16년 만에 제69회 베니스 국제영화제에서 베니스 황금사자상을 거머쥐었다.

그는 1960년 경상북도 봉화에서 태어났다. 어려운 가정 형편 때문에 공식 학력으로 인정되지 않은 농업학교에 갔다. 결국 공식적인 그의 최종 학력은 중졸이 되고 말았다. 농업학교 졸업 후 그는 구로공단과 청계천에서 노동자로서의 삶을 살았다. 공장에서 일하며 여러 가지 기술을 배웠다. 그래서 구로공단과 청계천은 김기덕이라는 사람의 젊은 시절이 고스란히 녹아 있는 곳이기도 하다. 그는 말한다. "열다섯 살 때부터 공장 생활을 했다"고.

최근 한 방송에 출연한 그는 자신을 "열등감을 먹고 자란 괴물"이라고 표현했다. 바로 열등감이 자신을 세계적 거장으로 성장시켰다고 한 것이다.

두 번째 인물은 삼성테크윈의 이지영 대리다. 그녀는 "신체의 키는 110센티로 '루저loser'지만 열정의 키는 180센티미터로 '위너winer'다"란 짧고도 강력한

메시지를 던진다. 신체적 열등감을 극복한 대표적 사례라 하겠다. 그녀는 선천적 연골무형성증이라는 질병으로 사지불균형에 키가 110센티미터밖에 되지 않는다. 그래서 "어릴 적 별명이 난쟁이였다. 작다는 이유만으로 돌팔매질을 당했다. 이마에 맞은 상처가 아직도 남아 있다. 다르다는 열등감에 고통스러웠다"고 지난 시절을 회상한다. 그녀의 '다름'은 그야말로 '불행'이었다. 난쟁이, 땅꼬마, ET, 외계인……. 모두 다 어린 소녀에게는 상처가 될 만한 놀림이 언제나 그녀를 따라다녔다. 어린 이지영은 친구들이 놀릴까 싶어 쉬는 시간에도 화장실 못 가서 방광염에 걸리기 일쑤였다. "오늘은 소풍날이니까 집에서 쉬어도 돼", "체육시간이니까 교실에 있어"라는 따위의 편견 섞인 배려는 그녀를 더 작게 만들었다. 그렇게 어린 이지영은 열등감 덩어리로 살았다. 그러던 어느 날의 체육시간이었다. 창을 통해 밖에서 뛰는 친구들을 보며 문득 한 가지 결심을 했다.

'내가 팔다리가 없는 것도 아니고, 나에게 맞게, 내가 할 수 있는 방식으로 해보자.'

어린 이지영은 그날 이후 아이들이 테니스를 칠 때 채가 가벼운 배드민턴을 했고, 아이들이 배구공을 네트 위로 넘길 때 공을 아래로 튕겼다. 그렇게 자신감을 갖고 세상에 나서자 친구도 생겼고, 성적도 오르기 시작했다. 그러나 사회의 문턱은 높았다. 한양대 신문방송학과를 1등으로 졸업했지만 60개의 자기소개서를 썼고 여섯 번이나 면접을 봐야 했다. 결과는 모두 낙방이었다. 그러나 좌절하지 않고 다시 일곱 번째 문을 두드렸다. 그날 이지영은 다음의 한 마디로 면접관들을 감동시켰다.

"저는 장애를 가진 사람입니다. 하지만 장애는 불가능이 아니고 불편함입니다."

열등감을 열등감으로 받아들이지 않을 때 미래로의 길이 열리는 것이다.

# 갈등관리와 감정관리

## 대인관계에서의 갈등관리

중국집에 짜장면을 먹으려고 들어갔지만 다른 사람이 짬뽕을 먹고 있는 것을 보는 순간 짜장면을 먹을 것인가, 짬뽕을 먹을 것인가, 갈팡질팡한다. 메뉴를 결정할 때도 우리는 갈등을 겪는 것이다.

갈등conflict이란 개인이나 조직에게 두 개 이상의 목표가 존재하여 서로 대립·경쟁·충돌하는 것을 말한다. 때문에 슬기롭게 대처하지 않으면 목표 달성이나 발전, 성장을 방해하는 요소가 될 수 있다. 또 갈등은 대상이 많을수록 행동 주체 사이에서 빈번하게 나타난다. 메뉴판에 먹고 싶은 것이 많을수록 고민의 정도가 커지는 것처럼 말이다.

갈등은 사람들이 모여 있는 곳이라면 언제 어디에서나 존재하기 마련이다. 하지만 요즘은 하고 싶은 게임, 인터넷 등의 사용을 두고 부모와 아이 간에 갈등이 심해지고 있다. 이는 나아가 주변 사람들과의 불화로 이어지기도 한다. 사회적 문제로 확산되는 것이다. 갈등을 보편적인 현상으로 접근하고 긍정적인 결과를 일으킬 수 있도록 노력해야 하는 이유가 바로 여기에 있다.

## 갈등의 원인

사이먼H. Simon과 마치James G. March는 갈등의 원인을 세 가지로 구분했다.

첫째, 비수락성unacceptability이다. 갈등이 대안이 모두 만족스럽지 못할 때 일어난다는 의미다. 이 경우를 비수락성이라고 한다. 제시된 조건이 기대 이상이라면 깊이 고민할 것 없이 수용하면 된다. 하지만 기대 이하일 때는 갈등할 수밖에 없다. 대부분의 사람들은 갈등 끝에 포기하는 것을 선택한다.

둘째, 비비교성incomparability이다. 갈등이 A와 B와 C 중에서 어떤 것이 더 나은지 알지 못할 때 일어난다는 의미다. 보통 선택할 수 있는 경우가 하나밖에 없을 때 "선택의 여지가 없다"고 말한다. 이럴 때는 고민 자체가 필요 없다. 또 마음에 드는 것이 하나도 없을 때도 마찬가지다. 과감하게 포기하면 된다. 그런데 대상들이 비슷할 때, 조건이 서로 다를 때 갈등은 커진다. 일례로 A는 일류대학, B는 A보다 조금 못하지만 1년 장학금을 받을 수 있는 대학, C는 4년 동안 장학금 전액을 받을 수 있는 대학이라면? 형편이 어려운 학생에게는 결코 쉽지 않은 문제다.

셋째, 불확실성uncertainty이다. 각 대안이 초래할 결과를 알 수 없을 때 갈등이 일어난다는 의미다. 합격일지 불합격일지를 예상할 수 없을 때 과연 입학원서를 넣어야 할지 말아야 할지 고민하는 것이 그것이다. 예비합격이 되었을 때도 그렇다. 합격하기를 바라고 기다려야 할지, 포기하고 다른 대학을 알아봐야 할지 결정하는 것이 결코 쉽지 않다.

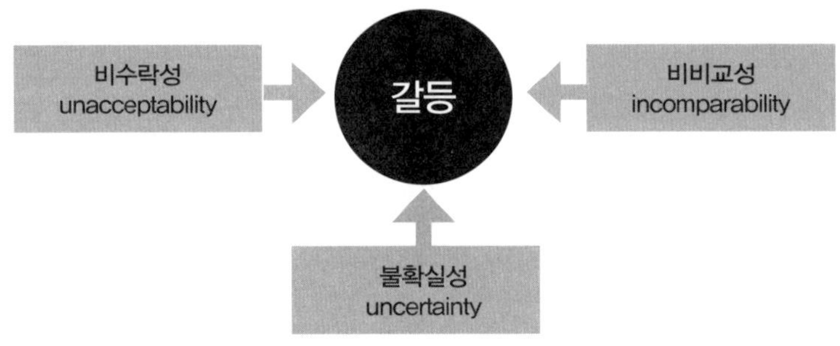


### 갈등의 속성

갈등에는 세 가지 속성이 있다.

첫째, 갈등은 적어도 둘 이상의 당사자나 대안이 있을 때 발생한다.

대상이 하나일 때는 갈등 자체가 형성되지 않는다. 선택의 여지가 없기 때문이다. 한 가지만 전문적으로 하는 음식점에서는 메뉴판을 보며 고민할 필요가 없는 것과 같다. 반면 대상이 많으면 많을수록 갈등의 크기는 커진다.

둘째, 대상에 희소성이 있을 때 빈번하게 발생한다. 제한된 조건을 가지고 모두를 만족시키는 것은 결코 쉽지 않다. 따라서 분배를 어떻게 하느냐는 매우 중요한 일이 된다. 분배에 따라 만족의 정도가 다르기 때문이다.

셋째, 갈등은 양립할 수 없는 둘 이상의 목표 추구에서 하나의 희생을 전제로 할 때 발생한다. 두 마리의 토끼를 모두 잡을 수 있다면 갈등이 필요 없다. 하지만 현실적으로 두 마리의 토끼를 잡기란 거의 불가능하다. 결국 한 마리를 포기해야 한다. 이때 어떤 것을 포기할 것인가, 어떤 것을 취할 것인가가 갈등의 핵심이 된다.

### 갈등의 유형

갈등의 유형에는 여러 가지 형태가 있을 수 있지만, 여기서는 행위의 주체를 기준으로 할 때와 조직에 주는 영향을 기준으로 할 때로 크게 분류해보고자 한다.

갈등은 행위 주체主體가 개인, 집단, 기관, 국가인가에 따라 개인적 갈등, 조직 내 갈등, 조직 간의 갈등으로 나눌 수 있다. 개인적 갈등은 개인의 욕구欲求가 대립하는 경우와 같은 심리적 상태를 말한다. 조직 내의 갈등은 직위, 학벌, 지연, 경력 등을 중심으로 한 비공식 집단의 배타적 성향 등에서 생기는 갈등을 말한다. 조직 간에 생기는 갈등은 중앙정부와 지방정부, 관리자와 노동조합, 학교와 학부모, 교사와 학생 간 등 다양하게 발생한다.

갈등은 조직에 미치는 영향에 따라 마찰적 갈등摩擦的 葛藤과 전략적 갈등戰略的 葛藤으로 나뉜다. 먼저 마찰적 갈등이란 조직의 구조에는 그다지 변화를 초래하지 않고 구성원 간에만 상당한 마찰을 초래하는 것을 말한다. 반면 전략적 갈등은 갈등이 심화되어 조직의 구조까지 크게 변화시키는 것을 말한다. 그렇게 되면 구성원 간의 돌이킬 수 없는 갈등이 초래되고, 이를 해결하기 위해서는 좀 더 많은 노력이 필요하다.

| 행위의 주체에 따른 구분 | | 조직에 미치는 영향에 따른 구분 | |
| --- | --- | --- | --- |
| 행위 주체 | 갈등의 종류 | 갈등의 영향 | 갈등의 종류 |
| 개인 | 개인적 갈등 | 구성원 간 마찰 | 마찰적 갈등 |
| 집단 | 조직 내 갈등 | 조직구조에 영향 | 전략적 갈등 |
| 국가 | 조직 간 갈등 | | |

## 갈등의 기능

갈등이라 하면 대부분의 사람들은 먼저 불화不和나 심리적 불안을 연상한다. 하지만 갈등에는 이러한 역기능뿐만 아니라 순기능도 있다. 갈등 그 자체를 부정하기에 앞서 긍정적이고 적극적인 개인의 발전의 계기로 삼으면 순기능이 생길 수밖에 없다.

### 갈등의 순기능

▶ 조직이나 개인의 문제점에 관계자들이 관심을 갖게 하는 계기가 되어 긍정적인 변화를 이끌 수 있다.

▶ 갈등이 합리적으로 해결되면 조직이나 개인에게 창의성, 진취성, 적응성, 융통성 등을 향상시킬 수 있다.

▶ 구성원들의 다양한 심리적 요구를 충족시키는 계기가 될 수 있다.

▶ 침체된 조직을 더욱 생동하게 하는 계기가 될 수 있다.

▶ 조직 내의 갈등을 관리하고 방지할 수 있는 방법을 학습할 수 있는 기회를 제공한다.

### 갈등의 역기능

▶ 갈등 해결에 매진하는 동안은 주어진 일에 매진할 수 없으므로 개
인이나 조직에 부정적인 영향을 미친다.

▶ 조직의 안정성, 조화성, 통일성을 깨뜨릴 수 있다.

▶ 조직이나 개인의 창의성, 진취성 등을 사장시킬 수 있다.


### 갈등관리의 중요성

그동안 우리나라는 국가적으로나 사회적으로 갈등을 관리하지 못
했다. 갈등관리는 건강을 검진하는 것과 동일한 개념으로 접근하면 훨
씬 이해하기 쉬워진다. 건강검진이 왜 필요한가. 사전 검진을 통해 어
떤 질병이 발병되기 전에 예방하는 것은 호미로 막을 것을 가래로도
막지 못하는 안타까움을 피하는 것만큼 중요하기 때문이다.

암이 무서운 것은 두 가지 이유 때문이다. 암 발병 사실을 조기에 찾
아내기 어렵다는 것이 첫 번째고, 만일 알게 되더라도 이미 늦어 다른
곳으로 전이된 경우가 많다는 것이 그 두 번째다. 암이 본격적으로 발
병하기 전 단계에서 전조를 미리 알아차리면 얼마든지 예방하고 극복
할 수 있다. 이런 경우에는 완치율을 90% 이상 끌어올릴 수 있다. 그러
나 늦게 발견하게 되면 완치율은 그만큼 떨어진다. 정도에 따라 50%
미만까지 떨어지기도 하고, 심지어는 진단을 받은 지 수개월 내에 사
망에 이를 수도 있다. 정기적인 건강검진을 통해 병을 조기에 발견하
는 것이 중요한 이유다.

갈등도 그렇다. 역시 관리하는 능력에 따라 확산되기도 하고 차단

되기도 한다. 갈등을 바라보는 새로운 관점의 시작은 대학에서부터 요구된다. 지금은 이전의 수능성적에 의해 결정되는 단일 입시전형 방법뿐만 아니라, 대학입학사정관전형 등 대학별로 다양하고 차별화된 전형 방법이 생겨났다. 동일 점수를 갖고도 어느 학교를 지원하느냐에 따라 전개될 상황을 예측할 수 없는 상태인 것이다. 그러므로 처음부터 특정 학교를 대상으로 입시를 준비하지 않고서는 불확실성이 더 커질 수밖에 없는 현실이다. 그만큼 대학 선택에 영향을 미치는 요인이 가변적이며, 과거·현재·미래에 대한 확실한 가치관이나 지식을 준비하지 않으면 안 된다.

객관식 시험 문제는 주로 사지선다형 또는 오지선다형이다. 둘 중에 하나를 선택하는 것이라면 확률적으로 50%이지만 사지선다형일 경우 25%, 5지선다형일 경우 20%까지 내려가기에 점점 더 힘들어진다. 대학입시 지원서를 제출할 때도 내신성적과 수능성적 비율을 산출하여 지원하되 그 외에도 많은 요인들을 고려해야 한다. 앞에서도 이야기했듯 동일 점수를 갖고도 학교별로 적용하는 전형 비율에 따라 합격과 불합격이 결정되기 때문이다. 대학별로 적용하는 비율과 개인 비율을 구체적으로 비교해봄으로써 안정적인 지원인지의 여부를 좀 더 정확하게 평가할 수 있다. 대학교육협의회에서 발표하고 있는 동종 대학의 비율이나 과거의 경험에 따라 비교기준을 설정한 경험적 비율 등을 구체적으로 분석하는 것이다.

## 갈등 해결을 위한 기준

그렇다면 갈등의 해결을 위해서는 무엇이 필요할까?

첫째, 가치관이다. 개인에게 따라 가치관은 다양한 양상을 띤다. 따라서 갈등을 해결하기 위해서는 나와 다른 사람의 가치관이, 나와 조직의 가치관이 충돌되는 부분을 찾아내고 파악하는 것이 선행되어야 한다.

둘째, 도덕적 판단이다. 개인의 생각이나 행동을 선善, 악惡, 정正, 사邪로 구별하는 것은 도덕적 판단에 의한 것이다. 갈등이 발생했을 때 무엇이 더 도덕적이냐는 중요한 판단 기준이 된다.

그러면 갈등은 어떻게 해결해야 할까? 갈등의 해결은 의사주체 간의 갈등인지, 행동주체 간의 갈등인지에 따라 방법이 달라지는데, 특히 의사주체 간의 갈등은 '문제해결problem solving', '설득persuasion', '흥정bargaining' 등의 방법으로 해결할 수 있다.

먼저 문제해결은 문제에 관한 정보를 수집해 갈등을 해결한다는 의미다. 바로 문제의 소재부터 분명히 파악하라는 것이다. 갈등을 일으킨 원인이 무엇인지를 정확하게 파악해야 다음 단계로의 접근이 가능하다. 원인 파악 없는 행동은 시행착오만 일으킬 뿐이다.

설득은 상대가 내 주장에 따르도록 여러 가지로 깨우쳐 말하는 것으로서, 근본적으로 내 주장을 굽히지 않는 것이다. 그렇다고는 해도 설득을 할 때는 강압적 수단을 일체 사용해서는 안 된다. 강압으로는 상대의 마음을 움직일 수 없다. 갈등만 커질 뿐이다. 겸손한 자세와 논리와 근거를 바탕으로 했을 때만 효과가 있다.

흥정으로도 갈등을 해결할 수 있다. 흥정은 나도 어느 정도, 상대도 어느 정도 물러나는 것이 기본이다. 쉬운 예로 A사의 자동차를 이용 중인 고객을 B사로 이끌기 위해서는 감성을 떠나 이성적으로 제품에 대해 신뢰할 수 있는 객관적인 자료를 제시해야 한다. 그렇더라도 고객은 쉽게 움직이지 않는다. 이런 경우 딜러는 자기 몫으로 배당되는 수수료를 고객에게 사은품으로 제공한다. 고객은 고객대로 이득을 보고, 딜러는 딜러대로 실적을 쌓는 것이다.

## 대인관계에서의 감정관리

감정은 어떤 현상이나 상황이 발생했을 때 자기도 모르게 마음에서 일어나는 느낌이나 기분을 말한다. 인간은 엄마 뱃속에 있을 때 엄마의 감정을 느끼는 것으로 감정을 경험한다. 그리고 출생과 함께 부모와의 관계를 통해 자신의 감정을 갖게 된다. 그런데 같은 '꽃'을 보고도 느끼는 감정은 사람마다 다르다. 또 그 감정을 구체적으로 잘 표현하는 사람이 있는 하면 감정을 표현하는 것 자체를 쑥스러워 하는 사람도 있다. 특히 감정에 대한 표현은 나라마다, 민족마다, 문화마다 커다란 차이를 보인다. 하지만 분명한 것은 좋은 감정은 친밀감을 부르고, 나쁜 감정은 거리감을 부른다는 것이다. 또 감정의 표현 여부에 따라, 어떤 감정을 표현하는가에 따라, 어떤 방식으로 표현하는가에 따라 서로 간의 친밀감에 차이가 난다는 것이다.

사람은 감정의 동물이라 했다. 감정을 표현해야 상대와 공감할 수 있다. 그러나 문제는 분노와 같은 부정적 감정을 조절할 수 있어야 대인관계를 원활하게 유지할 수 있다는 것이다. 화가 난다고 그 화를 모두 드러내서는 원만한 관계를 이어나갈 수 없다. 가족관계도, 친구관계도 마찬가지다. 인성코칭에서 감정관리가 중요한 이유가 바로 여기에 있다.


## 감정의 원인을 찾아라

인성코칭은 부정적 감정을 현명하게 통제하고 조절하여 부드럽게 표현하는 것에 중점을 둔다.

감정은 생리적이고 신체적인 원인에 의해 발생하기도 하고, 심리적인 원인 때문에 발생하기도 한다. 신체적인 것은 불편함이나 아픔, 쾌감, 불쾌감 등으로서 직접적인 원인이 분명한 만큼 해결 방법도 비교적 수월하다. 그러나 심리적인 원인에 의한 감정, 즉 기쁨, 슬픔, 노여움, 분노와 같은 것들은 전자처럼 간단하지가 않다. 똑같은 칭찬을 받아도 누구는 기쁘게 여기고, 누구는 비난으로 여기는 것이 그것이다. 바로 자존감과 같은 내적요인에 따라 다양한 반응이 생길 수 있는 것이다. 따라서 기준도 없고, 판단도 모호하다.

우리 주변에는 길 가던 10대 아이가 자신을 향해 미소를 짓는 것을 보고 "왜 비웃냐"며 폭력을 행사하는 일이 빈번이 일어나고 있다. 오죽하면 모여 있는 중·고생들은 쳐다보지도 말라고 하겠는가. 이는 모두 상대의 호의를 호의로 받아들이지 못하는 데 있다. 바로 자존감이 결여된 탓이다. 그것을 애꿎게도 호의를 보내는 친구에게 폭력으로 되돌려준 것이다. 병의 원인을 알지 못하면 병을 고칠 수 없다. 감정도 마찬가지다.

### 감정은 잘 표현해야 한다

감정을 표현하지 못하면 상대와 공감할 수 없다. 물론 잘 표현해야 한다. 여기에서의 '잘'은 '잘한다'의 의미이자 '자주', '번번이'의 의미다.

인간에게 감정표현의 1차적인 모델은 부모다. 부모가 서로를 향해, 또는 아이를 향해 던지는 말과 태도를 통해 감정을 표현하는 방법을 배우는 것이다. 애정표현을 잘하는 아이의 부모를 보면 부부끼리도 애정표현을 잘한다. 반면 무뚝뚝한 아이의 부모는 부부끼리 무뚝뚝하다. 화를 잘 내는 아이의 부모는 화를 잘 내고, 웃음이 많은 아이의 부모는 웃음이 많다. 화를 잘 참는 아이의 부모 역시 화를 잘 참는다. 모두 부모가 먼저 그러했기 때문에 가능한 일이다.

상대의 감정을 공유하는 것은 대인관계를 위해 매우 중요한 일이다. 감정을 공유한다는 것은 타인의 입장에 서서 타인의 경험을 자기 자신의 경험 속에서 재구성해보는 노력을 한다는 것이다. 그러나 이 역시 상대가 감정을 표현해주지 않는다면 불가능한 일이다.

한편 감정표현을 잘하지 못하는 아이를 보면 일정 정도의 무기력을 가지고 있는 경우가 많다. 기뻐도 심드렁, 슬퍼도 심드렁, 화가 나도 심드렁……. 나아가 공부를 잘해도, 못해도 심드렁할 뿐이다. 의욕이 없는 것이다. 이는 곧 학습동기 유발이 결코 쉽지 않다는 의미다. 의욕도 없고, 동기도 없다. 결국 공부는 딴 세상 이야기가 되는 것이다. 반면 감정표현을 잘하는 아이는 매사에 의욕이 넘친다. 의욕은 곧 동기다. 학습에서 동기가 무엇보다 중요하다는 점을 상기하면 감정을 표현하는 것이 얼마나 중요한 일이지 이해할 수 있을 것이다.

그렇다고 욱하는 감정까지 고스란히 토해내야 한다는 것은 아니다. 분노와 심리적 고통으로 감정이 격할 때마다 무차별적인 공격 등으로 감정을 쏟아내는 아이들도 있다. 화를 낼 수 없는 상황이거나 분노의 원인이 된 상대에게 화내는 것이 제한될 때는 아무런 관계없는 사람을 공격하기도 한다. 부모에게 야단맞은 후 죄 없는 동생을 때리는 것이나 선생님에게 혼난 후에 쉬는 시간에 주변 친구들을 괴롭히는 것이 대표적인 예다. 하지만 '잘 표현하다'의 기본은 상대를 배려하는 마음이다. 상대의 감정을 상하게 하는 감정표현은 공감은 고사하고 친구마저 잃게 한다.

### 감정은 말로 표현해야 한다

옛날에는 '말이 많다'는 것을 부정적으로 생각하고 무뚝뚝한 것을 겸양으로 여겼다. 그래서 부부간에 사랑한다는 말조차 하지 않던 시절도 있었다. 우리 아버지 어머니 세대만 해도 그랬다.

하지만 신세대 부부들은 많이 다르다. 손을 잡거나 팔짱을 끼고 거리를 걷는 것, 서로에게 "사랑한다"고 말하는 것을 마다하지 않는다. 자녀들에게도 마찬가지다. 과거 아내와 자식 자랑을 '팔불출'이라고 흉보던 것을 생각하면 놀라운 변화가 아닐 수 없다.

말은 직접적인 감정표현의 수단으로 오해를 줄일 수 있다는 장점이 있다. 자신에게 유독 친절하게 구는 남자를 보면 '이 사람이 나를 좋아하나?'라고 생각하기 마련이다. 그러다 다른 사람에게도 친절한 것을 보면 그제서야 오해였다는 것을 알게 된다. 반대로 좋아하는 여자아이를 괴롭히는 남자아이들도 있다. 정작 마음으로는 좋아하면서 표현을 엉뚱하게 하는 것이다. 하지만 괴롭힘을 받는 여자아이는 남자아이가 싫기만 하다. 싸움을 하거나 그도 아니면 울어버리곤 한다. 남자아이의 마음을 모른 채 말이다. 말로 전달되지 않는 감정이 오해의 원인이 되는 것이다.

## 감정조절은 가정에서 시작된다

제아무리 건강하고 공부를 잘해도 청소년기 아이들의 감정은 언제 터질지 모르는 폭탄과 같다. 공부에 대한 스트레스, 미래에 대한 불안, 부모가 갖는 지나친 기대감이 아이를 예민하게 만들고 공격적으로 만들기 때문이다. 특히 공부로 인한 좌절을 경험하게 되면 자신을 실패자로 여기기도 하는데, 이때의 좌절감은 강력한 공격성으로 드러나게 된다. 사회적 좌절, 열등감, 소외, 배척을 경험하는 상황이 반복될수록 공격성은 더욱 크게 드러난다. 그러나 이때의 아이는 이미 부모나 교사의 통제 영역 밖의 존재다. 꾸지람이나 매로는 아이의 가야 할 길로 인도해낼 수 없다. 오히려 공격성을 더 크게 키울 뿐이다.

그러나 아이의 공격성을 바로잡아 줄 수 있는 시기도 있다. 첫 번째는 취학 전이다. 취학 전 아이들이 보이는 공격성의 대상은 주로 동생이다. 이때 '애들이 그렇지, 뭐', '나중에 어떻게든 되겠지'라고 생각하고 방치했다가는 땅을 치고 후회할지도 모른다. 부모에게 폭언과 폭행을 마다 않는 아이가 내 아이가 될 수도 있다. 요즘 신문에는 하루가 멀다 하고 매 맞는 부모, 친족 상해 및 살해와 관련된 기사가 올라온다. 모두 다 그런 것은 아니지만, 대부분은 맞벌이로 가정교육을 돌보지 못한 가정, 해체 가정의 이야기임을 알 수 있다. 애초에 드러난 공격성을 잡아줄 사람이 없었던 것이다. 아이의 공격성은 학교에 들어가면 심해질 수밖에 없다. 친구들을 향한 폭언과 폭력이 마치 자신을 영웅으로 만드는 듯한 착각을 하게 하기 때문이다.

아이가 자라면 수정할 수 없다. 애초에 잘못된 행동이라는 것을 깨닫게 해주어야 한다. 그리고 다시 말하지만 부모가 모범을 보여야 한다.

### 감정은 다스리는 것이다

성공한 사람들을 보면 지나치게 화를 내는 일이 없다. 또 기분이 좋다고 기분 내키는 대로 흥정거리지도 않는다. 대신 자신의 감정을 솔직하게, 절제해서 표현한다. 인성코칭이 감정관리에 주목하는 이유가 바로 여기에 있다.

어제와 다른 것이 없는 아침, 다른 것이 있다면 엄마 아빠의 감정뿐이다. 아이는 똑같은 시간에 일어나 아침을 먹다가 어제와 마찬가지로 밥알 몇 개를 상에 떨어뜨렸다. 그런데 갑자기 엄마의 불호령이 떨어졌다. "나이가 몇 살인데 아직도 밥을 흘리고 먹느냐"는 것이다. 어제는 "우리 아들 오늘도 잘 먹네" 하며 칭찬을 해주던 엄마가 말이다. 아이는 혼란스럽다. 하지만 이해는 한다. 어젯밤에 엄마 아빠가 부부싸움을 했으니까. 그날 이후 아이는 엄마 아빠가 부부싸움을 하게 되면 눈치를 보게 된다. 부모가 제 감정을 조절하지 못한 채 엉뚱하게 아이를 공격한 것이다. 아이는 또 하나를 배운다. 화가 나면 화를 내도 된다는 것을, 그것도 엉뚱한 제3자에게 말이다.

오늘날의 우리는 마치 집단 조우울증에 걸려 있는 듯하다. 특히 분노에 대한 감정조절을 전혀 하지 못하고 있다. 홧김에 이웃집에 방화를 하기도 하고, 욱해서 옆집 사람을 칼로 찌르기도 한다. 술 마시다 말다툼 끝에 친구를 죽이고, 훈계하는 교사를 주먹으로 때리고 발로 차는 일까지 한두 가지가 아니다. 분노를, 나아가 감정을 표현할 줄만 알았지, 조절하는 법을 배우지 못한 탓이다. 그리고 그 책임은 바로 부모와 교육계에 있다.

인생의 진정한 승리자는 자기 자신의 감정을 다스릴 줄 아는 사람이다. 그런 사람은 절망적인 상황에서도 나락으로 빠지지 않고 냉정하게 대처한다.

## 정보통신학교에서 만난 아이들

최근 들어 고등학생이 우발적이고 충동적인 감정을 통제하지 못해 부모를 살해하는 패륜범죄를 일으켰다는 기사를 자주 접하게 된다. 지난 수십 년간 성적만을 강요할 뿐 아이들의 인성에 관심을 갖지 못한 과오가 결과임을 생각하면 교육에 몸담고 있는 입장에서 참담한 심정이다.

일전에 나는 한 소도시의 정보통신학교에 방문한 일이 있다. 이전에는 소년원이라는 이름으로 불리던 곳이었다. 그러나 그곳에서 만난 아이들은 천진해 보이기까지 하는 그저 순수한, 아들 같은 중 · 고등학생들이었다. 그런데 안타까운 마음에 여기에 오게 된 이유를 물어보면 하나같이 "순간적으로 욱해서"라고 답했다. 순간적으로 감정을 참지 못했다는 것이다.

"애들이 처음에 사고를 치면 부모가 그때 아이를 반쯤 죽여서라도 그런 일을 두 번 다시 하지 못하도록 해야 해요."

정보통신학교에 오기까지 사고를 친 것이 한두 번은 아니라고 했다. 그럴 때마다 부모는 아이를 달래보기도 하고 매를 들기도 했다고 했다. 하지만 자신을 꺾을 만큼 부모가 적극적이지는 않았다고 했다. 사실 맞벌이가 많은 요즘 가정에서 아이의 일거수일투족에 관심을 갖기에 부모는 너무 바쁘고 기진맥진이다. 아이에게 무심해서가 아니라 여력이 없는 것이다.

"욱하는 감정을 참을 수 있어야만 원하는 미래를 그릴 수 있다."

내가 그곳 아이들에게 할 수 있는 최선의 조언이었다. 그곳에서는 화가 난다고 해서 마음대로 공격성을 보일 수 없다. 밖에서도 마찬가지여야 한다.

일단 참고, 다시 생각해보고, 상대 입장에서 한 번 더 생각한 다음에도 화가 가라앉지 않는다면 10까지, 아니면 100까지 세어보아라. 분노가 한층 고개를 숙였을 것이다.

# 입학사정관제 평가요소에 따른
# 전략적 인성코칭

## 왜 인성이 합격 키워드인가!

인성이 합격을 좌우하는 중요한 변수로 떠올랐다. 대학입학사정관제가 서서히 정착하면서 내신성적이나 수상경력 같은 것이 아닌 지원자의 인성으로 합격을 결정짓게 된 것이다. 하지만 학교생활만으로 학생의 인성을 판단하기란 쉽지 않다. 더욱이 고3 담임의 경우 짧게는 학생을 만난 지 몇 개월 안 된 시점에서 추천서를 써야 하기 때문에 현실적으로 어려움이 많다. 이런 경우 1, 2학년 때의 담임이나 교과 담당 교사의 말을 참고하는 것도 정확한 평가를 돕는 일이 될 것이다.

인성평가는 시험이나 자치활동이 아닌 선생님의 관찰에 의해 작성된 기록을 토대로 한다. 학생부가 그만큼 중요해진 것이다. 따라서 학생부의 행동특성 및 종합의견란이 보다 세부화되고 구체화되었다. 또 담임교사에게는 학생생활 규칙 준수, 평소 생활태도 등 학교생활을 핵심 인성 요소별로 구체적으로 기재해야 하는 책무가 주어졌다. 배려, 나눔, 협력, 타인 존중, 갈등 관리, 규칙 준수 등을 인성발달 관련 특기사항을 적어야 하는데, '배려' 활동을 많이 했다면 주간 단위로 해당 활동을 얼마나 했는지까지 자세히 기재해야 한다. 하지만 아직까지는 학생부에 인성평가를 기록하는 것이 교사의 의무사항은 아니다. 따라서 교사가 인성평가에 얼마나 관심을 갖고 있는지에 따라, 그리고 어떻게 기록하는지에 따라 그 결과가 달라질 수밖에 없다. 그런데 서류전형만으로 학생에 대한 자료가 부족하다고 판단될 때는 봉사활동이나 인터뷰 등을 통한 방문조사도 이루어지므로 과장되거나 거짓된 내용으로 작성하고 면접에 임하면 엉뚱한 결과를 볼 수 있다.

사실 이전에는 내신과 대학수학능력시험에서 높은 점수를 받기만 하면 좋은 대학에 합격할 수 있었다. 미국도 명문대학에 들어가기 위한 치열한 경쟁은 우리나라와 마찬가지다. 하지만 미국은 좋은 학생을 선발한다는 목표 아래 여러 가지 측면에서 노력을 기울이고 있다. 바로 지원자가 뛰어난 성적과 학습능력이 우수하다고 하더라도 정직이나 성실에 있어서 기준에 미치지 못한다고 판단되면 선발하지 않는다.

그런 의미에서 대학입학사정관제에서의 인성평가 도입은 도덕적 가치관이나 양심적인 행동을 높게 평가하고 정직과 성실, 열정과 도덕성이 성적보다 우선된다는 철학의 실천이다. 따라서 그간의 학교생활에서 보여준 태도로 배움에 대한 열정, 도전정신, 인내력, 성취도의 등급을 결정하고 종합적인 평가를 내린다. 때문에 성적이 낮아 합격을 장담하지 못했던 학생이 합격되고 성적이 높았던 학생이 불합격되는 일이 종종 벌어지게 된다. 자기소개서나 면접과정에서 지원 동기나 뚜렷한 열정, 자기이해, 인간관에 대한 분명한 가치관이 없다고 사정관들이 평가한 탓이다. 물론 판단의 근거가 다소 주관적인 만큼 보다 구체적인 평가 항목과 방법이 모색되어야 한다. 그렇다고는 해도 국·영·수만 잘하고 대인관계가 엉망이거나, 학교폭력의 가해자이거나, 또는 미래에 대한 도전정신과 꿈이 없어서는 대학에 갈 수 없다는 것은 자명해졌다.

# 대학 가려면 인성 및 대인관계 평가 항목에 관심을 가져라

입학사정관전형뿐만 아니라 교사 추천서 양식에도 공통적으로 인성 및 대인관계 평가 항목을 사용하는 대학이 확대될 것이다. 그동안의 성적 위주 선발에 비해 인성을 고려한 선발 방법은 국가백년대계를 위한 범국민적 패러다임의 일대 변혁이다. 그러나 이러한 입시제도를 확대·시행 중인 대학이 급증하고 있다는 사실에 더 많은 관심을 갖기보다 평가 항목을 눈여겨봐야 한다.

인성 및 대인관계는 모두 7개 항목에 대해 평가한다. 책임감, 성실성, 준법성, 자기주도성, 리더십, 협동심, 나눔과 배려가 그것이다. 물론 대학의 판단에 따라 문항 일부를 수정하는 것이 가능하다. 대학별로, 전공특성에 맞는 인성평가 항목을 추가할 수밖에 없기 때문이다. 그렇다 하더라도 위의 7개 항목들이 가장 기본이 된다. 여기에 앞서가는 대학일수록 자체적으로 인성평가 방법이나 기준 등을 구체적으로 세분화시킬 것이고, 그 평가를 학생 선발에 있어 중요한 기준으로 삼을 것이다. 면접 항목에는 학교생활기록부, 자기소개서, 교사추천서 등에 기재된 핵심 인성 요소를 나열하고 있다. 그런 다음 배려, 나눔, 협력, 존중, 갈등관리, 관계지향성, 규칙준수에 대해 질문함으로써 실제로 기재된 내용을 확인한다. 각종 지원서 및 추천서의 내용 구성 자체가 인성 위주로 작성될 것에 대비하여 세부항목별 면접 방법이나 내용도 분명하게 정해져 있다. 이제부터 인성평가나 대인관계를 준비하지 않으면 결코 좋은 결과를 기대할 수 없게 된 것이다.

따라서 대학에 가기 위해서는 고등학교 입학과 동시에 입학사정관 전형이 가장 큰 평가 요소로 강조하는 다음 평가 요소에 대한 철저하고 구체적인 전략과 준비가 필요하다. 인성평가 부분은 하루아침에 급조하거나 만들어질 수 있는 영역이 아니기 때문이다. 평소에 지구력을 높이는 것처럼 인성을 높이려는 부단한 노력 없이는 좋은 결과를 기대할 수 없다. 책임성, 성실성, 준법성, 자기주도성, 리더십, 협동심, 나눔과 배려 등을 평가한다. 학생들의 인성을 위해 가장 신경 쓰는 부분은 예술·체육 분야다. 또 학생들이 주도적으로 행사를 기획·진행하는 등의 동아리를 운영하는 과정에서 리더십을 키우고, 배려심을 배울 수도 있다. 스포츠클럽에 참여하면 친구들과의 협동심을 기르고, 위기상황에 대처하는 방법을 배울 수도 있다.

# 책임감

책임감responsibility은 대체로 어릴 때부터 부모의 양육방법에 의해 형성된다. 우리 주변에는 어른이 되고 결혼한 후에도 마마보이로 살아가는 사람이 의외로 많다. 대학생이면서 수강신청을 하는 데 부모의 의견을 묻거나 아예 부모가 대신 수강신청을 해주는 경우도 있다. 스스로 선택하고 결정하고, 그리고 그 결과를 책임지는 능력, 바로 책임감이 없기 때문이다. 하지만 이는 아이의 책임이 아니다. 아이를 향한 과도한 부모의 사랑이 만들어낸 결과다.

부모는 아이에 대해 막연한 불안감을 가지고 있다. 부모 눈에는 아이가 늘 부족해 보이고, 불완전해 보인다. 때문에 해줄 수 있는 것만큼 해주려 한다. 부모는 아이 곁에 늘 있어줄 수도, 필요할 때마다 도움을 줄 수도 없는데도 말이다. 결국 이렇게 양육된 아이는 부모의 그림자 내조에 길들여진 탓에 부모 없이는 매사가 불안하다.

부모의 과잉보호는 아이의 건강한 성장을 막는다. 뭔가 미숙해 보이고 불안전해 보이더라도 몇 번의 시행착오를 거치도록, 그래서 성숙의 기회를 만들어주어야 한다. 아이가 스스로 선택하고 결정하고 책임질 줄 아는 사람으로 변화될 수 있도록 해야 하는 것이다. 이를 위해서는 결정의 기회를 아이에게 맡기고, 아이로 하여금 목표를 세우도록 하는 것이 좋다. 목표는 결정의 순간에 중요한 기준이 되어준다.

한편 책임감이 있는 아이에게는 일일이 공부하라고 잔소리를 할 필요가 없다. 자신의 목표를 이루기 위해, 자신의 인생을 스스로 책임지기 위해 스스로 공부 계획을 세우고, 자신과의 약속을 지키기 위해 그 계획에 따라 공부하기 때문이다. 공부에 있어서 책임감만큼 중요한 동기는 없다.



# 성실성

칸트는 성실을 인간 성격의 기본적 특질이자 본질이라고 했다. 그런데 우리의 학교에서는 성실성faithfulness이 비교적 단순한 방법으로 평가되고 있다. 출석만 잘하면 성실한 학생으로, 결석이나 조퇴가 많으면 성실성에 문제가 있는 것으로 보는 것도 그중 하나다. 그러다 보니 개근상이 중요할 수밖에 없었다. 열이 40도를 오르내리는 아이를 업어서라도 학교에 보냈던 이유가 바로 여기에 있다. 직장에서도 성실성은 가장 높게 평가하는 항목이다. 이유야 상관없이 일단 결근을 하면 인사고과에서 불리한 점수를 받는다. 그만큼 조직생활이나 사회생활에서 성실성이 중요하다는 의미이기도 하다.

일반적으로 성실성에는 부지런하고 한결같다는 의미가 포함되어 있다. 하지만 더 중요한 것은 속임이나 거짓이 없는 양심적인 상태다. 출석도 잘하고 성적도 좋다고 하더라도 시험 때마다 커닝을 했다면 결코 성실하다고 할 수 없는 것이다. 또 남이 보는 데서는 착한 학생이었다가, 남이 보지 않는 데서는 친구들의 돈을 뺏고 폭력을 휘두른다면 역시 진정으로 성실한 사람이라고 할 수 없는 것이다. 남들에게 거짓 말을 일삼는 것 역시 성실하지 못한 것이다.

성실한 사람에게는 거짓이 없고, 남이 보든 안 보든 행동이 한결같 다. 거짓은 거짓으로 나에게 되돌아오는 법이다.



# 준법성

준법성observe the law은 말 그대로 규칙을 잘 지키는 것을 말한다. 집 단생활에서 준법성은 매우 중요하다. 사람이 모이는 곳에는 정도의 차 이는 있지만 반드시 규칙이 존재한다. 국가의 법, 회사의 사칙, 학교의 학칙이 그것들이다. 그중 학교에서는 학교선도위원회나 학교폭력대 책위원회가 준법의 여부를 판단하고, 그에 상응하는 상벌을 수여하는 역할을 담당하고 있다. 최근에는 학생들의 인권침해 소지가 교사의 신 체적 폭력이나 언어폭력을 비롯한 과격한 인격모독 행위에 있다며 이 역시 관리 대상으로 하고 있다. 따라서 벌점 점수제를 도입하고 어떤 일정 수준 이상의 경고에도 불구하고 지속적으로 문제가 발생했을 때 는 이를 가차 없이 학교폭력대책위원회에 상정하거나 자체 징계위원 회를 소집하여 그에 상응하는 처분을 내리고 있다.

준법성이 새삼 중요하게 떠오른 데는 학생들의 학교폭력이 늘어났

기 때문이다. 2012년 학교폭력사범 구속자가 333명으로 2011년[103명]에
비해 세 배 이상 늘어난 것이 그 증거다. 전체 학교폭력사범 중 구속자
비율도 2011년 0.5%에서 2012년에는 1.4%로 급증했다. 그만큼 폭력의
강도가 강해졌다는 의미다.

한편 모 대학교에서는 입학사정관제로 2012년에 입학했던 '봉사왕'
A씨의 합격을 전격 취소한 일이 있었다. A씨가 고2 때 지적장애 여중
생을 10여 명과 집단으로 성폭행했다는 사실이 드러났기 때문이었다.
A씨의 고교 담임교사가 이 같은 사실을 알고도 추천서를 통해 봉사왕
으로 둔갑시켜 버린 탓이었다. 대학 측은 '집단 성범죄 가해 전력을 은
폐하고 추천 교사의 허위 추천서를 제출함으로써 입학전형의 공정성
을 해하는 부정행위를 저질렀다'며 입학을 취소한다고 밝혔다. 양심을
속이고 위법 사실을 밝히지 않는 이에게 엄중 단호하게 조치한 것은
당연한 일이라 하겠다.

학교 홈페이지에 들어가면 학칙에 관한 자료를 얻을 수 있다. 여기
에는 학생이 규정을 위반했을 때 어떤 처벌을 받게 되는지, 그리고 규
정의 항목들이 무엇인지에 관해 상세히 설명하고 있다. 그런데 아이가
다니고 있는 학교의 학칙에 대해 살펴보는 부모가 얼마나 될까? '거의
없다'는 게 정답일 것이다. 대부분 '내 아이는 학교 학칙에 위배되는 일
을 하거나 어떤 사고나 문제를 일으키는 아이가 아니다'라는 생각을 가
지고 있기 때문에 굳이 학칙에 관심을 갖지 않는다. 하지만 학교에서
일어나는 모든 문제는 '내 아이만큼은 그럴 리가 없다'는 부모의 잘못
된 생각에서 비롯된다. 심지어 자기 아이가 가해자인데도 "아이들끼리

싸울 수도 있지 그게 뭐 대수냐"며 오히려 큰소리치는 부모도 있다.

학칙뿐만 아니라 우리를 둘러싼 모든 규칙에 위배되는 일이 없도록 하기 위해서는 무엇이 잘못인지 부모가 정확하게 알고 있어야 한다. 그리고 모범이 되어야 한다. 자신은 시시때때로 가족에게 신체적·언어적 폭력을 행사하면서 아이에게는 그러지 말라고 해봤자 아무 소용이 없다.




# 자기주도성


자기주도성initiative, self directed learning이란 아이가 혼자 무엇을 독단적으로 시작해서 고집스럽게 끌고 가려 하는 행위에 대한 이야기가 아니다. 상황에 따라서는 '누군가와 상호적으로 이끌어가는 능력'이기도 한 것이다. 어릴 때부터 자기 스스로가 무엇도 시도해보지 못한 아이들에게 자율성이나 자기주도성을 바라는 것은 힘든 일이다. 취학 전 아이들이 경험하는 세계는 취학 후 학습능력과도 밀접한 관련이 있다. 또 성인이 되어서도 마찬가지로 상당한 영향력을 행사한다. 특히 자기주도성은 학습결과에 결정적인 역할을 하기 때문에 매우 중요하다.

그렇다면 자기주도성은 어떻게 형성되는 것일까? 일단 부모가 가장 큰 역할을 한다. 대부분의 부모들은 아이가 놀이를 할 때도, 책을 읽을 때도 아이 스스로 해내는 것을 천천히 기다리지 못한다. 블록을 쌓을 때도 대신 해주고, 마치 아이가 해낸 것처럼 호들갑을 떤다. 실제로 아이는 제 손으로 한 것이 아닌데도 칭찬을 받는 셈이 된다. 이런 상황에서 스스로 해야 한다는 생각을 갖기는 어렵다. 중요한 것은 기다려주는 것이다. 그 인내의 끝에서 얻을 수 있는 것이 바로 아이의 자기주도성이다.

아이가 학교에서 얼마나 능동적으로 학교활동에 참여했는가를 알 수 있는 자료들은 많다. 시험성적, 동아리 활동, 방과 후 학습, 각종 대회 수상경력 등……. 물론 부모의 강요에 의한 것도 있다. 그렇다 하더라도 중학생 때까지일 뿐이다. 고등학생이 되면 부모가 아이의 모든 것을 통제하기 어렵다. 종국에는 자기주도성에 의해 결정된다.

학습 환경이 아무리 좋아도 아이의 직접적인 참여 없이는 더 좋은, 특히 창의적인 결과물은 얻을 수가 없다. 창의 없이는 앞으로 나아갈 수가 없다. 제자리걸음만 하거나 남의 뒤만 따르게 된다. 대학입학사정관전형에서 자기주도성을 학생 선발의 기준으로 삼은 이유가 바로 여기에 있다.


**핵심 인성 평가항목 5**
# 리더십


리더십leadership은 자신의 잠재능력을 인정받을 수 있는 외형적 특성 중 하나다. 인적 네트워크를 형성할 수 있는 주요 능력이기 때문이다.

리더십이 있는 사람은 어느 곳에서나 어떤 사람들과 있어도 무리를 이 끈다. 또한 번쩍이는 아이디어가 있다. 동일한 상황에서 아무도 생각지 못하는 것을 끌어낼 수 있는 보이지 않는 힘을 가지고 있다.

가정이 행복하려면 아버지가 리더십을 보여야 한다. 가족 구성원에게 기준 없이 이리저리 끌려다니다 보면 그 가정은 갈 방향을 잃게 되고, 잘못하면 정신적으로 붕괴될 수도 있다.

학급도 마찬가지다. 학급대표에게는 기량을 발휘하여 학습을 선도적으로 끌고 가야 임무가 있다. 학급대표나 전교대표, 동아리회장이라는 직함을 가졌다고 무조건 '리더십이 있다'고 평가되는 것이 아니다. 리더가 되기 이전과 된 이후에 이끌고 있는 집단에 어떤 변화가 있었는지, 그가 어떤 변화를 이끌었는지가 리더십의 평가 기준이 된다.

그렇다면 리더는 어떤 자질을 가지고 있어야 하는 것일까?

먼저 리더는 언행이 일치되어야 한다. 말과 행동이 일치될 때 구성원의 신뢰를 얻을 수 있기 때문이다. 리더는 계획적이고 목표 지향적이어야 한다. 목표 없는 배는 산으로 간다. 항로를 모르는 배는 목적지에 가지 못하고 헤맬 뿐이다. 리더는 과감한 실천을 할 줄 알아야 한다. 결정을 내리지 못하고 망설이는 리더를 따라갈 사람은 없다. 리더십은 신체적 덩치에서 나오는 것이 아니다. 내면의 자기존중감과 자기주도성이 강하게 결합되었을 때 밖으로 표출되는 것이다.

대학입학사정관전형에서는 '리더십'과 '협동성'을 종합의견과 봉사, 동아리활동 등을 통해 확인하고 이러한 항목들을 유기적으로 평가한다.

# 협동심

대학입학사정관제가 실시된 후에 나타난 변화는 학생들이 동아리 활동에 적극 참여하고 있다는 것, 그리고 학교에서 동아리 활동을 적극적으로 지원한다는 것이다. 동아리 활동이 협동심cooperation을 평가하는 중요한 요소가 되었기 때문이다. 실제로 동아리 활동은 협동심을 가시적으로 확인할 수 있는 최선의 항목이기도 하다. 재능 개발과 취미 생활이라는 목적 외에도 공동체 생활 속에서 발생하는 다양한 스트레스를 해소하는 과정에서 정상적이고 건전한 인격, 그중에서도 협동심 형성에 중요한 역할을 하기 때문이다.

협동심이 없는 사람은 개인주의, 이기주의로 치우치기 쉽다. 협동심은 공동체를 통해서만 가능하다. 그리고 자신의 인내심 없이는, 다른 사람에 대한 배려 없이는 절대로 가능하지 않다. 즉, 협동심은 더불어 살아가야 하는 사회 속에서 반드시 필요한 덕목이다.


# 나눔과 배려

나눔과 배려sharing and considerations는 기본적으로 다른 사람을 대상으로 한다. 그러나 어려운 것도, 멀리에서 찾아야 하는 것도 아니다. 가정에서는 형제나 부모, 학교에서는 친구나 선생님도 그 대상이 될 수 있다.

　나눔과 배려는 그 행위 자체만으로도 아름답다. 그렇다고 대단한 것, 나의 큰 희생을 전제로 하는 것은 아니다. 나눔과 배려는 베푸는 사람에게는 별것 아닌 것이 대부분이다. 그러나 베풂을 받는 사람에게는 큰 사랑이 되고, 감동이 된다. 문제는 베푸는 사람의 마음이고 감정이다. 거짓된 마음으로, 봉사 점수를 받기 위해서 하는 나눔과 배려는 상대에게 감동을 줄 수 없다. 또 상대를 얕잡아 보는 마음으로 하는 행위는 진정한 나눔과 배려라 할 수 없다. 나눔과 배려는 상대방의 정서적인 기분이나 감정을 고려하는 것에서 출발해야 하는 것이다. 제아무리 많은 도움을 준다 해도 자존심에 상처를 입거나 인격적인 모멸감을 느끼면서까지 도움을 받고 싶어 하는 사람은 아무도 없다. 차라리 안 받고 기분 상하지 않는 것을 택한다.

　그런데 우리는 사회복지시설의 활동이나 장애인에게 도움을 주는 것을 엄청난 나눔과 배려의 실천으로 여긴다. 그런 곳에서 봉사활동을 해야만 봉사한 것으로 인정해주는 우리 교육도 문제다. 그래서 아이 대신 복지시설에 가서 봉사를 하고 아이의 봉사시간을 인정받은 엄마가 있고, 자기는 손 하나 꼼짝하지 않고 그 점수로 대학을 가는 아이가 있는 것이다.

## 자기소개서 한 장의 비밀

자기소개서 한두 장이라고 하면 대부분의 사람은 별로 대수롭지 않게 생각한다. 그러나 이렇게 짧은 분량에 비해 고입시험이나 대학입시는 물론이고 나중에 취업할 때의 입사지원 서류에도 약방의 감초처럼 빠질 수 없는 것이 자기소개서다. 1차 서류전형을 통과해야 2차 면접에 갈 수 있는 걸 기억하면 자기소개서 한 장 속에 어떤 내용을 충실하게 논리적으로 정리하느냐가 합격과 불합격을 결정짓는 중요한 열쇠임을 알 수 있다.

자기소개서에는 그 사람이 살아온 모든 성장과정의 비밀들이 고스란히 기록되어 있다. 개인의 학습능력의 결정판이요, 지적인 능력을 입증해 보이는 졸업장이기도 하다. 또 성장배경을 통해 부모의 능력과 가르침이나 그 사람의 됨됨이, 즉 인성과 성격 등을 파악할 수도 있기 때문이다. 또한 자기소개서에는 지나온 과거뿐 아니라 현재의 삶과 미래에 대한 비전까지 모두 함축적으로 담겨 있어야 한다. 오늘보다 내일을 향한 힘찬 발걸음과 가슴 뛰는 열정들이 담겨 있어야만 합격의 기쁨을 맛볼 수 있다.

그런 의미에서 자기소개서는 과거의 블랙박스이자 미래의 내비게이션으로서의 역할을 다해야 한다. 지나온 과거의 히스토리를 모두 기록하고 있는 블랙박스에 앞으로 어떤 방향으로 인생의 꿈을 펼칠지 미래 방향설정을 보여주는 내비게이션의 기능이 담겨 있어야 한다. 내비게이션은 출발 전에 목적지를 분명하게 설정해야 안전하게 목적지에 도달하게 해줄 수 있다. 만약 운전 중에 목적지를 설정하거나 변경한다면 안전사고의 위험이 도사리고 있다. 다른 목적지에 도착하기 전에 더 큰 경제적·신체적 손실을 초래할지도 모른다. 대학 진학할 때도 학과나 전공에 대한 분명한 목표의식이 설정되어 있어야 그 길을 갈 수 있다. 그저 점수에 맞춰 자기가 원하는 바와는 상관없는 학과를 선택해서는 비전을 가질 수도 없을 뿐더러, 그렇게 대학을 다녀봤자 자신의 정체에 대한 혼란만 야기할 뿐이다. 중도 포기, 결코 남의 일이라고는 할 수 없다. 전과를 하거나 어렵게 합격한 대학을 포기한 채 재수의 길을 선택하는 이들이 늘어나는 것도 다 그 때문이다.

자기소개서는 본래 누군가가 대신 써주어서는 안 되는 것이지만 그동안에는 입시 전문 컨설팅 업체나 학원에서 대필해주는 경우가 비일비재했었다. 하지만 이제는 컨설팅 업체에 기대하기 어렵다. 표절이나 대필 정도를 검색해내는 프로그램까지 동원되고 있으며 심층면접이 강화되고 있기 때문이다. 따라서 자기소개서를 작성할 때는 자신만의 특별함을 보여주되, 과장하거나 허위 사실을 기재하지 않는 것이 좋다. 자신의 실적을 보여주기 위한 결과물에 비중을 두기보다 오히려 내면의 변화와 갈등이 발생했을 때 어떻게 관리하며 해결했는지의 과정을 구체적으로 기술하는 것이 실제적으로 더 많은 관심과 호감을 불러일으킨다. 또 문장을 쓸 때는 군더더기가 많거나 상투적이거나 진부한 표현들을 피하고, 명료하고 진실된 자기만의 특색 있는 표현으로 자기소개를 하는 것이 좋다.

그러면 대학 입시를 위한 자기소개서는 어떻게 써야 할까?

입시나 입사에서 비교적 결정적인 역할을 하는 자기소개서는 내용구성이나 맞춤법, 문법, 문단 구성, 문장 구조 등 형식적인 측면에서 틀림이 없어야 한다. 정확하고 매력적인 문장을 구사할 수 있다면 더할 나위 없다. 학교 홈페이지를 통해서 사전에 파악할 수 있는 정보도 중요하다.

또한 입학사정관전형의 특징상 자기소개서는 대학의 특성뿐만 아니라 지원한 학과의 특징과 개인의 개성까지 포함하여 구체적으로 작성해야 한다. 물론 출신학교 전문가들까지 동원한 학원에서 특정 학교나 학과 특성에 맞는 코칭 형태의 개인지도를 하기도 한다. 하지만 이러한 곳들을 기웃거리기보다는 정정당당하게 준비하기를 권한다. 이를 위해서는 중·고등학교 때부터 자기가 희망하는 학과나 대학을 정한 후 전공에 대한 이해를 높일 수 있도록, 그리고 진학이 가능하도록 사전에 집중적으로 탐색하는 경험이 필요하다.

가장 좋은 방법은 방학 동안에 대학 탐방을 통해 실제 대학에서 공부하고 있는 선배들이나 주변 사람들의 정보를 듣는 것이다. 그런 의미에서 주변 사람 중에 동일 학과에서 현재 공부를 하고 있거나 비동일 학과라고 해도 같은 학교 재학생들을 통한 만남은 매우 중요하다. 진로를 결정하는 데도 많은 도움이 될 것은 물론이다. 뿐만 아니라 학교의 생생한 이미지나 전공자로서 날카롭게 비판하고 문제점을 제기해주는 정보를 듣게 되면 사실에 입각한 자기소개서를 작성할 수 있게 된다. 실재 면접장에서 받을 수 있는 유사한 질문에 대해서도 철저하게 준비할 수 있다. 자기소개서 질문 중에 지원동기를 묻는 문항과 학업 및 진로계획을 묻는 문항은 지원자가 소신껏 자신 있게 대답해야 하는 중요한 문항이다. 따라서 사전에 스스로 준비한 사람의 대학지원 동기는 그렇지 않는 사람과 확연한 차이를 보일 수밖에 없다.

그러니 이제부터라도 다른 사람이나 컨설팅의 도움을 받아 자기소개서를 작성해야겠다는 생각은 일찌감치 버려야 한다. 그저 자기소개서의 내용을 스스로 쓸 수 있도록 연습하고 또 연습하는 반복 훈련이 가장 효과적이다. 그래야만 입학사정관전형을 통한 질문에 충분한 답변을 할 수 있다. 특히 인성 심층면접에서는 자기소개서를 바탕으로 사실 여부를 확인하는 질문을 쏟아내기도 한다. 하지만 자기소개서에 있는 내용만 확인하는 것에서 그치지 않는다. 자기가 직접 작성한 정도의 범위라면 어떤 질문을 하더라도 당연히 내답할 수 있을 법한 내용으로 재구성하여 질문을 던진다. 인성 심층면접에서는 겉으로 드러난 빙산을 묻지 않는다. 그 깊은 바다 속에 감추어진 내면을 대상으로 하는 심층 질문을 던진다. 만약 대필을 했다면 아무리 그 내용을 달달 외웠다고 해도 중간에 막힐 수밖에 없다. 임기응변식의 답변을 준비해서는 입학사정관들의 공격에서 쉽게 벗어날 수는 없다는 말이다.

소설 같은 이야기들로 지면을 채우기보다 솔직하고 진솔한 자신의 생각과 미래 방향을 확실하게 펼치는 것이 중요하다.

# 아이의 미래를 디자인하다,
# 학습코칭
## — 성적은 공부력에 달렸다

# 학습코칭이란 무엇인가?

## 학습코칭은 자기주도적인 학습의 시작이다

부모에게 최대 관심사는 아이의 공부라고 해도 과언이 아니다. 때문에 학습코칭에 대한 관심도 크다. 코칭이 학습결과와 밀접한 상관관계에 있기 때문에 더욱 그렇다. 그러나 이러한 부모의 관심에도 불구하고 아이들은 여전히 학습에 대해 어려움을 호소한다. 잘못 형성된 학습습관 때문이다. 습관은 오랜 시간에 걸쳐서 형성되기 때문에 하루아침에 쉽게 고치기 어렵다. 하지만 일단 잘못된 습관이라는 것을 깨달았다면 반드시 과감하게 수정해야 한다. 그리고 학습습관은 코칭에 따라 얼마든지 수정이 가능하다. 일부 수정을 통해 향상된 결과를 체험하게 된다면 수정의 속도는 더욱 빨라질 수 있다. 자동적으로 학습동기가 형성되기 때문이다. 학습동기는 바로 자기주도적인 학습의 시작이다.

아이에게 혼자 차분하게 학습하기를 좋아하는 독립적인 학습습관이 형성되었다면 지나친 잔소리나 간섭은 독이 된다. 아이가 코칭을 필요로 할 때 한두 번씩 챙겨주는 정도가 적정하다. 그 이상의 관심은 자율적인 행동을 통제하는 결과를 초래하여 하던 공부도 하지 않을 수 있다. 독립성이 강한 아이들은 스스로가 자기의 일을 잘 챙긴다. 따라서 결과에 대한 칭찬이나 격려만으로 충분하다.

하지만 부모나 주변 사람의 잔소리가 없으면 꼼짝도 하지 않는 의존형 아이들도 있다. 학교에서 숙제를 내주지 않는 한 책을 잡는 일이 없고, 당연히 자율학습은 기대하기 어렵다. 심지어 일일이 부모가 곁에서 챙겨주지 않으면 아무것도 하지 않기도 한다. 아이의 자율을 존중한다고 내버려 두었다가는 숙제를 하는 날보다 하지 않는 날이 더 많아지게 되고, 결국에는 선생님께 혼나는 것에도 면역이 생겨버린다. 이런 아이에게는 칭찬과 격려로만은 충분하지 않다. 코칭이 보다 권위적인 분위기에서 이루어져야 한다. 그리고 자율성을 심어주는 것, 지적 호기심을 키워주는 것에 집중해야 한다.

아이들이 의존형이 된 것은 어릴 때부터 누군가가 대신해주는 것에 익숙해진 탓이다. 자율성에 대한 코치를 받지 못한 것이다. 게다가 의존형 아이일수록 자기의 요구사항을 거절 당해본 경험이 적다. 결국 누군가가 대신 해주겠지, 내 맘대로 해도 돼, 하는 생각의 성 속에 자신을 가두어버렸다. 이런 아이에게 "공부는 스스로 하는 것이란다"라는 말은 씨가 먹히지 않는다.

의존적인 학습습관에서 벗어나게 하려면 학습자에 적합한 경쟁심리를 자극하는 것도 한 방법이다. 자율적인 학습습관이 형성되어 있는 친구와 공부하는 기회를 마련하여 선의의 경쟁을 펼치게 하는 것이다. 그렇게 되면 자신도 잘하고 싶다는, 인정받고 싶다는 의욕을 갖게 되기 때문이다. 의욕은 곧 동기가 되고, 동기는 성취감을 느끼게 한다. 그러나 지나치게 경쟁심을 유발하거나 아이가 자신의 무능함을 인정할 정도의 상황을 연출하는 것은 오히려 부정적인 결과를 낳을 수 있으므로 주의해야 한다.

## 떡잎부터 가르치기

습관은 성공과 실패를 좌지우지한다고 한다. 그래서 '노력은 성공의 어머니'라는 말도 있는 것이다. 여기서 노력은 일상생활 속에서의 작은 습관이 기본이 된다. 이를 다시 말하면 작은 습관이 인생의 삶을 지배한다는 의미다. 곧 성공은 '좋은 습관'을 지니는 것에서 비롯된다.

좋은 습관은 하루아침에 만들어지는 것이 아니다. 어릴 때 일상생활을 통해 조금씩 형성된다. 그런데 이 시기의 아이는 부모의 직접적인 간섭과 돌봄을 받는다. 따라서 부모에게는 아이의 일상생활이나 공부 습관을 바람직한 방향으로 이끌어야 할 의무가 있다. 좋은 습관을 가질 수 있도록 코칭을 해야 하는 것이다.

어린 나뭇가지에 굵은 철사를 대고 묶어두면 나무를 원하는 모양으로 만들 수 있다. 또 일정 기간이 지나면 철사를 풀어버려도 모양이 크게 변하지 않는다. 여기에서의 철사는 사람에게는 좋은 습관을 만들어주는 부모의 코칭이라 할 수 있다. 다시 말해 부모의 역할은 일상생활이나 학습에서의 좋은 습관이 자리 잡을 수 있도록 방향을 설정해주고 올바른 모형을 세워주는 것이다. 그런데 중요한 것이 있다. 나무도, 사람도 시기를 놓치면 안 된다는 것이다. 다 자란 나뭇가지에는 철사를 끼울 수가 없다. 사람도 마찬가지다. 분재를 만들듯 중요한 시기를 놓치지 않고 코칭을 해주면 되는 것이다.

문제는 언제가 적절한 시기인가, 하는 것이다. 돌도 안 지난 아이에게 배변훈련을 시킨다고 변기에 앉히게 되면 부작용만 생길 뿐이다. 배변은 성격이나 대인관계에까지 영향을 미치는 중요한 일이다. 따라서 아이의 성장 정도에 맞는지를 확인하고 과제를 부여해야 큰 부작용이 없다. 물론 지나치게 늦어서도 안 된다. 앞에서도 언급했지만 시기를 놓쳐서는 교정이 쉽지 않기 때문이다.

아이가 하고 싶은 대로 하게 내버려 두었다고 하자. 시간이 지나 아이가 자란 다음에 규칙을 가르치려 한다고 해서 아이가 순순히 따라줄까? 다 자란 나무를 보기 좋게 만든다고 억지로 방향을 틀다 보면 가지만 꺾을 뿐이다. 설사 원하는 모양이 잡혔다고 해도 고정시키려면 어린 나뭇가지에 사용하는 철사로는 불가능하다. 더 굵고 튼튼한 철사를 이용해야 한다. 그리고 오랫동안 교정을 해야 한다. 시간도 더 필요하고 고통도 더 큰 것이다.

유치원에서 만들어진 학습태도는 초등학교로 이어지고, 고학년이 될수록 단단하게 자리를 잡는다. 이때 학습태도가 마음에 들지 않는다고 부모가 제재를 가하려 하면 부모와의 대립만 야기한다. 아이로서는 이제까지 괜찮았던 행동들이 '잘못'이라는 부모의 태도에 혼란스럽기만 하다. 귀에도 마음에도 들리지 않는다. 결국 사이만 나빠지게 된다.

한편 대부분 부모들은 사회성이나 단체 생활을 익히게 한다고 아이를 어린이집이나 유치원에 보낸다. 그러나 단지 사회생활을 가르치기 위한 목적이라면 유치원에 보내지 않아도 된다. 부모와의 생활 속에서 더 반듯한 사회성을 키울 수 있다. 게다가 또래집단에서는 통제받는 생활을 하다가 집에서는 자유로운 생활을 하게 되면 오히려 아이에게 혼란만 줄 뿐이다. 따라서 부모는 아이에 대한 코칭을 남에게 맡길 수 있다고 생각해서는 안 된다.

# 학습코칭, 공부력을 키워주다

아이는 초등학생 때 주도적인 학습의 초보단계에 돌입해야 한다. 스스로 학습이 가능할 때까지 일정 시간을 정해 혼자 학습하도록 훈련한다. 이때 코치로서 부모의 역할은 반드시 그 결과를 확인하고 칭찬하는 것이고, 또 아이의 상태에 맞게 점진적으로 학습량을 조절해주는 것이다. 또한 초등학교 과정은 기초학습능력을 배양하는 과정이다. 따라서 고학년으로 올라가기 전까지는 기초학력 진단을 통해 실력의 향상 정도를 파악하고 그에 따른 조치를 취해야 하는 것이다. 가령 기초학력이 부족하다 여겨지면 방학을 이용한 개인지도나 보충학습으로 보강할 수 있다. 기초학력이 충분히 갖추어져야만 나름대로의 성취감을 맛볼 수도 있고, 그로 인해 다음 단계의 학습에 대한 흥미가 생긴다. 성취감과 흥미는 자기주도학습을 가능하게 하는 힘, 바로 공부력의 근간이 된다.

중학교는 자기주도학습이 본격적으로 시작되는 단계이자 진로를 선택하는 일차 예비 관문이다. 바로 인문계와 실업계를 결정해야 고등학교 3년간의 경주가 이루어지는 것이다. 이때 자칫 초등과정의 기초학력이 부족하게 되면 학습동기의 상실로 이어지기 쉽다. 나아가 학교생활 자체에 적응하지 못할 수도 있다. 또 요즈음 학습은 단순 암기과목보다는 원리와 개념을 창의적으로 도출해내는 과정을 중요시한다. 따라서 단계별 학습능력이 무엇보다 중요한데, 학습량 자체가 초등학교와 비교할 수 없을 정도로 많다 보니 일단 뒤처지면 단번에 따라가기가 쉽지 않다. 특히 국어, 영어, 수학과 같은 주요 교과목은 단기간에 학습할 수 있는 내용이 아니다. 기초가 튼튼하지 않으면 쉽게 접근할 수도 없다. 따라서 뒤처졌거나 부족한 부분이 있다면 입학 전에 초등학교 고학년 과정을 다시 한 번 복습하는 기회를 갖는 것이 좋다.

기초학력과 더불어·중요한 것이 있는데, 바로 스스로 시간을 관리하는 능력을 이때부터 훈련해야 하는 것이다. 중학교부터는 항상 시간에 쫓기게 된다. 따라서 집중적인 학습이 이루어질 수 있도록 별도의 학습시간을 배정하는 등 철저하게 시간을 관리해나가는 것이 중요하다.

# 학습코칭, 학습결과를 분석하다

일단 아이가 학교를 다니면 부모는 아이의 학습에 대해 손을 놓는 경우가 간혹 있다. 그러나 학습코칭은 학교뿐만 아니라 가정에서도 이루어져야 한다.

일단은 아이의 학교 성적을 분석해봐야 한다. 교과별로 어떤 차이를 보이는지는 금방 알 수 있다. 또 중간고사와 기말고사의 성적 변화를 살펴보면 아이의 주의집중력이 보인다. 학원에서 보충학습을 하거나 개인과외를 집중적으로 받는 과목과 그렇지 않는 과목의 차이도 파악할 수 있다.

수개월 동안 학원이나 과외로 보충학습을 하는데도 투자한 시간만큼의 결과가 나오지 않는다면 문제의식을 갖고 해결점을 찾아야 한다. 만약 아이의 기초 선행학습이 제대로 이루어지지 않아서 보충하는 과정에 있다면 좀 더 기다릴 필요는 있다. 하지만 언제까지 기다리기만 해서는 안 된다. 대부분의 학원이 개인적인 수준을 평가한 후 그 실력에 맞춰서 반을 편성하고 지도 내용을 정하지만, 막상 하루하루의 학교 성적관리에 초점을 맞추기 때문에 기초가 부실한 줄 알면서도 현상 유지에 급급하다. 기초가 부실하면 아무리 좋은 교사가 있어도 한계에 부딪칠 수밖에 없다.

정확한 코칭을 하기 위해서는 학습의 문제점을 철저히 아이 중심에서 살펴봐야 한다. 무엇을 잘하는지, 무엇을 못하는지 확인해야 하는 것이다. 벌을 주기 위해서, 야단을 치고 채근을 하기 위해서 하는 확인이 아니다. 잘하는 과목과 못하는 과목의 공부방법에 차이가 있는지를 확인하기 위해서다. 그리고 잘하는 과목은 계속 잘할 수 있도록 동기를 부여해주고, 못하는 과목이나 싫어하는 과목은 싫은 이유를 의논함으로써 개선될 수 있도록 용기와 격려를 주기 위한 확인이어야 한다. 부모의 일방적인 강요나 채찍은 올바른 코칭이 아니다.

성적이 나쁜 과목의 경우 친구가 학습하는 방법을 관찰하게 함으로써 벤치마킹하도록 하는 것도 좋은 방법이다. 친구의 공부방법을 관찰하게 함으로써 자신의 공부방법에 어떤 문제가 있었는지 스스로 깨달을 수 있다면 그보다 더 좋은 방법은 없다. 물론 개인적인 특성이나 능력, 적성에 따라 학습의 결과는 각기 다양하게 나타난다. 그렇다고는 해도 공부를 잘하는 아이와 그렇지 않은 아이 사이에는 학습요령이나 학습습관, 학습방법에 큰 차이가 있다는 것은 분명한 사실이다.

하기 싫어서 안 했는데 성적이 잘 나오기를 바라는 것은 어불성설이다. 그러나 열심히 하는데도 성적이 나오지 않는다면 기초학습이 부진했던 것은 아닌지, 공부하는 환경이 적절하지 않은지를 확인해봐야 한다. 즉, 숙제검사를 하듯, 1등이 아니면 안 된다는 식으로 학습결과를 확인하는 것은 아이와 학습을 보다 멀어지게 만드는 요인이 된다. 잘하면 무엇 때문에 잘하고, 못하면 무엇 때문에 못하는지를 파악하기 위한 확인이어야 하며, 이는 보다 좋은 학습여건을 만들어주기 위한 부모의 의무이자 관심이다. 부모의 관심이 크고 세심할수록 아이의 성적은 좋기 마련이다.

# 학습코칭, 객관적으로 접근하다

'내 아이가 혹시 천재가 아닐까'를 의심하는 부모가 참으로 많다. 정부도 영재교육에 많은 관심을 기울이고는 있다. 물론 부모들의 관심은 그 이상이다. 아이들의 인지능력이 생각 외로 높기 때문이다. 그러나 이는 부모의 착각이다.

부모들은 내 자식이라면 무조건 실력이 뛰어나고 최고라고 여기는 과대망상의 경향이 있다. 이 한 가지만 보더라도 부모가 객관성 확보에 얼마나 허술한지를 알 수 있다. 자기 눈에 들보를 볼 수 없듯이 자녀를 객관적으로 평가하지 못하고 주관적으로만 생각한다. 아이가 어릴수록, 특히 학습의 초기 단계에서 부모의 눈에는 아이가 영재나 천재로 보인다. 대부분의 과외교사나 학원교사가 아이가 뛰어난 머리를 가지고 있다고 칭찬하는 것 역시 부모의 주관적인 환상에 부합하기 위한 상술일 뿐이다. 머리가 나쁘다던가, 주위산만의 정도가 지나치다는 등 아이에 대한 객관적이지만 비난으로 들리기 쉬운 말을 했다가는 바로 소위 잘리기 때문이다.

그러나 막상 아이를 학교 교실에 앉혀놓고 보면 결코 그렇지 않다. 그리고 학년이 올라갈수록 현실은 부모 눈에 쓰인 콩깍지를 벗겨낸다. 적어도 옆집 엄마의 입장에서 평가하고자 하게 된다. 이쯤 되어야 교사의 충고도 귀에 들어온다. 그렇다고 부모들의 근성이 쉽게 변하는 것은 아니다. 아이의 능력 부족이 마치 부모의 무능으로 와전될까 전전긍긍하며 부정적인 평가에 알레르기 반응을 보인다. 그러나 객관적인 평가는 빠르면 빠를수록 좋다. 늦으면 늦은 만큼 아이는 학습에서 멀어진다. 초등학교에서 배워야 할 기초학습 내용을 제대로 습득하지 못할 수도 있다. 무엇보다도 부모의 집착과 욕심으로 부모와 아이 모두 스트레스를 받을 수 있다. 가정에서의 코칭에서 부모의 역할이 중요한 것처럼 학교에서는 교사의 역할이 중요하다. 교사가 어떤 역할을 하고, 어떤 능력을 발휘하느냐에 따라 영재가 둔재가 될 수도 있고, 둔재가 영재가 될 수도 있다.

아이들을 관찰해보면 유난히 한 놀이에 집중을 잘하거나 어려운 과제를 생각보다 빨리 해결하는 등 남다른 문제해결 능력을 보이는 아이가 있다. 학습능력이 뛰어나 또래보다는 자기보다 나이가 많은 아이들과 어울리거나 혼자 노는 것을 선호하는 아이도 있다. 이런 아이들은 이후 학교에 입학하게 되면 또래와 배우는 학습내용을 시시하게 여기게 된다. 결국 학습부적응상태에 빠지기 쉽다. 문제학습자가 되는 것이다. 이들 대부분은 정신연령이나 학습능력이 높은 반면에 사회성이 낮다. 또래생활, 집단생활 자체가 힘든 것이다.

학습에 흥미를 느끼지 못하고 진도를 따라가지 못하는 아이들에게는 다음과 같은 몇 가지 공통점이 있다.

첫째, 학습에 부진한 아이들은 주의집중력이 결핍되어 있다. 공부하기 위해 책을 펼쳐도 집중하는 것은 10~20분이 고작이다. 그 후에는 이 책, 저 책을 펼쳤다가 덮었다가를 반복한다. 그러니 책 한 권을 다 읽기가 하늘의 별 따기만큼 어렵다. 책에 대한 흥미를 전혀 느끼지 못하기 때문일까? 그렇다고만은 볼 수 없다. 다만 집중하는 데 힘이 들고, 집중하는 시간이 짧을 뿐이다. 이는 학습능력과도 직결된다. 그렇다면 왜 주의력이 결핍되어 있거나 산만한 것일까? 주의력의 문제는 아이의 정서적인 불안이나 학습 흥미 상실에 영향을 받기도 한다. 시험에 대한 불안감이 지나치게 높을 경우, 지나치게 실패를 두려워하는 경우, 가정이나 친구관계에서의 불화로 초조한 경우 아이는 신경이 분산되는 만큼 집중을 할 수 없게 된다. 따라서 코치로서 부모는 아이의 주의가 산만하다면 아이에게 불안감을 주는 것은 없는지 살펴봐야 하는 것이다. 부부간에 불화를 겪고 있다면 아이에게 그럴 수밖에 없는 형편에 대해 잘 설명해주고 이해를 구해야 한다. 간혹 부부싸움이 잦거나 부부가 이혼을 하는 경우 간혹 아이는 자신 때문에 그렇게 되었다는 피해의식을 가지면서 자존감에 상처를 입기도 한다. 자존감이 낮은 아이는 제 일에 집중하지 못하고 다른 사람들의 눈치를 본다. 그만큼 주의가 산만해지는 것이다.

둘째, 학습에 부진한 아이들은 오늘 할 일을 내일로 미룬다. 수업 중에 이해가 되지 않는 부분이 있으면 그 시간에 질문을 해서, 또는 집에서 복습을 통해 문제를 해결해야 한다. 그것이 바람직한 학습태도다. 그러나 소위 공부를 못하는 아이들을 보면 "나중에"라는 말을 입에 달고 산다. 그렇게 이해하지 못한 내용을 하루 이틀 미루는 것이다. 그런 아이에게 예습이나 복습은 먼 나라 이야기일 뿐이다. 게다가 요즘처럼 학교 사물함에 교과서를 놓고 다녀서는 가정에서의 복습은 꿈도 꿀 수 없다. 반면 공부를 잘하는 아이들은 수업시간에 질문이 많다. 또 숙제도 꼬박꼬박 잘해 온다. 복습이 필요하다고 생각될 때는 교과서를 집으로 챙겨 가 복습하고 노트정리까지 깔끔하게 한다. 학교 수업에 충실하고, 복습에 철저하며, 노트정리로 다시 한 번 배운 것을 확인하는 것이다. 공부를 못하려야 못할 수 없는 것이다.

한때 명문대나 과학고에 입학한 소위 수재들의 노트정리 기술이나 기법이 책으로 출간되어 인기를 끈 적이 있다. 이들의 노트를 보면 그야말로 수업의 요약판이라 할 만하다. 수업의 핵심들이 빠짐없이 기록되어 있다. 한마디로 이런 아이들은 어떤 내용이 중요한지, 어떤 내용을 반드시 이해해야 하는지를 정확하게 파악하고 있는 것이다. 학습내용의 정확한 이해를 바탕으로 정리까지 잘 되어 있으니 시험에도 의연하게 대처할 수 있고, 성적도 목표한 대로 나오기 마련일 것이다. 그러나 공부를 못하는 아이의 교과서와 노트는 학기가 끝나도 새것이나 다름이 없다. 낙서만 가득하든가.

셋째, 학습에 부진한 아이들은 일상생활이 무질서하다. 매사에 계획이나 준비가 없는 아이들은 학교에서도 집에서도 무질서하고 산만하다. 학교에 준비물을 챙겨 갈 줄도 모르고, 자기 주변을 정리할 줄도 모른다. 가방 안이나 책상 위는 항상 지저분하고, 무엇을 어디에 두었는지도 도통 모르기 일쑤다. 또한 책상이나 방이 얼마나 깔끔하게 정돈되어 있느냐에 따라 학습의욕이 생기기도 하고 저하되기도 한다. 정리정돈이 잘된 곳이 주의집중력을 높일 수 있기 때문이다.

그런데 대부분의 부모들은 아이의 가방을 대신 챙겨주고, 방이나 책을 대신 정리해준다. 그러나 이런 부모의 행동은 아이를 더욱 무질서하게 만들 뿐이다. 부모의 역할에는 아이의 정리습관에 대한 코칭도 포함된다. 가령 책과 노트를 잘 챙겼는지, 준비물은 잘 챙겼는지 사전에 한두 번 점검해야 한다. 또 책상이나 방 정리도 아이 스스로 할 수 있도록 해야 한다. 대신 처음 한두 번은 아이와 함께 정리하면서 정리하는 방법을 코칭하는 것이 좋다. 더불어 "왜 이렇게 지저분하니?"라는 질책보다는 "네 방이 지저분하니까 엄마 머리가 너무 어지럽구나", "책상이 깨끗하면 공부가 훨씬 잘될 것 같은데"라는 말로 대화를 유도하는 것이 좋다. '너의 잘못'를 지적하기보다 '내 생각'을 이야기해주고 의견을 구하는 것이다. 물론 부모 스스로 깔끔한 정리정돈의 모범이 되어주는 것도 필요하다. 방 구조가 무질서하다면 배치를 바꿀 필요가 있다. 이때 책상과 침대는 가능한 한 멀리 떨어진 형태로 배치하는 것이 효과적이다. 책상과 침대가 가까울수록 공부하다 말고 침대에 가서 누울 확률이 높기 때문이다.

넷째, 학습에 부진한 아이들은 기초학력이 부족하다. 기초학습의 부재는 학습에 대한 흥미를 떨어뜨리고, 나아가 공부에서 등을 돌리게 하므로 중요한 문제다. 기초가 튼튼하지 못하면 집을 세울 수 없듯 초등학교 과정이 제대로 뿌리박히지 않으면 그 이상의 단계로 올라가기가 힘들 수밖에 없다. 그런데 기초학습의 문제는 환경적인 요인보다 학습자 개인적인 요인이 더 크게 작용한다. 아무리 학습환경이 좋고 부모의 교육열이 높다 해도 아이의 지적 요인에 문제가 있다면 또래의 기초학력을 따라갈 수 없는 것이다. 그러나 환경도 좋고 지능은 보통 이상인데도 공부에 흥미를 느끼지 못하는 아이들도 있기는 하다. 사람마다 적성과 흥미, 능력 등이 다르기 때문이다. 또 몸이 아파 자주 결석을 했거나 전학을 다니는 사이에 결함이 생겼을 수도 있다. 이성친구나 게임에 빠져도 공부에 흥미를 잃게 된다. 원인을 알면 해결도 비교적 쉬운 법이다. 부모가 아이의 기초학력을 정확하게 진단해야 하는 이유다.

아이의 성적이 만족스럽지 못하다고 해서 무작정 학원을 보내고 과외만 시킬 게 아니다. 기초학력에 대한 객관적 평가를 바탕으로 지금 진행 중인 학습과 기초학력을 병행할 수 있어야 한다. 그래야만 학습에 대한 흥미를 이끌어줄 수 있다. 또 공부는 하루아침에 이루어지지 않는다. 따라서 변화된 행동을 한 번 보였다고 방심해서는 안 된다. 오랫동안 지속적으로 변함없이 유지할 수 있도록 확인하고, 격려해주어야 한다.


# 학습코칭, 자신감을 높이다

공부를 잘하는 아이는 매사에 자신감이 넘친다. 물론 스스로의 동기에 의해 스스로 계획을 세워 공부하는 아이의 경우가 그렇다. 시켜서 억지로 하는 공부여서는 설사 성적이 좋게 나왔더라도 자신감을 갖기 어렵다. 따라서 학습코칭은 자신감을 불어넣어 줄 수 있는 방향으로 전개되어야 한다.

## 학습의 내적조건을 제시하라

학습코칭에는 내적조건과 외적조건이 충족될 때 큰 효과를 기대할 수 있다. 학습코칭은 선수학습 정도의 판단을 바탕으로 수업의 목표와 진행상황, 평가기준을 알려주고, 그 결과를 피드백하여 학습자가 어디에서 무엇에 힘들어 하는지를 정확하게 파악함으로써 이를 바탕으로 문제를 해결할 있도록 학습자의 능력을 일깨워주는 데 의의가 있다. 이때 학습자가 목표를 달성했을 때 물질 등으로 제공하는 긍정적 보상이 바로 외적조건이다. 또 목표를 달성했다는 것으로 인해 내면에 자신감 등을 갖게 되는 심리적 보상이 바로 내적조건이다. 이 둘을 적절하게 이용하면 학습자가 학습동기를 갖는 데 효과가 크다. 그러나 물질 따위의 외적보상보다는 성공적인 학습이 될 것이라는 기대, 곧 자신감을 갖게 하는 것이 보다 중요하다.

## 성공의 기회를 제공하라

학습코칭이 효과적으로 이루어지기 위해서는 코치와 학습자의 상호보완적인 관계를 어떻게 형성하느냐가 매우 중요하다. 선수학습이 제대로 이루어지지 않았다면 코치는 학습자에게 선수학습의 부실을 인식시켜야 한다. 그리고 새로운 학습의 과정에서 학습자가 과제 해결을 통해 성공의 기쁨을 맛볼 수 있도록 기회를 제공해야 한다. 다른 사람보다 뒤떨어져 있다는 비교의식과 패배의식을 지우기 위해서라도 작으나마 스스로 어떤 목표를 달성했다는 기쁨을 느껴보아야 하는 것이다. 따라서 처음부터 어려운 것에 도전하기보다는 쉬운 것에서 시작해 차츰 어려운 과제로 전개하는 것이 바람직하다. 학습자의 현재 수준에 맞는 목표를 제시해줌으로써 도전하고, 그리하여 성공의 성취감과 자신감을 맛보게 하는 것이 바로 코치의 역할이다.

## 성공은 개인의 노력에서 비롯됨을 알게 하라

수준에 맞는 목표설정과 그로 인한 나름의 문제해결을 경험하게 되면 학습자는 '성공이란 어떤 외부적인 환경이나 다른 사람의 도움이 아닌 본인의 노력에 달렸다'는 것을 자연스럽게 깨닫게 된다. 이는 스스로 학습속도를 조절하게 하고, 자기가 원하는 목표나 방향을 설정할 수 있는 단계에까지 이르게 한다. 이때 학습코치는 '학습자의 노력으로 달라진 긍정적 결과'와 이전의 결과와의 비교를 학습자에게 제공하는 것도 좋다. 훌륭한 자극제가 될 것이다. 성공은 지금 시간에 최선을 다하는 것에서 출발한다.

## 만족감을 심어주어라

학습자 자신이 노력한 학습의 성과는 학습자에게 성취감을 주고, 다시 새로운 동기로 작용한다. 즉, 학습에 대한 더 큰 욕구가 유발되고, 그로 인해 지속적인 학습이 가능하게 되는 것이다. 그런데 동기는 외적조건보다는 내적조건이 충족되었을 때 강하게 나타난다.

학습자에게 가장 적합하고 의미 있는 코치의 칭찬, 주변 사람들의 사려 깊은 보상 행동 등은 학업성취에 대한 기대를 한층 높여줄 수 있다. 성공에 대한 보상이나 학습자 자신이 기대했던 목표 수준에 도달할 수 있다고 하는 확신을 잠재의식 속에 심어주는 것이 바로 코칭의 기본이다.

## 바람직한 행동을 유지시켜라

처음에는 자율학습이 가능할 정도의 연습문제를 통해 적응하는 기간이 필요하다. 자율학습의 기초적인 기회를 제공해주어야 하는 것이다. 그런 다음 점차적으로 학습량이나 수위를 높여감으로써 스스로 할 수 있다는 자신감을 심어준다.

단계별로 학습과제를 수행하게 되면 학습자의 인지구조 속에 관련 학습내용과 이를 위해 지켜온 학습태도가 의미 있게 자리 잡는다. 당초 목표를 성공적으로 이루어냈다면 그 의미는 더욱 커진다. 여기에 긍정적인 피드백이나 보상을 제공하는 식의 지속적인 코칭이 이루어질 때 바람직한 학습행동이 유지될 수 있을 것이다.

# 학습코칭, 학습성취도를 높이다

사회 각 분야에서 최고의 화두는 바로 저비용 고효율이다. 적은 비용으로 최대의 이익을 창출할 수 있는 방법이 있다면 이보다 효과적인 것은 없다. 대부분의 기업들도 최소의 비용으로 기대 이상의 효과를 창출하기 위해 경쟁사와 소리 없는 전쟁을 치르고 있다 해도 과언이 아니다. 학습도 마찬가지다. 학습 효과를 높이기 위해서는 자기에게 맞는 학습방법을 찾아내는 것이 중요하다.

'나에게 맞는 학습방법은 무엇일까?'라는 생각은 학습효과를 올리겠다는 의지다. 이런 아이는 자신의 학습상태를 스스로 점검한다. 자신만큼 자신에 대해 잘 아는 이는 없다. 자신의 능력을 충분히 끌어올릴 수 있는 방법을 찾아낼 것이다. 만약 아이가 '난 왜 공부한 만큼 성적이 오르지 않을까?'만 고민한다면 학습코치가 나서야 한다. 함께 학습태도와 학습방법을 점검해보고 대안을 마련해야 하는 것이다. 새로운 방법으로 학습한 결과 같은 시간을 투자했는데도 그 성과에 차이가 크다면 굳이 잔소리를 하지 않더라도 아이는 스스로 새로운 방법으로 학습하고자 할 것이다.

### 인지·지능 검사를 활용하라

개인의 독특하고 대표적인 행동을 관찰하면 인격특성과 적응적 혹은 부적응적 행동양상을 이해하는 데 도움이 된다. 또 지능검사를 활용하면 개인의 지적능력의 수준을 평가할 수 있어 학업이나 직업적 성취를 예견할 수 있다. 물론 지능이 높다고 해서 항상 학습성과가 좋은 것만은 아니다. 인지능력이나 지능이 높다고 한두 시간만 공부해도 된다는 말도 아니다. 이런 검사는 개인에게 맞는 학습방법을 찾기 위한 기초자료일 뿐이다.

### 적합한 지적영역을 탐색하라

단순하게 머리가 좋고 나쁨을 떠나 어떤 지적영역에 뛰어난지를 파악하는 것은 무엇보다 중요하다. 이해력이 뛰어난 사람이 있는 반면에 그렇지 못한 사람이 있고, 다른 사람에 비해 뛰어난 분석력을 지닌 사람도 있고 그렇지 못한 사람도 있다. 개인마다 잘하는 것에 차이가 존재하기 때문이다. 이는 사물에 대한 정확한 이해와 실제 생활에서의 적용력, 분석력, 종합력에 영향을 미친다. 또한 이는 진로 선택에도 매우 중요한 요인이 된다.

### 수준에 맞는 학습계획을 세워라

선진학습법은 한 학급이라 해도 똑같은 내용을 공부하지 않는다. 개인의 능력과 실력에 맞는 수준별 개인학습을 한다. 이를 위해서는 학생 개개인의 능력을 파악하는 것이 선행되어야 한다. 학업성취도를 이용하면 비교적 간단하다.

이미 알고 있는 내용을 배우는 것은 시시하다. 또 아무리 해도 모르겠다 싶은 내용을 배우는 것도 재미없다. 둘 다 학습에 대한 관심만 떨어뜨린다. 이해를 했을 때 성취감도 생기고, 자신감도 생기는 법이다.

교사는 학생들의 학업성취도에 따라 알맞은 교육내용과 방법 등을 계획해야 한다. 또 지능지수와 각 요인별 발달 정도를 참고해 학생으로 하여금 학과나 직업을 결정하는 데 필요한 정보를 제공해야 한다. 학업성취도는 그 외 특별활동의 배치나 생활지도에도 광범위하게 활용할 수 있다.

# 학습코칭, 수업참여율을 높이다

학습코칭을 한다고 무조건적으로 새로운 정보나 지식 등을 제공해주는 것만이 좋은 것은 아니다. 효과적인 학습코칭은 배운 것을 효과적으로 기억 속에서 뽑아 쓸 수 있도록 꼬리표와 같은 단서를 잘 만들게 도와주는 것이다.

은행에서 입금할 때는 계좌번호만 알면 된다. 하지만 돈을 찾아 쓸 때는 계좌번호만으로는 절대 불가능하다. 신분증이나 도장이 있어야 하고, 비밀번호가 있어야 하는 것이다. 인간의 기억이라는 것도 그와 비슷하다. 막상 저장하기는 쉽지만 꺼내 쓰기, 즉 기억해내기는 쉽지 않다. 그런데 인간의 뇌는 신분증이나 도장을 필요로 하지 않는다. 끄집어내기도 쉽지 않고, 그를 위한 열쇠도 없는 것이다. 따라서 저장을 할 때부터 어떤 노력이 필요하다. 마구잡이로 집어넣기보다 연상작용을 이용한다든지 하면 쉽게 기억을 찾아 쓸 수 있는 것이다.

1년에 한두 번 거래하는 정도라면 비밀번호나 계좌번호 자체를 잊어버릴 수도 있다. 하지만 자주 찾았다면 그럴 일은 없다. 많은 반복을 하면 잊어버릴 것도 잊히지 않는 법이다. 기억도 그렇다. 학습코칭의 핵심이 바로 여기에 있다. 학습과제의 방향을 명백히 설명하고, 그 과제가 의도하는 목표가 무엇인지를 분명하게, 수차례에 걸쳐 반복하게 되면 자연히 그 내용이 장기기억 속에 남게 된다.

학습자에게 무엇을 가르칠 것이며, 어떻게 가르칠 것인지를 알기 쉽게 사전에 예고하는 것은 일종의 암시를 만드는 일이다. 인간은 의도적인 암시를 무비판적으로 받아들이는 특성이 있다. 이때 코치의 긍정적인 말과 행동은 학습자로 하여금 자신도 모르는 사이 '나도 할 수 있다'는 긍정적인 암시를 준다. 이럴 때 학습은 보다 효과적으로 이루어진다. 긍정적 암시에는 교사의 강요나 지도가 아니라 자기 스스로가 생각한 것처럼 믿게 하는 힘이 있다. 무릇 인간은 스스로의 믿음에 적극적으로 대응하는 법이다.

만약 교사가 "졸리거나 피곤한 사람은 수업에 방해가 되지 않도록 조용히 엎드려 자라"고 했다면? 실제 졸린 아이들은 쓰러지듯 곧바로 책상에 엎드린다. 그런데 시간이 지남에 따라 애초에 졸음을 느끼지 않았던 아이들조차 조금씩 졸음을 느끼고, 이내 그 반은 마치 전염병이라도 퍼진 양 대부분의 아이들이 엎드리고 만다.

반면 "정말 이 시간이 얼마나 기다려지는 시간인지 모릅니다. 여러분들과 함께 수업하는 이 기쁨은 교사로서 최고의 기쁨입니다"라고 했다면? 어쩌면 아이들은 비명을 지를지도 모른다. 닭살이라면서 말이다. 그러나 반복적으로 듣다 보면 자기도 모르게 그 시간이 기다려진다. 라디오에서 흘러나오는 엔딩멘트도 그렇다. "내일 또 만나요." 내용은 매번 똑같다. 그런데도 익숙해짐에 따라 다음 날에도 그 시간을 기다린다. 암시인 것이다.

하나부터 열까지 모두를 지도하는 일방적인 강의 위주의 교수법보다 더 많은 학습자들을 수업에 참여시키는 참가자 중심의 교수법이 학업성취도면에서나 학습분위기에 바람직하다. 학생의 학습에의 참여도는 학습주제에 얼마나 적극적으로 참여하고 반응하는가에 달려 있다. 그리고 수업참여도가 높을수록 학업성취도도 높다. 칭찬과 같은 긍정적인 평가가 학습동기로 이어지기 때문이다. 그래서인지 초등학생을 둔 부모들은 교사에게 '자기 아이에게 참여의 기회를 한 번이라도 더 달라'는 무언의 부탁을 한다. 내 아이가 수업에 적극적으로 참여하기를 바라는, 그래서 교사로부터 긍정적인 평가를 받고 학업에의 성취도 높기를 바라는 마음에서다.


## 학습코칭, 공부의 '맥'을 짚다


한의원에 가서 진맥을 하면 흔히 듣는 말이 "맥이 불규칙하고 아이들 맥처럼 너무 약하다"다. 이런저런 증상이 있지 않느냐고 물어보는 의사의 질문도 자세히 들어보면 일반 상식선에 그치는 경우가 많다. 게다가 환자가 알아서 갖가지 증상을 술술 털어놓으니 의사로서는 더

## 학생들에게 힘이 되어주는 말

"자기 자신만큼 자기를 잘 아는 사람은 없단다."

자기를 잘 안다는 것은 자신에 대한 긍정적인 효과를 불러일으킨다. 자기를 제일 잘 알 때 내면의 능력을 일깨우기 쉽다. 자기가 잘하는 것, 좋아하는 것을 분명히 깨닫고 있으면 미래에 대해 구체적인 계획을 세울 수 있다.

"네가 노력하지 않아서 그렇지, 당장이라도 노력하면 가능해."

누구보다 잘할 수 있다는 성취동기가 있다면 당장은 실패하더라도 좌절하지 않고 다시 일어선다. 따라서 코치는 다른 사람보다 잘할 수 있다는 능력을 심어주어야 한다. 실패한 것은 능력이 없어서가 아니라 노력이 부족했기 때문이라는 것을 알게 해주어야 한다. 이는 스스로에 대한 반성을 하게 만들고, 나아가 책임감을 일깨워주는 일이기도 하다. 책임감이 있는 아이는 다른 사람에게 책임을 전가하거나 회피하지 않으며, 좌절하지 않는다.

"기회가 왔을 때 도망치지 말고, 지금 바로 여기에서 최선을 다해라."

용감한 사람은 절대로 도망치지 않는다. 그러나 비겁한 사람은 위기가 닥치면 도망칠 생각부터 한다. 학습에는 때가 있다. 그 시간은 결코 되돌아오지 않는다. 로또복권에 당첨되기 위해서는 일단 로또복권을 사야 한다. 사지도 않으면서 당첨되기를 바랄 수는 없다. 기회를 미루지 말고 주어진 현실에 충실해야 한다는 말이다. 인생은 한 번뿐이다. 세상에는 세 종류의 중요한 금이 있다. 황금, 소금, 지금이 그것인데, 그중에서도 제일은 바로 지금이다.

**"너는 행복할 수밖에 없고 행복해야만 해."**

이 말보다 기분 좋은 말이 또 있을까. 입시를 목전에 둔 아이에게 위로한답시고 "너희는 참 불쌍한 세대구나", "시대를 잘못 타고 났다"고 말하는 것은 아무 도움이 되지 않는다. 그보다는 지금 자신의 생활을 즐길 수 있도록, 헤쳐나갈 수 있도록 해야 하고, 만약 어려움을 겪고 있다면 적응할 때까지 도움을 주어야 한다. 힘들다고 죽지는 않는다. '피할 수 없으면 즐겨라'는 말도 있다. 지금의 삶 자체를 즐길 줄 아는 긍정적인 사고가 중요하다. 노래를 불러도 행복을 노래하는 노래를 부르는 게 좋다. '울고 싶어라'고 노래하다가는 노래처럼 눈물 나는 인생을 맛볼 수도 있다.


**"너는 시간의 부자야."**

1만 원짜리 한 장 갖고도 10만 원이라고 생각하면 10만 원 이상의 기쁨을 가질 수 있다. 반대로 10만 원짜리 수표를 들고서 1만 원짜리보다 못하다고 생각하면 그 돈은 1만 원의 기쁨도 주지 못한다. 진짜 부자는 마음에서 만들어지는 것이다. 우리 현대인들은 항상 시간에 쫓겨 산다. 항상 시간이 없다, 부족하다고 불평한다. 입시를 대비해야 하는 아이들도 시간이 부족하기는 마찬가지다. 그러나 시간은 돈으로도 살 수가 없다. 그래서 시간만 있으면 공부를 더 많이 해서 시험을 잘 볼 것 같은 생각을 하기도 한다. 하지만 누구나 똑같은 시간을 갖는다. 시간만큼 공평한 것도 없다. 문제는 그 똑같은 시간을 어떻게 계획하고 효율적으로 사용하는가, 다. 시간을 효율적으로 사용하는 아이는 항상 시간이 남는다. 반면 시간을 허비하는 아이는 항상 시간이 부족하다. 시간의 부자가 될 것인가, 가난뱅이가 될 것인가는 시테크를 어떻게 하는가에 달려 있다.

이상 질문할 것도 없다. 그런 점은 동네 병원도 마찬가지다. 무자격 의사인지 의심스러워도 딱히 할 말이 없다.

그런데 명의는 다르다. 환자의 맥을 짚는 순간 미세한 심장의 흐름과 그 속에서의 이상증상을 분별해내는 마치 초능력 같은 의술을 가지고 있다고 한다. 맥박의 파형을 감지해내는 분별력이 뛰어난 것이다. 이런 실력은 하루아침에 쌓아지는 게 아니다. 수없는 시행착오를 거치고, 꾸준한 수련을 쌓는 사람에게만 가능한 일이다. 학습이라는 것도 다르지 않다. 정확하게 맥을 짚는 한의사가 병을 잘 치료하는 것처럼 학습의 맥을 제대로 짚고 학습해야 좋은 성적을 거둘 수 있는 것이다.

학원가 등록 기간이 되면 유명 강사의 강의 접수창구에는 아파트 청약 대기하듯 새벽부터 긴 행렬이 이어진다. 인터넷 강의도 수 분 만에 마감이 된다. 여기에서 말하는 유명 강사는 일명 '족집게 강사'다. 그가 가르치는 내용이 시험적중률이 높다는 의미다. 바로 맥을 잘 짚는다는 것이다.

중학교 2학년 민호는 수업시간에 선생님의 말씀에 별로 집중하지도 않고 쉬는 시간에도 떠들고 장난만 친다. 그런데 시험을 보면 매번 1등이다. 반면 세준이는 수업시간에 집중은 물론이고 쉬는 시간에도 죽어라고 공부만 하는데도 성적은 영 신통치 않다. 귀신이 곡할 노릇이고 울화통이 터질 노릇이다. 세준이의 엄마가 나를 찾아온 이유다.

호기심이 생긴 나는 한동안 민호의 수업에 관한 이야기를 들었고, 그 결과 민호의 독특한 학습법을 발견하게 되었다. 사실 50여 분의 수업시간 내내 집중을 한다는 것은 쉽지 않은 일이다. 그런데 민호는 수업시간에 핵심이 되는 내용이나 기본 원리가 나오면 온 정신을 집중해 들었다. 또 중간중간 배운 내용을 정리하거나 한 번 훑어보는 것을 반복했다. 게다가 이해가 안 되면 선생님이 설명하는 중에도 버릇없다 싶을 만큼 바로바로 질문을 했다. 집에서도 마찬가지였다. 민호는 특별히 많은 시간을 내어 공부하지 않았다. 잠깐 짬을 내서 그날 배운 내용을 대충 정리하고 다음 시간에 배울 내용을 한 번 훑어보는 것이 전부였다. 그리고 이해가 되지 않는 내용이 있으면 표시를 해서 반드시 다음 수업시간에 질문을 하거나 스스로 해결방법을 찾아내곤 했다. 그에 비해 세준이는 중요한 것과 덜 중요한 것의 구분 없이 처음부터 끝까지 수업 내용의 모든 것을 억지로 머릿속에 집어넣으려고만 했다. 게다가 시험에는 세준이가 보다 중점적으로 공부한 내용은 거의 나오지 않았다.

민호는 중요개념과 원리를 파악하고 중요한 단어와 문장을 찾아내서 이를 집중적으로 공략하는 방법을 택했고, 세준이는 그저 무조건적으로 많은 것을 머릿속에 담으려고만 했다. 민호와 세준이의 차이는 학습의 맥을 제대로 짚고, 못 짚고의 차이였던 것이다.

맥을 찾는다는 것은 산을 보기만 해도 금맥이 어디로 흐르는지 알아내고 복잡한 쓰레기통에서 금반지를 찾아낼 수 있는 능력과 같다. 중요단어Key Word와 중요문장Key Sentence를 찾아낼 수 있는 능력이 있어야 하는 것이다. 이는 머리의 좋고 나쁨과는 별개의 문제다. 얼마나 집중을 하는가, 학습의 내용을 전체적으로 이해하고 있는가에 따른 문제다. 따라서 학습코칭은 무조건 오래 책상에 앉아 있게 하는 것이어서는 안 된다. 전체 흐름을 이해하는 힘, 그 속에서 중요한 내용을 파악하는 힘을 기르게 하는 것에 주목해야 한다.

## 학습코칭, 정서적 안정을 주다

스포츠 경기를 보다 보면 경기 중에 이리 뛰고 저리 뛰며 지시든 호통이든 소리 지르는 데 여념이 없는 코치가 있다. 반면 팔짱을 낀 채 느긋하게 앉아 날카로운 눈으로 경기를 조용히 지켜보는 코치도 있다. 코치가 불안해 하면 선수들은 경기에 집중할 수가 없다. 경기를 망칠 수밖에 없다. 2012년 하계장애인올림픽에서는 어처구니없는 일이 벌어졌다. 코치가 선수 입장 시간을 잘못 안 탓에 경기에 참가하지도 못한 채 실격되고 만 것이다. 올림픽에 출전하기 위해 4년을 훈련했던 선수들의 가슴에 씻을 수 없는 아픔이 남고 말았다.

코치인 부모가 아이의 성적이나 입시에 불안해 하면 그 불안이 고스란히 아이에게로 전달된다. 학습에 있어서 중요한 것 중의 하나가 바로 안정이다. 불안하면 집중이 어렵기 때문이다. 요즘 신세대 부모들은 아이가 모든 것에 우선이다. 따라서 무조건적으로 응석을 받아주는 편이다. 그런데 교육에 있어서는 반대로 엄격하다. 한마디로 일관성이 없다. 게다가 아이보다 더 안달이고, 신경질적인 반응을 보인다. 결과적으로 아이의 학습에 부모가 더 큰 스트레스를 받고 있는 것이다. 따라서 우선 부모가 코치로서의 안정된 감정을 유지하는 일이 선행되어야 한다.

아이가 정서적 안정을 갖게 하려면 일단 부모의 정서 상태에 항상 일관되게 안정을 유지해야 한다. 아이는 일상의 생활과 대화를 통해 부모의 정서를 온몸으로 느낀다. 그리고 아이는 부모의 정서에 민감하다. 부모의 심리·정신적인 어려움은 아이들의 정서발달 과정에서 부정적인 영향을 끼친다. 게다가 요즘 아이들은 신체적으로 움직일 만한 시간도 공간도 갖고 있지 못하다. 책상에 앉아서 공부를 하거나 게임에 몰두하는 것이 전부다. 운동이나 야외놀이로 쌓인 감정들을 풀 수도 없는 것이다. 풀어내지 못하는 욕구불만이나 정서불안이 아이의 마음속에 차곡차곡 쌓이게 된다. 이런 부정적 정서는 아이가 어릴 때는 비교적 표출되지 않지만 중·고등학생이 되면 폭력적 성향으로 나타나기도 한다.

뚜렷한 신체적 원인이 없는데도 아이가 두통이나 복통을 호소하거나 화장실을 빈번히 오가는 등의 예민한 증세를 보인다면 이 역시 부모의 정서 상태나 가정환경을 점검해보아야 한다. 경제적으로도 감당하기 힘든 사교육비 지출 역시 아이에게는 스트레스 요인이 된다. 과도한 비용을 지불하는 만큼 부모의 기대가 크고, 기대가 큰 만큼 아이에게 스트레스를 주게 된다. 심리적 부담감을 안겨주는 것이다. 당장의 학습이나 성적에는 도움이 될지 몰라도 정서적인 발달에서는 부작용만 초래할 뿐이다. 다시 한 번 말하지만 중요한 것은 부모가 정서적인 안정을 갖는 것이다. 정서적으로 안정이 되었을 때 인내심도 발휘할 수 있는 법이다. 인내심이 공부력의 필요조건임을 생각할 때 정서적 안정은 곧 학습의 성과로 이어진다. 그리고 원만한 사회생활로 이어진다. 이를 무시한 채 좌불안석에 공부만 닦달하다가는 공부는 고사하고 학교폭력으로 학교생활을 마감하는 것이 내 아이의 일이 될 수도 있다.

## 학습코칭은 조급해 하지 않는 것이다

'행복은 성적순이 아니잖아요'라는 말이 있다. 하지만 실제로 부모들의 속내는 그렇지 않다.  인생의 최대 행복은 성적에 따라 결정된다는 강한 믿음을 갖고 있다. 그래서 당장 시험 점수를 몇 점 받았느냐에 따라 인생의 판도가 달라질 것처럼 민감한 반응을 보인다. 적어도 대학에 들어가기 전까지는 아이의 성적에 웃고, 우는 것이 부모다. 그러나 부모의 인생을 아이에게 저당 잡힌 채 살아야 할 이유는 없다.

사실 부모 입장에서 남의 집 공부 잘하는 아이는 부러움의 대상이다. 그런데 학습방법을 벤치마킹하려고 물어보면 의외로 대답은 간단하다.

"평소에 하던 대로 열심히 노력하니까 잘할 수 있었어요."

그게 전부다. 그러나 대부분의 사람들은 이 말을 그대로 믿지 않으려 한다. 무슨 대단한 비법이라도 있는 것처럼 생각한다. 그러면 공부 못하는 아이에게 그동안 어떻게 지냈냐고 물어보자. 대답은 간단하다.

"매일 놀았지요."

## 내 아이가 학습부진아?

장애에는 눈에 보이는 신체적 장애와 눈에 보이지 않는 정신적 장애가 있다. 그리고 학습과 관련된 장애도 있다. 학습장애, 학습부진, 주의력결핍과 행동성 학습장애 등이 그것이다. 이런 장애들은 임신에서 출생, 그리고 유아기 성장발달 과정에서의 요인들에 의해 발생한다. 만약 아이가 학습에 어려움을 겪는다면 아이 심리상태나 정신상태에 주목해봐야 한다.

### 학습장애 learning Disorder

학습장애를 겪고 있는 아이는 학습과 관련된 뇌기능이 활동에 있어서 결함이나 이상증상을 보인다. 발육 역시 지연되는 특징이 있다.

### 학습부진 underachievement

학습장애와 비교해 아이가 학습에 적응하지 못하는 이유가 뚜렷하다. 주로 부모가 어릴 때부터 지나치게 학습을 강요했거나 반대로 아이의 성장에 지나치게 무심한 경우에 나타난다. 부모의 이혼이나 잦은 다툼으로 인한 아이의 정서불안도 주요 원인으로 작용한다. 문제는 학습부진 현상이 심해지면 어린이 우울증 같은 2차적 증상을 보인다는 것이다. 학습부진은 자신감을 북돋워주는 것만으로도 치유효과를 기대할 수 있다. 아이의 학습수준에 맞는 프로그램으로, 경쟁심이나 열등감을 지나치게 느끼지 않도록 세심하게 배려해야 한다. 다소 또래와 학습수준에 차이가 있더라도 인지발달에 개인차가 존재하는 만큼 이를 인정하고 기다려주는 것도 필요하다.

**주의력결핍ADHD & 행동성 학습장애**

주의력결핍이나 행동성 학습장애가 있는 아이는 과제가 주어졌을 때 충동적 성향 때문에 여러 가지 허점을 보인다. 한 가지 과제에 계속 몰두하지 못하고, 끝맺음을 잘하지 못한다. 문제는 이러한 장애가 1차적으로 '성격장애'를, 2차적으로 '학습장애'를 일으킨다는 것이다. 주의집중을 하지 못하니 친구들이나 선생님에게 방해가 되고, 당연히 좋은 성적을 거둘 수 없다. 게다가 불합리한 상황을 참지 못해 과격행동을 일삼는다.

학습장애나 학습부진의 원인이 되는 주의력결핍은 학습장애의 2차적 증상으로도 나타나기 때문에 구별하기가 쉽지 않은데, 분명한 것은 질병이라는 것이다. 뇌나 신경계의 이상이 원인으로 추정되기도 하고, 가정환경이나 부모의 잘못된 교육태도가 원인으로 지목되기도 한다. 이런 경우 야단을 치는 것은 역효과만 낼 뿐이다. 장시간의 시간과 여유를 갖고 상담치료를 해야 하며, 심한 경우에는 약물치료를 병행하기도 한다.

습관처럼 매일 공부한 아이와 놀기만 한 아이, 그것이 진리다.

공부도 일종의 습관이다. 사람은 환경의 지배도 받지만 자신이 가진 습관의 지배도 받는다. 제아무리 좋은 환경에 있어도 게으름을 피우는 등의 나쁜 습관을 지녔다면 인생의 낙오자가 될 수밖에 없다.

그리고 습관은 하루아침에 만들어지는 것이 아니다. 매일 놀던 아이에게 오늘부터는 하루에 세 시간씩 공부하라고 해봤자 반발만 부르고, 스트레스만 쌓일 뿐이다. 매일 30분으로 시작해서 한 시간으로 점진적으로 늘려가는 것이 좋다. 또 공부를 시작했다고 해도 바로 성적에 반영되는 것도 아니다. 시간이 필요하다. 꾸준하게, 매일, 조금씩 해나가다 보면 어느 새 놀랄 만한 성과를 거두고 있는 아이를 발견하게 될 것이다. 부모의 기다림은 오히려 학습성과를 촉진하는 영양제다.


## 학습코칭에는 당근과 채찍도 필요하다


잘하는 것은 더 잘할 수 있도록 만들어줘야 하고, 못하는 것은 잘할 수 있도록 이끌어주어야 한다. 여기서 이끌어준다는 것은 잘못된 방법들을 대체시킬 만한 새로운 방법을 강구하고 제시하는 것이다. 그리고 그것이 바로 코치의 역할이다.

학습코치는 학습자 행동의 변화에 아주 민감해야 하고, 예민한 반응을 보일 줄 알아야 한다. 이는 상벌에 있어서도 정작 열심히 잘하고 있을 때 모른 척하는 것도, 잘못을 했을 때 기다렸다는 듯이 야단치는 것도 잘못된 코칭이라는 의미이기도 하다. 긍정적인 행동을 강화시키기보다 부정적인 행동만 강화시키는 결과를 초래하기 때문이다.

운동선수들의 코칭에 있어서도 잘하지 못하는 것을 지적하여 수정하게 하는 것도 필요하지만, 잘하는 것을 보았을 때 칭찬하고 격려해주는 개입도 필요하다. "바로 지금이다", "지금이 최고다"라는 격려가 선수로 하여금 '나도 할 수 있구나'라는 자신감과 해답을 구했다는 기쁨을 갖게 한다.

때때로 우리는 야단이나 꾸지람도 한다. 처벌이란 방법을 동원하기도 하며 경우에 따라서는 무시하거나 그냥 무심한 상태로 모르는 척 내버려 두기도 한다. 그런데 아이는 자신의 행동이나 결과에 대한 다른 이들의 반응에 따라 이후의 행동을 어떻게 할 것인가를 은연중에 결정한다. 즉, 성적이 좋지 않았는데도 부모가 별 말이 없거나, 좋은 성적을 받았는데도 칭찬 한번 받지 못하면 성적에 대해 중요하게 생각하지 않게 되고, 의욕이 상실됨에 따라 심하면 학습에서 아예 등을 돌리게 될 수도 있는 것이다. 반면 원했던 목표에 도달하지 못했어도 부모가 노력했음을 칭찬하고, 다음번에는 이루게 될 것이라고 격려해주면 다음 기회에 보다 더 잘하기 위해 노력한다. 보상이나 칭찬과 같은 호의적인 반응은 긍정적 강화를 가져온다. 성인도 마찬가지다. 하지만 아이가 어릴수록 호의적 반응은 학습에 있어 긍정적인 강화의 효과가 크다.

좋은 학습습관을 형성하는 데는 네 가지 방법이 있다. 긍정적 강화, 부정적 강화, 처벌, 소거가 그것이다.

긍정적 강화

부모는 아이들의 생활습관을 자연스럽게 칭찬하고 격려해야 한다. 아이들에게 하루에 몇 번이나 칭찬을 했는지, 비난을 했는지 곰곰 생각해보자. 대부분 칭찬보다는 비난이 더 많을 것이다. 칭찬받을 일을 하지 않는데 무슨 칭찬을 하느냐고 반문할 수도 있다. 사실 어른들의 관점에서만 보면 아이가 칭찬받을 만한 일은 많지가 않다. 하지만 100% 만족할 수 없다고 해도, 나름 50% 이상이면 반드시 칭찬과 격려를 해줘야 한다. 칭찬은 고래만 춤추게 하는 것이 아니다. 아이도 춤추게 하는 마력을 가지고 있다.

그런데 칭찬을 할 때 중요한 것은 '바로 그때'를 놓치면 안 된다는 것이다. 오늘 칭찬받을 일을 내일 저녁에 오늘 것까지 합쳐서 칭찬하는 것은 바람직하지 않다. 바로 지금 이 순간에 당장 칭찬해야 하는 것이다. 이때 무엇 때문에 칭찬을 받는 것인지 그 내용을 알아듣기 쉬운 말로, 구체적으로 설명해주어야 한다. 평상시에 잘하지 못했는데 잘했거나 나쁜 습관을 개선했을 때는 더더욱 그렇다. 그리고 칭찬을 할 때는 진심으로 기뻐하고 있다는 것을 아이가 느낄 수 있게 해주어야 한다. 하지만 지나친 칭찬이나 무조건적인 칭찬은 좋지 않다. 효과만 떨어뜨린다.

부정적 강화

좋은 코치는 아이의 발달 단계에 따라 부정적인 강화도 적절하게 이용할 줄 안다. 본래 긍정적인 강화와 부정적인 강화를 조화롭게 반영

해야 한다. 부정적 강화에만 치중해서는 아이는 다른 사람의 지적이나 부정적인 반응에만 대응하려 하게 되고, 그렇게 되면 시켜야만, 또는 야단을 맞아야만 공부를 하는 좋지 못한 학습습관을 갖게 된다. 이런 아이일수록 자기애착이나 자기도취에 빠지는 왜곡된 감정을 형성하기 쉽다. 따라서 아이가 잘못을 했을 때는 분노 등의 부정적 감정이 담긴 비난보다 애정이 담긴 충고가 필요하다. 그리고 잘했을 때는 잘한 것으로 칭찬받고, 잘못했을 때는 잘못한 것으로 야단이나 꾸지람을 들을 수 있다는 것을 코칭을 통해 분명히 깨닫게 해주어야 한다.

### 처벌

처벌은 때때로 바람직하지 못한 행동을 강력하게 바로잡아 주는 효과가 있다. 부정적인 행동을 일삼는 아이에게는 처벌이 필요할 때가 있다. 가령, 아이의 손버릇이 나쁜 걸 알면서도 그냥 내버려 두면 아이는 그에 대한 죄의식을 가질 수 없게 된다. 죄의식이 없으면 그 행동이 나쁘다는 것도 모르고, 나아가 나이가 들어서도 그 행동을 지속적으로 하게 된다. 잘못했다면 '무엇을 잘못했는지', '왜 그런 행동을 해서는 안 되는지'를 스스로 반성할 수 있도록 분명하게 설명해주고 "큰 잘못을 했으니 그에 따른 벌을 받아야 한다"는 설명과 함께 그에 합당한 처벌을 해야 한다. 반드시 개선이 필요한 행동에 대해서는 강력한 제제가 있어야만 하는 것이다. 만약 아이의 잘못으로 인해 피해를 입은 사람이 있다면 아이가 직접 그 사람에게 용서를 구하게 해야 한다. 이해를 바탕으로 한 반성만큼 긍정적인 효과를 끌어낼 수 있는 것도 드물다.

여기서 중요한 것은 '처벌'이 곧 '체벌'은 아니라는 것이다. 체벌은 처벌의 한 종류일 뿐이다. 매가 아니더라도 처벌에는 다양한 방법이 있다. 꾸지람이나 야단치기도 일종의 처벌이다. 또 하루 외출 금지, 인터넷이나 핸드폰 사용 금지, 용돈 줄이기, 반성문 쓰기, 음식물 쓰레기 버리기 등 다양한 방법이 있다. 아이가 하고 싶어 하는 일을 하지 못하게 하는 것, 하기 싫어하는 일을 하게 하는 것 모두가 처벌이 된다.

소 거

부정적인 행동을 지속하고 있을 때 어떠한 관심도, 제재도 하지 않는 것이 바로 소거extinction다. 부정적인 행동을 하는데 "잘한다"고 칭찬을 하면 아이는 더욱 부정적인 행동을 하게 된다. 반대로 "안 돼"라고 비난을 하거나 제재를 가하면 아이는 부모의 반응이 재미있어서, 또는 반발심으로 행동을 강화하기도 한다. 그러나 관심을 갖지 않으면 아이는 곧 흥미를 잃고 부정적 행동을 중단하고 만다. 또는 무관심의 대상으로 전락한다는 것을 깨닫고 이내 잘못된 행동을 수정한다. 아이들에게 무관심의 대상이 된다는 것은 일종의 공포다.

한편 스스로 공부를 잘하는 아이에게 강화를 한답시고 "공부 좀 해라"고 잔소리를 하는 것은 학습에 대한 흥미만 떨어뜨린다. 이런 경우는 소거가 보다 효과적이다.

학습에 대한 흥미도 코치의 반응에 의해 좌우된다. 코치로서의 부모가 어떤 코칭을 하느냐에 따라 아이가 학습에 더 많은 관심을 가질 수도, 멀어질 수 있는 것이다.

## 공부력을 키우기 위한 팁

스스로 공부하지 못하면 아무리 비싼 족집게 과외를 해도 한계가 있다. 스스로 공부한다는 것은 공부력을 갖추고 있다는 말이다. 공부력 없이는 대학도, 미래도 어려운 일일 수밖에 없다. 한 시간 수업을 하면 세 시간은 스스로 공부해야 자기 것이 된다. 그런데 요즘 아이들은 혼자 공부할 시간이 없다. 학교에서, 학원에서 소화도 시키기 전에 꾸역꾸역 밀어 넣는 데 온 시간을 다 사용하기 때문이다. 밥도 소화시키기 위해서는 일정 시간이 필요하다. 공부도 그렇다. 똑같은 학원과 똑같은 학교에서 똑같은 선생님께 똑같은 시간 동안 배워도 성적은 제각각이다. 학원만 다니면 무조건 성적이 오를 것이라는 부모의 생각은 그야말로 착각이다. 공부력의 크기가 다르면 결과도 다를 수밖에 없다. 그렇다면 어떻게 해야 공부력을 키울 수 있을까?

### 스스로 공부하게 하라

'초등학교는 엄마 성적, 중학교는 아빠 성적'이라는 말이 있다. 부모의 절대적인 관심이 중요하다는 것을 강조한 말일 게다. 그러나 정작 고등학교에 가면 아이가 지금껏 학습해온 기초지식을 바탕으로 스스로 싸워나가야 한다. 아이를 하루에 몇 시간씩 붙잡아 앉혀 억지로 공부하게 하는 것으로는 더는 성과를 거둘 수 없게 되는 것이다. 소위 명문대학에 간 아이들을 보면 누구의 간섭이나 통제를 받지 않고 스스로의 의지로 학습에 참여했다. 스스로의 의지는 곧 동기가 되고, 인내심을 발휘하게 하는 원동력이 된다. 그것만큼 아이를 책상에 붙잡아 놓는 큰 힘은 없다. 따라서 부모는 아이가 초등학생 때부터 아이 스스로 공부할 수 있는 환경을 제공해주어야 한다. 아이에게 맞는 학습계획을 함께 세우고, 아이가 스스로 공부하도록 일정 정도 내버려 둠으로써 결과에 대한 책임을 스스로 지게 해야 하는 것이다. 상급학교에 다니는 아이의 학습습관은 고치기 어렵다.


### 복습하고, 또 복습하게 하라

복습을 하지 않고 성적향상을 기대하는 것은 감나무 밑에서 감이 떨어지길 기다리는 것과 같다. 그런데 복습에도 순서가 있다. 복습을 하겠다고 몇 달 전에 배운 내용을 들추는 아이치고 공부 잘하는 아이가 없다. 최근에 배운 내용을, 가능한 한 하루가 지나기 전에 기억을 되살려가며 복습하는 것이 가장 효율적이다. 그리고 일정 정도의 시간이 지난 후, 예를 들어 3일이나 일주일 후에 다시 한 번 복습하면 효과는 배가 된다. 그날그날 복습하는 습관만큼 공부하는 데 좋은 것은 없다. 예습도 중요하지만, 복습 없는 예습은 발목을 잡히는 꼴이 될 수도 있다. 진도를 나가고 싶어도 이전에 배운 내용이 정리되지 않았다면 가던 길을 멈출 수밖에 없다. 더 먼 길을, 좀 더 빨리 가고 싶다면 돌아온 길을 돌아보는 것이 최선이다.


### 자기만의 학습 스타일을 개발하게 하라

여러 사람이 모인, 시끌벅적한 교실이나 도서관에서 공부가 잘되는 사람이 있는가 하면 폐쇄된 공간, 즉 독서실이나 공부방에서 잘되는 사람도 있다. 버스나 지하철 속에서 짬짬이 하는 게 더 좋다는 사람도 있고, 화장실에서가 좋다는 사람도 있다. 학습장소도 개인에 따라 최적의 장소가 다른 것이다. 무조건 도서관에 보낸다고 공부하는 것이 아니라는 말이다. 결국 가장 효과적인 학습공간을 제공해주어 학습능률이나 동기를 북돋워주어야 하는 것이다.

어릴 때부터 자기만의 특별한 학습공간을 마련해주는 것도 아이의 학습습관을 위해 좋다. 대부분 암기과목은 새벽시간을, 이해력 위주의 과목은 저녁시간을 폭넓게 활용하는 것이 좋다고 한다. 학습시간도 기억력이나 이해력에 큰 영향을 끼치는 것이다. 공부하는 시간을 이른 새벽시간대, 낮 시간대, 심야 시간대로 나누어볼 수 있는데, 개인의 체질이나 습관에 따라 세 가지 유형 중 한 가지를 선호한다. 따라서 하루 종일 앉아서 공부만 하는 것보다는 특정 시간에 집중해서 공부하는 것이 보다 효과적이다. 개인의 체력과 생체리듬에 따라 자기만의 학습공간과 학습시간을 찾아내어 활용하는 것이 좋겠다.

### 집중하고, 또 집중하게 하라

주어진 시간 내내 공부하게 하는 것보다 일정량의 학습과제를 부여하고 완수하면 나머지는 개인적으로 시간을 이용할 수 있도록 하는 것이 좋다. 이것이 짧은 시간 내에 목표를 달성하게 하는 방법이다. 나머지 시간을 제 마음대로 활용할 수 있는 만큼 아이는 목표를 빨리 이루기 위해 집중력을 발휘한다. 누누이 이야기하지만 무조건 책을 들고 있다고 해서 공부하는 것은 아니다.

집중력을 높이기 위해서는 해야 할 분량을 먼저 정하는 것이 좋다. 또 두세 시간 동안 한 과목을 잡고 있는 것보다 두세 과목을 공부하는 것이 뇌의 피곤도 덜고 집중력도 높이는 데 효과적이다. 다만 자율적인 학습이 이루어지기 전까지는 일일 단위의 학습량이나 일주일 단위의 학습량을 제시하고 반드시 확인하는 과정을 거쳐야 한다. 그리고 제 목표량을 달성했을 때 어떤 형태의 보상을 제공해주면 효과는 더욱 커진다. 하루의 성공은 일주일의 성공을 이끌어내는 원동력이 되고, 일주일의 성공은 한 달 성공의 초석이 된다.

### IQ도 중요하지만 EQ는 더 중요하다

학습에 영향을 끼치는 요인 중 하나가 바로 감성지수, EQ다. IQ<sup>지능지수</sup>가 높다고 무조건 공부를 잘하는 것은 아니다. 하지만 EQ가 높으면 기대 이상의 효과를 창출하곤 한다. 정서적으로 안정된 아이가 그렇지 못한 아이에 비해 학습성취 동기가 높고 참여의식이 왕성하다는 것은 이미 설명했다. 참여의식이 강할수록 목표를 달성하고자 하는 신념 역시 강한 법이다. 건강하고 똑똑한 아이 못지않게 정서적으로 안정된 아이로 키우는 것이 가장 중요한 것이다. 요즘 부모들을 보면 오로지 공부 잘하는 것 이외에는 별다른 관심을 갖지 않는다. 서너 살이나 지났을까 하는 아이들을 유명하다는 학원으로 죄다 끌고 다닌다. 정서적인 안정이나 발달은 관심 밖의 일이다. 그러나 인지·정서발달에도 단계별 과정이 있고 과제가 있다. 이 과정에서 발달시키지 못하면 자연적으로 그 과정은 생략되거나 이전 단계에 고착되어 버린다. 부모의 극성에 왜곡된 정서만을 가진 사람으로 성장할 수도 있는 것이다.

또 연구보고에 의하면 예능 과외를 많이 받는다고 그 아이가 훌륭한 감성을 갖는 것은 아니라고 한다. 학습능력만 강요당하면 심각한 소아우울증이나 신경병적인 증상을 호소하게 될지도 모른다. 근래 들어 소아신경정신과가 문전성시를 이루고 있다는 것이 그 증거가 아닐까.

# 핵심 학습코칭 11가지



## 나를 감독하라

CF감독은 광고주의 의도와 목표에 맞는 광고를 제작하는 막중한 책임을 안고 있다. 연출자와 같은 일을 하지만 기술뿐만 아니라 자신의 독특한 해석능력을 무기로 짧은 시간에 모든 것을 함축적으로 담아내는 데 탁월한 능력이 필요하다. 자신만의 강력한 색깔을 갖고 있어야 똑같은 대본이라도 자신만의 느낌을 담은 영상을 만들어낼 수 있다. 때문에 CF감독은 스태프들과의 브레인스토밍을 통해 논의된 전략과 아이디어를 바탕으로 전체적인 콘티를 구성하고, 여기에 수정을 거듭한 후에야 비로소 촬영에 돌입한다.

'공부'는 어떨까? 당연히 감독의 역할을 하는 이가 있어야 한다. 그

238

러면 누가 감독이어야 할까?

우리 현실에서 공부에 있어서의 감독은 주로 엄마가 맡고 있다. 그러나 청소하라고 잔소리를 듣고서 한 청소보다 스스로, 자발적으로 한 청소일 때 더 깨끗하다는 것을 우리는 이미 알고 있다. 스스로의 의지로, 스스로의 판단으로 하는 행동이 그만큼 성과도 크다. 공부도 마찬가지다. 매번 공부해라, 학원 가라, 숙제 해라, 하는 등의 지시를 들어서는 흥도 나지 않고, 성과가 있다 해도 나의 성과로 받아들여지지 않는다. 반면 내 스스로가 감독이 되어 필요한 것을 찾아보고 그 결과에 맞춰 공부해 나간다면 성과가 온전히 내 것이 될 뿐 아니라, 성과만큼의 기쁨도 온전히 내 것이 된다. 당연히 학습의 효과도 크다. 우리는 이런 아이를 가리켜 자기주도적으로 학습을 하고 있다고 말한다. 자기주도적으로 학습하는 것이 중요한 이유는 이런 아이가 졸업 후에 자신의 인생을 자기주도적으로 설계하고 그에 따라 적극적으로 건설해나가기 때문이다.

혼자 하는 일인데 무슨 감독이 필요하냐고 되물을 수도 있다. 그러나 스스로가 감독이 되어 감독으로서의 역할, 즉 현실을 직시하고 그에 맞는 전략과 전술을 잘 짜는 등의 일을 수행할 때 기대 이상의 효과를 거둘 수 있다. 바로 여기에서 말하는 '감독'이란 '자기관리능력'인 것이다. 누가 지켜볼 때나 지시를 받을 때에만 행동하는 사람은, 다시 말해 다른 사람에 의해서 수동적으로만 행동하는 사람은 보는 사람이 없거나 시키는 사람이 없으면 행동하려 하지 않는다.

그러면 다른 감독들은 어떤가? 2002년 한일월드컵에서 우리나라 국가대표팀은 4강 신화를 이룩했다. 그간의 노하우로 훌륭한 선수들이 배출되었고, 국가의 전폭적인 지원도 한몫했다. 하지만 무엇보다도 히딩크라는 훌륭한 감독이 있었기 때문에 가능했던 일 아니었을까? 이렇듯 학습에 있어서도 누가 감독인가 하는 문제는 매우 중요하다. 감독에 따라 공부방법이나 그 결과가 엄청난 차이를 보이기 때문이다.

가정 살림을 꾸려나가는 감독은 부모다. 학교 살림을 꾸려나가는 감독은 교사다. 그러나 공부 살림을 꾸려나가야 하는 사람은 바로 공부하는 사람, 본인이어야 한다. 따라서 아이 스스로 학습에 있어서의 감독이 자기 자신이어야 한다는 사실을 깨닫게 하는 것이 바로 부모나 교사 같은 어른들의 일이다.

감독은 감독으로서 갖추고 있어야 하는 기본지식, 제작능력과 연출능력, 그리고 자신을 신뢰해 일을 맡겨주는 광고주가 있을 때 멋진 감독이 될 수 있다. 마찬가지로 아이는 혼자서 공부하는 학습습관, 자기만의 과목별 학습방법, 학습분위기, 공부하는 능력, 그리고 자기를 믿고 신뢰해주는 부모가 있을 때 스스로 감독이 될 수 있다.

우리는 잘하는 일도 많지만, 잘하지 못하는 일도 많이 있다. 사람마다 특기 적성이 다르기 때문이다. 못한다고 기죽을 필요도 없고, 잘한다고 으쓱할 필요도 없다.

# 공부력이 관건이다

촬영을 위한 콘티에는 배우의 동선, 카메라의 동선, 구도, 조명의 위치나 조도 등 세세한 촬영 테크닉을 기입할 뿐만 아니라 구체적으로 장면을 표현해놓는다. 공부도 그리해야 한다. 막연하게 공부하는 것이 아니라 학습 콘티를 토대로 세세한 학습계획을 세우고 이를 바탕으로 공부해야 하는 것이다. 명문대학에 입학한 학생들의 공통점도 바로 자신이 하고자 하는 분명한 목표를 설정하고 구체적인 학습 콘티를 작성했다는 것이었다.

전체적인 학습 콘티를 작성했다면 1차적으로는 학습 콘티를 보다 구체적이고 세분화시켜서 실천 가능한 학습일과계획표를 작성해야 한다. 2차적으로는 그중에서도 좋아하는 과목이나 비중이 큰 과목의 학습능력을 향상시키기 위한 학습전략을 세워야 한다. 그리고 아이가 꿈꾸는 비전에 대한 강력한 메시지를 주변 사람들이 알 수 있도록 해야 한다. 그래야 꿈을 펼치기 위해 적극적으로 도움을 요청할 수 있고, 도움을 받을 수 있다.

훌륭한 감독은 현장에서 많은 스태프들과 함께 책임감과 집중력, 추진력을 가지고 촬영을 진행한다. 공부를 잘하는 아이 역시 책임감, 집중력, 추진력을 가지고 공부를 한다. 학습에 있어서의 책임감, 집중력, 추진력은 바로 자기주도학습을 가능하게 하는 공부력의 다른 말이다. 학습을 하고 이를 지속적으로 성장시키기 위해서는 공부력을 갖추고 있어야 한다.

첫째, 공부력은 책임감이다. 책임감이 있다는 것은 해야 할 일들이 무엇인지 알고 끝까지 맡아서 잘 수행한다는 의미다. 학생에게 공부는 '해야 할 일'이다. 도산 안창호<sub>安昌浩, 독립운동가</sub> 선생은 "책임감이 있는 이는 역사의 주인이요, 책임감이 없는 이는 역사의 객"이라고 했다. 누구나 스쳐 지나가는 손님이기보다 주인이 되기를 바란다. 해야만 하는 공부에 책임감이 없다면 자기 인생의 주인이 될 수 없다는 것을 깨닫게 해주어야 한다.

둘째, 공부력은 집중력이다. 집중력은 마음이나 주의를 오로지 어느 한곳에 쏟을 수 있는 힘으로서 목표달성의 기본이 된다. 사실 학습성과의 차이는 집중력의 차이라고 해도 과언은 아니다. 다시 말하면 공부력은 집중력이 얼마나 되는가, 바로 집중력의 크기와 비례한다는 것이다.

어떤 아이는 공부만 하면 주변의 어떤 방해 요소도 보지도, 듣지도 못 한다. 그만큼 집중력이 뛰어난 것이다. 학습성과도 당연히 좋을 수밖에 없다. 집중력이 흩어지면 주관도 흐려지고 목표도 흔들린다. 지금 해야 할 일에 집중하고 매진하면 목표를 달성하게 된다. 바로 그것이 성공이다. 요즘 아이들은 뛰어난 능력을 가지고 있다. 그러나 집중력은 부족하다. 장시간의 텔레비전 시청, 컴퓨터와 휴대폰 사용에 정신을 놓고 있으니 그럴 수밖에 없다. 또 불규칙적인 생활태도도 집중력 저하의 원인이 된다. 책상이 정리·정돈되어 있는 않은 것도 좋지 않다. 가능한 한 집중할 수 있도록 주변을 정리하고 규칙적으로 생활

해야 한다.

셋째, 공부력은 추진력이다. 추진력은 자신의 미래 꿈과 희망을 향하여 전진할 수 있는 원동력이다. 여객선이나 항공기처럼 그 큰 물체를 움직일 수 있는 것은 엔진의 힘, 바로 추진력이다. 공부에 있어서도 추진력은 공부 능력을 향상시키고 목표를 향하여 밀고 나아가게 한다. 책임감이나 집중력도 중요하지만, 결국 추진력이 없다면 모든 공부는 열정만큼 결실을 거둘 수 없다. 요즘 아이들은 외형적으로 덩치도 크고 어른 흉내도 곧잘 낸다. 하지만 꿈과 희망을 향해 달려갈 수 있는 열정과 추진력이 없다면 어린아이에 불과하다.

또 자동차를 운전하다 보면 언덕을 오를 때가 있다. 배기량 3천CC 이상의 중대형 차량은 언덕을 거뜬하게 치고 오른다. 하지만 소형차는 있는 힘을 다해 가속기를 밟아도 마음처럼 거뜬하게 올라갈 수가 없다. 추진력이 어느 정도인가에 따라 목표에 도달할 수도, 중도에 멈춰버릴 수도 있는 것이다.



# 때를 놓치지 마라


모든 것에는 때가 있다는 말이 있다. 결혼도 그렇고, 출산도 그렇고……. 그중에서도 때를 놓치면 다시 하기가 결코 쉽지 않은 것이 바로 공부와 운동이다. 신체운동이나 지능발달 및 학습능력은 신체의 성장과 밀접한 관계가 있다. 특정시기를 언제부터 언제까지라고 못 박을 수는 없지만 황금기가 있는 것은 분명한 사실이다.

스포츠의 경우 모든 신체조건이 즉각적인 반응을 불러일으키는 반사 신경계가 발달하는 시기에 주목해야 한다. 이때 훌륭한 코치를 만나면 기대 이상의 효과를 얻을 수 있다. 하지만 이 시기를 놓치게 되면 몇 배 이상의 노력이 필요하고, 그렇다 하더라도 흡족한 결과를 얻기가 쉽지 않다. 유명한 프로선수 대부분이 어릴 때부터 운동을 시작했다. 종목에 필요한 신체조건이 형성되기 전부터 선수로 활동하기에 적합한 신체발달이 이루어지도록 어릴 때부터 기본기를 다졌다는 의미다. 성장한 후에 시작해서는 자세교정마저도 결코 쉽지 않은 이유가 여기에 있다. 마찬가지로 지능이 높고, 좋은 환경에 좋은 선생님을 갖췄다 해도 최적의 시기를 놓치면 몇 배 이상의 노력을 해야만 한다.

그렇다면 언제가 최적의 시기일까? 바로 초등학교 4~5학년 때다. 이 시기의 아이는 신체적으로나 정신적으로 급속한 발달을 이룬다. 때문에 이 시기에 공부하는 것에 익숙해지지 않고 노는 것에만 치중하면 학습습관이 형성되지 않는다. 결국 상급학교에 진학했을 때 곤경에 빠지게 된다. 여기에 인생의 제1관문인 사춘기를 맞게 되면 공부에 대한 스트레스와 부모에 대한 반항으로 적잖은 방황을 하게 된다. 이런 시기에 공부가 제대로 될 리 없다.

신체발달에 맞춰 운동능력을 키워주는 것도 중요하지만, 두뇌발달에 맞춰 자기주도적인 학습이 이루어질 수 있도록 공부습관을 만들어주는 학습코칭이 필요하다. 습관은 고치기 힘든 것이다. 오죽하면 세 살 버릇이 여든까지 간다고 했을까. 어릴 때 좋은 습관이 형성된 아이는 자율적으로 자신의 일을 척척 해나간다. 또 공부에 있어서도 자신의 공부감독이 자기 자신인 만큼 학습에 대한 분명한 스킬을 갖고 있다.

모든 사람에게 가장 공평하게 주어지는 것은 시간이다. 하루 24시간을 어떻게 사용하느냐는 순전히 개인의 몫이다. 기회를 활용하는 것 역시 개인의 의지에 달렸다. 주어진 기회를 사용하느냐, 그렇지 않고 못 하느냐는 훗날 인생의 성공자가 되느냐, 실패자가 되느냐의 문제다. 그리고 스스로 판단하고 실천하기에 아직 어린아이일수록 부모의 도움이 필요하다.



# 예습보다 복습을 하라


좋은 습관을 갖게 한다고 초등학생이 고시생처럼 공부해도 될까? 초등학생 때부터 평소에 학습하는 좋은 습관과 체계적인 시간관리 방법을 익히게 하되, 학습 소화량을 점진적으로 늘려가는 것이 바람직하다. 아무리 맛있는 음식도 소화시키지 못한 채로 먹기만 하면 소화불량이 되고, 급기야 병을 유발한다. 그런데 음식물만 소화가 필요한 것이 아니다. 학습도 소화를 거쳐야만 비로소 내 것이 된다. 그리고 학습에서의 소화는 바로 복습으로 가능하다. 만약 그날 배운 학습내용을 이해하지 못한 채 넘어갔다고 해보자. 물론 다음 날에는 새로운 내용을 배우게 된다. 이해해야 하는 학습내용이 이틀치가 되고 만다. 이렇게 몇 날을 보내고, 다시 몇 달을 보내면 도무지 따라가지 못하는 지경에 이르게 된다. 결국 학습에 대한 흥미도, 의욕도 사라지면서 학교를 이탈해 흥밋거리를 찾아 전전하는 지경에 이른다. 하지만 상급학교에 진학할수록 학습량도 방대해진다. 즉, 초등학생 때의 좋은 습관을 디딤돌 삼아 중학생 시기를 잘 극복해야 고등학생 때 안정적인 학습이 가능해지는 것이다.

우리는 소화불량 증상이 나타나면 병원에 가서 약을 처방 받아 먹는다. 병원에 가는 이유는 무엇이 문제인지 정확하게 진단해야 하기 때문이다. 원인을 규명하면 대처할 방법이 나타난다. 또 문제를 초기에 발견할수록 치료도 간단하다. 소화불량을 넘어 위장병에서 위암의 지경에 이르게 되면 보다 복잡한 치료를 해야 하고, 비용이나 시간도 많이 필요하다. 만약 아이가 공부에 흥미를 갖지 못한다면 공부하라고 야단만 칠 것이 아니라 흥미를 느끼지 못하는 원인을 찾아야 한다. 근본적인 원인을 찾아 해결하지 않은 채 당장 눈에 보이는 문제만 해결하려 하는 것은 아이를 공부에서 더 멀어지게 할 뿐이다.

핵심 학습코칭 5
# 똑같은 붕어빵보다 못생긴 호떡이 낫다

우리나라는 인적자원이 전부다. 때문에 창의성은 더 잘 살기 위함이 아니라 '살아남기' 위한 생존전략이다. 그러나 지금 우리 아이들은 틀에 박힌 교육과정에 따라 너나없이 비슷한 일상을 보낸다. 비슷한 생각의 크기와 비슷한 마음의 크기를 갖게 되는 것이다. 하지만 2011년을 기점으로 유치원, 초·중·고, 대학과 기업, 공공기관에 이르기까지 창의적 인재 육성에 대한 요구가 날로 높아지고 있다. 시도 교육청이나 학교에서 학생 및 학부모의 요구를 채워주기 위한 '창의적인 인재 양성' 또는 '창의적인 인성교육 강화'에 관심을 갖는 것도 같은 맥락이다. 하지만 붕어빵식의 교육 시스템 속에서 얼마만큼의 성과를 이룰 수 있을지 의문이 드는 것도 사실이다.

'창의적 인재'라고 했을 때 학부모들은 가장 먼저 '천재적 재능'이 있거나 '위대한 발명'을 해야 하는 것으로 생각한다. 창의성을 지적능력과 동일시하는 것이다. 하지만 이는 오해다. 창의성은 삶의 방식, 세계를 지각하는 방법, 신체적·지적 성장에 따른 저마다의 방법이다. 창의적인 사람은 창조의 과정 자체를 즐긴다. 그들은 틀에 박힌 수학 공식을 무조건적으로 따라 하기보다 나름대로의 방법을 찾는다. 문제 자체에 대한 지적 호기심이 강하고, 자유롭게 생각하는 탐색 영역이 훨씬 넓다. 의외의 접근 방법을 주장하는데, 때로는 그 과정 중에 놀랄 만한 성과를 얻기도 한다.

창의적인 학습이 가능하기 위해서는 암기위주 형태의 수학 공식적 문제해결에 학습내용을 묶어두지 않는 폭넓은 생각과 풍부한 지식이 필요하다. 그 속에는 엉뚱한 질문들도 포함되어 있지만 두려워할 필요가 없다. 그 엉뚱함이 기존의 틀에 박힌 사고의 틀을 깨고 학습동기를 유발하게 할 것이다. 이러한 창의력이 학습습관뿐 아니라 일상습관으로까지 이어진다면 자존감 형성에도 바람직한 영향력을 끼친다. 자존감은 성공적인 삶의 원동력이다.

공부력을 갖춘 아이는 창의적인 학습이 가능하다. 학습자가 수업에 임하는 학습준비 태도에서부터 창의적 학습은 시작된다. 보통 '예습'이라고 하면 오늘 공부할 내용을 미리 공부해두는 것이라 생각한다. 하지만 그보다는 그 단원을 공부하기에 최적의 상태로 준비시키는 과정이어야 한다. 학습에 참여하는 환경을 조성하고, 집중적인 수업분위기를 만드는 것만으로도 심리적으로 학습동기가 일어난다. 교과서를 펴서 학습목표를 읽고 큰 제목들만을 훑어봄으로써 학습 전에 정리하는 것, 그것이 바로 예습이다. '왜 이런 내용이 나왔을까' 하는 질문과 예상되는 답을 미리 구해보는 것, 그리고 어떤 답을 구하게 될 것인지를 기대하며 상상하는 기다림이 바로 창의성을 일깨우는 준비학습, 곧 예습이어야 한다.

질문거리가 생기면 학습에 활발하게 임하게 된다. 그러면 주변 학생이나 교사의 관심을 받게 되고, 이는 다시 동기가 되어 또 다른 학습에 대한 관심과 심리적 자신감으로 이어진다. 자신감은 나를 능동적으로 바꾸고, 진취적으로 만든다. 공부 잘하는 아이가 학교 밖의 참여활동에도 많은 관심을 갖는 것이 바로 이 때문이다. 반대로 질문할 것도 없고 발표할 것도 없으면 주목을 받지 못하고, 결국 학습에 흥미가 떨어진다. 공부에서 멀어지고 마는 것이다. 그리고 자신감 저하로 이어지면서 매사에 수동적이고 비관적인 성향을 갖게 된다.

예습은 아이로 하여금 다양한 순간적인 생각과 질문을 미리 정리하게 한다. 그로 인해 아이는 궁금증으로 인한 지적 배고픔의 상태를 경험한다. 보통 배고픈 상태에서는 음식점에 들어가기 전 메뉴만 생각해도 입안에 침이 가득하다. 심지어 문을 열고 들어가는 것만으로도 온몸의 감각이 음식 냄새와 다른 테이블 위에 있는 음식들에 반응한다. 그러다 보니 주문한 지 5분도 안 되어 "왜 빨리 안 주냐"며 아우성을 친다. 지적 배고픔 역시 학습의 동기가 된다. 동기가 클수록 공부는 재미있다. 그리고 일단 공부 맛을 알게 되면 그 기억을 쉽게 잊어버릴 수 없다. 무언가의 마니아가 되듯 공부 마니아가 될 수도 있다.



# 인내를 이기는 것은 없다

광고는 길어야 30초다. 광고를 찍는 CF감독은 이 짧은 시간 안에 제품에 대한 모든 것을 담아내야 한다. 광고는 제품의 정보를 보여주는 것뿐만 아니라 구매욕구까지 불러일으켜야 한다. 때문에 광고는 영화보다 더 화려하고 특별한 촬영기법이 사용되기도 한다. 메가스터디 엠베스트 광고에 출연한 경험에 의하면 광고만큼 완벽을 기하는 일도 없는 듯하다. 감독이 원하는 장면이 나올 때까지, 즉 OK 사인이 떨어지기 전까지 촬영은 끊임없이 반복되었다. 최상의 결과물을 얻기 위해서는 반복하고, 또 반복하는 방법밖에 없었다. 또 촬영에 참여하는 그 누구의 역할도 중요하지 않은 것이 없었다. 스태프는 스태프대로, 출연자는 출연자대로, 감독은 감독대로 맡은 바에 최선을 다해야만 하는 공동운명체였다.

촬영은 대사 없이 공부하는 장면만 찍은 학생이 먼저 시작했다. 얼굴 표정, 손놀림, 고개 끄덕임, 시선만을 촬영하는 것이었는데도 감독은 연신 "다시"를 외쳤다. 이를 지켜보고 있자니 대사를 해야 하는 나로서는 걱정이 앞섰다. 오랜 기다림으로 인해 지친 데다가 추위로 인한 오한, 거기에 긴장까지 더하니 고작 25초짜리 대사일 뿐인데도 얼굴은 경직되고 말은 꼬였다. 말이 너무 빠르다고, 높낮이가 맞지 않다고, 순간 대사를 잊어버렸다고, 말을 하기도 전에 입안에서 말이 엉겼다고, 말과 표정이 맞지 않았다고, 제스처가 일치되지 않았다고, 시선이 불안하다고, 눈꺼풀이 내려왔다고……. 끝이 나지 않을 것만 같은 반복 속에 인내심의 한계를 테스트당하고 있는 듯한 느낌을 받았다. 완전 악몽이었다. 만약 감독이 화를 냈거나 내게 핀잔을 주었다면, 스태프들이 NG가 날 때마다 내게 원망의 시선을 보냈다면 아마도 그 촬영을 마치지 못했을 것이다. 감독은 NG가 날 때마다 직접 시연해 보이면서 "다 좋았는데, 조금만 더 잘해보자"며 끊임없이 나를 격려해주었던 것이다.

학습코칭의 비밀도 특별한 것이 아니다. 부모의 끝없는 격려와 모델로서의 역할이 바로 그것이다. 못한다는 야단이나 잔소리는 아이의 학습동기를 상실시킨다. 때로는 마음에 들지 않더라도, 속으로는 왜 그것도 못하냐고 버럭 하더라도, 결코 겉으로 드러내서는 안 된다. 한두 번이 아니더라도 참고 인내해야 한다. 인내할 줄 알아야 공부를 잘

한다고 했다. 그리고 공부를 잘하는 아이를 만드는 것은 부모의 인내심이다. 부모의 인내심이야 말로 아이의 공부력을 최상으로 이끌어주는 원동력이 된다.



# 폭식도, 편식도 피해라

뷔페식당에 가면 우리는 보통 짧은 시간에 수십 가지의 음식을 먹는다. 한식은 기본이요, 양식, 중식, 일식까지 길어야 한두 시간 안에 찬 것, 더운 것을 가리지 않고 며칠 굶은 사람처럼 먹고, 또 먹어치운다. 본전 생각이 나서일까? 1인당 3만 원이라면 적어도 5만 원어치는 먹어야 아깝지 않다고 생각한다. '공짜라면 양잿물도 마신다'는 것도 비슷한 심리이지 않을까 싶다. 공으로 생기는 것이면 무엇이든 가리지 않는다는데 돈까지 냈으니 오죽하랴. 그런데 이상한 것은 흡입 수준으로 먹고 나와도 돌아서면 먹은 것이 없는 듯 허전하다는 점이다. 괜히 속만 더부룩하다. 자칫 배탈이라도 나면 이전의 영양분까지 쏟아내고 만다.

또 이런 사람도 있다. 식사 시간과 식사량, 식사 메뉴가 불규칙해서 하루에 한 끼도 못 먹기도 하고, 하루에 네다섯 끼를 먹기도 하며, 또 어떤 날은 온종일 라면이나 햄버거 같은 패스트푸드만 먹을 때도 있다. 게다가 식사 시간이 일정치 않은 탓에 한번 먹을 때 평소 양보다 많이 먹는, 즉 폭식을 하는 습관이 있다. 그러다 보니 그의 소화기관은 그야말로 종합병원이 따로 없다.

폭식습관은 소화불량과 비만을 야기하고, 면역성마저 떨어뜨린다. 질병에 걸리기 쉬운 체질이 되는 것이다. 사실 건강을 유지하는 데는 건강한 음식을 정해진 시간에 정해진 양만큼 규칙적으로 먹는 것만 한 것이 없다. 장수하는 집안을 보면 폭식하거나 끼니를 거르는 일이 없다. 그들은 어디를 가든 평소 먹는 양보다 많이 먹으려고 식탐을 부리지 않는다. 맛있다고 더 많이 먹거나 맛없다고 안 먹는 것도 아니다. 매일 스스로 정해둔 일정량의 음식, 다양한 영양분의 음식을 빠지지 않고 꾸준하게 잘 챙겨 먹는다.

어린아이들은 자기 먹고 싶은 것만 골라 먹는다. 그런데 식습관은 아이의 신체발달에 큰 영향을 미친다. 편식을 하게 되면 균형 있는 발달을 기대할 수 없다. 때문에 식습관에 있어서 부모의 직접적인 관리가 중요하다. 한번 만들어진 식습관은 성인이 되더라도 쉽게 고쳐지지 않는다. 필요한 영양소가 제때 공급될 수 있도록 해야 하는 것이다.

공부습관도 그렇다. 어릴 때 공부하는 습관이 몸에 배어 있어야 상급학교에 가서도 좋은 성적을 받을 수 있다. 때로는 벼락치기 공부법이 효과를 발휘하기도 한다. 그러나 벼락치기는 폭식과 같다. 필요에 의해 단기간에 집중해서 학습내용을 먹어치운다. 그러다 보면 머릿속에서 앞뒤가 뒤바뀌고, 내용이 뒤섞이곤 한다. 범위가 좁거나 일시적인 시험이라면 어느 정도 효과가 있기는 하다. 하지만 이런 방법으로는 수능시험에 좋은 성적을 받기란 거의 불가능에 가깝다. 결국 기대한 목표를 달성할 수 없게 된다.

우등생들의 공부법은 의외로 간단하다. 학습계획에 따라 매일같이 차근차근 열심히 복습한다. 시험 전까지 최근 일주일 전부터 배운 것을 깔끔하게 정리하고 복습하기를 반복한다. 폭식도, 편식도 하지 않는다. 차분하게 단계별로 학습효과를 거두게 되면 학습에 대한 흥미도 저절로 높아질 수밖에 없다.

공부력은 장거리 마라톤을 할 수 있는 공부체력을 만든다고 생각하면 간단하다. 하루에 많은 시간을 몰아서 공부하는 것보다 매일 학습할 양을 정해서 공부하는 것이 상위권 성적을 갖는 비법이다.



# 골프에서 배워라


골프와 공부는 닮아도 너무 닮아 있다. 골프는 집중력을 요하는 최강의 멘탈Mental스포츠다. 집중하지 못하는 순간 공은 엉뚱한 곳으로 나아간다. 공부도 마찬가지다.

골프는 한번 쳤을 때 좌우로 흔들리거나 하면 페어웨이 위에 공을 올릴 수가 없다. 심하면 워터해저드에 빠뜨릴 수도 있다. 벌점도 가해진다. 3~4홀에서 보기bogey가 나면 그나마 괜찮다. 다음 홀에서 얼마든지 만회할 수가 있기 때문이다. 그러나 16홀쯤에서 보기가 나면 지금껏 잘해온 경기를 망쳐버릴 수도 있다. 18홀까지 최대 거리로 똑바로

치는 것, 그것이 골프의 핵심인 것이다.

부모는 누구나 아이가 자신의 뜻대로 똑바로 성장해주길 바란다. 예의도 바르고, 공부도 잘하고, 학교생활도 잘하고, 그러다가 명문대학에 가서 제 앞가림을 하길 바란다. 그런데 부모 뜻대로 되지만은 않는 것이 또한 자식이다. 그나마 초등학생이나 중학생 때 사춘기를 만나면 벙커나 해저드에서 방황하더라도 얼마든지 마지막 라운딩에 집중할 수 있는 시간적 여유가 있다. 그러나 고등학생 때 갑자기 아이가 엇나가면 부모는 당황한다. 마지막 라운딩이라고 할 만한 대학입시가 코앞이기 때문이다.

공부력 역시 하루아침에 형성되는 것이 아니다. 야구의 9회 말이나 축구의 인저리타임으로는 절대로 불가능하다. 골프에서는 '18홀이 지나면 내가 할 수 있는 것이 없다'고 한다. 18홀이 지난 다음 정신 차려봤자 소용없다는 말이다. 아이도 18세면 이미 법적으로 성인이다. 18세가 되어서야 벼락치기로 공부한들 원하는 성과를 얻기 힘들다. 엇더라도 몇 배 이상의 노력이 따라야 한다.

골프를 칠 때 많이 듣는 말이 "안 될수록 패지 말고 띄워줘야 한다", "잘못 때리면 딴 길로 빠져나가 비뚤어진다"는 말이다. 공부도 그렇다. 회초리나 체벌로 다듬어질 수 있는 것이 아니라는 말이다. 어깨에 힘이 많이 들어가는 만큼 공은 다른 방향으로 날아가 버린다. 공부 못한다고 아이를 때릴 생각하지 말고 오히려 칭찬과 격려로 아이의 마음을 가다듬어주어야 하는 것이다. '미운 자식 떡 하나 더 준다'는 말처럼. 미울수록, 잘못할수록 칭찬과 격려를 아끼지 말아야 한다.

간혹 고3이 갑자기 정신 차리고 공부해서 성공한 사례도 있다. 하지만 결코 일반적일 수 없는 일이다. 그러기에 신문을 장식하는 것이다. 신문기사를 보고 용기를 얻어 도전한다면 그 또한 기쁜 일이다. 하지만 처음부터 작정하고 놀다가 고3 마지막 기회만 노린다면 100% 실패할 수밖에 없다.



# 책 속의 길을 찾아라

우리는 대부분 '책 속에 길이 있다'는 것을 별로 생각지 않고 책장을 넘긴다. 그러나 책 속에는 분명히 길이 있다. 그리고 그 길 끝에는 저자의 교육철학이나 기획의도에 따라 지어진 멋진 전원주택이 기다리고 있다. 그 목적지를 알고 있다면 그 길을 따라가는 발걸음이 한결 씩씩할 것이고 힘찰 것이다.

자동차를 운전할 때 보면 좀 더 빨리 목적지에 도착하기 위해 출발 전에 교통상황이나 빠른 길을 검색하기도 하고, 달리는 중간중간 가속페달을 많이 밟기까지 한다. 그러나 목적지가 없거나 정해진 시간이 없다면 특별한 이유 없이도 한두 번쯤은 휴게소에 들릴 것이다. 급한 것이 없기 때문이다. 또 목적지도 있고 정해진 시간이 있어도 목적지까지 가는 길을 다양하게 잘 알고 있는 사람과 전혀 모르는 사람과의 차이도 존재한다. 내비게이션만 믿고 있는 것도 마찬가지다. 지도를 잘 활용하는 사람과 무조건 내비게이션만 따라가는 사람, 어떤 이가 목적지에 먼저 도착할까? 지도를 활용할 줄 아는 사람은 출발 전에 지도상에서 목적지를 설정하고 지도를 보면서 머릿속으로 어디로 해서 어떻게 갈 것인지 생각하고 출발한다. 반면 무작정 내비게이션만 믿고 운전하는 사람은 위성이나 통신 상황에 따라 종종 낭패를 경험하게 된다. GPS 수신신호가 불량인 경우 신호 탐지가 늦어 우회전을 해야 하는 곳에서 직진을 할 수도 있고, 그러다 보면 한두 바퀴쯤은 예사로 방황하게 되는 것이다. 바로 모범운전자와 그렇지 않은 운전자의 차이다. 과속단속 카메라를 확인하거나 잠깐 모르는 길을 가야 할 때를 제외하면 자기만의 방식대로 운전하는 사람이 될 것인가, 내비게이션에 전적으로 의존하는 길치가 될 것인가.

책 속에도 출발점에서부터 목적지에 이르는 중간중간 분명한 이정표가 있다. 때로는 휴게소도 있고 주유소도 있다. 공부력을 갖춘 아이는 모범운전자처럼 출발 전에 자기가 가야 할 목적지를 분명히 설정하고 머릿속으로 지도를 그린 후에 출발한다. 어디쯤에서 주유하고 어디쯤에서 휴식할 것인지도 분명하게 계획한다. 준비와 철저한 계획성 아래 공부를 하는 것이다. 때문에 그 아이의 머릿속에는 단원별 대주제와 소주제들이 곳곳에 이정표처럼 붙어 있고 친절한 보충설명까지 되어 있다. 전체적인 그림을 그릴 줄 알기에 정확한 공부 맵을 그릴 줄도 알고, 때로는 어디서 실수했는지도 쉽게 찾아내고, 다시 가야 할 방향도 정확하게 안다.

똑같은 책을 읽고도 내용을 전체적인 맥락에 따라 간결하게 설명하는 사람이 있는가 하면 그냥 "재미있었다"라는 정도로 말하는 사람도 있다. 그들의 공부력을 평가해보자면 전자는 A, 후자는 D라고 할 수 있다. 똑같은 책을 읽고, 똑같은 영화를 보고, 똑같은 경기를 관람했더라도 다른 사람에게 전달하는 내용에 차이를 보이는 이들이 있다면 그것은 언어능력이나 머리의 좋고 나쁨 때문이 아니라 형상을 재구조화시키는 능력의 차이다. 이는 바로 공부방법의 차이이기도 하다.

간혹 "나는 기억력이 나빠서 지나간 상황을 잘 기억하지 못한다"거나 "내 관심분야가 아니라서 잘 모르겠다"고도 한다. 물론 기억력의 좋고 나쁨이나 관심분야에 따라 설명에 차이가 나기도 한다. 그러나 전체적인 그림을 그리는 것은 꼭 엄청난 기억력이나 관심에 의한 것만은 아니다. 조금만 더 집중한다면, 전체적으로 볼 수 있다면 전혀 불가능한 일이 아니다. 모든 교과목들은 문제와 정답을 동시에 안고 있다. 숨어 있는 퍼즐을 찾아 맞추는 것이 바로 공부다. 책 속에도 문제도, 정답도 있다. 게다가 구획정리가 반듯하게 잘되어 있고, 어디가 어딘지를 분명하게 알 수 있는 표지판이 확실하게 설치되어 있다. 공부에 있어서 전체적인 지도를 만드는 것은 어려운 일이 아니다. 이정표에 따라 움직이는 마인드맵을 머릿속에 그려보는 훈련을 반복하면 된다. 전체적인 큰 그림에서부터 세부적인 길까지 자신의 능력으로 얼마든지 그려낼 수 있고, 또 얼마든지 수정할 수 있다.

스스로 공부를 잘하는 사람, 바로 공부력을 갖춘 사람의 특징은 큰 그림을 먼저 그릴 줄 안다는 것이다. 책 속에서 길을 찾고 목적지를 찾는다.

# 공부하는 방법을 배워라

중간고사에 대비해서 친구와 함께 공부했는데, 막상 시험을 치고 보니 친구보다 성적이 나오지 않아 실망한 경험이 있다. 마찬가지로 같은 학교에서, 같은 선생님에게, 같은 교재로 배웠는데도 시험만 치면 성적은 모두 제각각이다. 유명한 학원에 다니거나 인기강사에게 강의를 들었다고 해서 모두가 좋은 성적을 얻는 것도 아니다. 잘하는 친구는 매번 잘하지만 못하는 친구는 매번 못한다. 도대체 무엇 때문일까? 단언하건대 그 이유는 바로 학습방법의 차이로 인한 학습효율성의 차이다. 같은 시간을 앉아 있더라도 공부하는 방법이나 학습에 집중하는 태도와 능력, 기억력, 학습이해력, 공부하려는 동기와 의지에 따라 학습효율성은 하늘과 땅만큼이나 차이가 나는 것이다. 따라서 만약 공부한 만큼 결과가 나오지 않는다고 생각하면 바로 자기의 학습방법을 확인해볼 필요가 있다. 선생님에게 조언을 구할 수도 있고, 전문가를 통한 학습컨설팅이나 분석을 받아보는 것도 좋다.

무조건 죽어라고 외운다고, 머리 좋다고 성적이 좋은 것은 아니다. 또 머리가 나쁘다고 성적이 하위권이 되는 것도 아니다. 얼마나 집중하느냐, 얼마만큼의 공부력을 가지고 있느냐가 성적의 차이를 만든다. 바로 유치원, 초등학교에서부터 형성된 학습행동의 결과다.

학창 시절 가장 불공평하다고 생각한 것 중 하나가 바로 시험 성적이었다. 시험기간 뿐만 아니라 매번 공부시간은 물론이고 쉬는 시간에까지 열심히 공부했고, 집에 와서는 밤을 새워가며 공부했지만 어찌된 영문인지 성적은 만족할 만큼 나오지 않았다. 그런데 남들 놀 때 같이 놀면서, 그다지 노력하는 것처럼 보이지도 않았던 친구는 항상 상위권을 유지했다. 시도 때도 없이 공부한다는 핑계로 놀지도 못 하는데 노력한 만큼 성적이 나오지 않자 공부에 대한 의욕은 점점 떨어졌다. 공부하고도 성적이 오르지 않는 게 부끄러워 공부하고도 안 했다고 할 정도였다. 도대체 열심히 노력하는데 왜 성적이 노력한 만큼 안 나오는지 알 수가 없었다. 그러다 어느 날 그 친구에게 솔직하게 말했다. 내 공부하는 방법과 너의 공부하는 방법에 어떤 차이가 있는지 비교해서 가르쳐달라고 한 것이다.

그 결과 그동안의 나는 중요한 학습원리나 핵심내용은 파악하지 못한 채 무작정 외우기만 했다는 것, 그래서 별로 중요하지 않은 엉뚱한 내용에 밑줄까지 치며 외웠다는 것을 알게 되었다. 그제야 왜 내가 공부한 것은 피해서 시험문제가 나왔는지 알 수 있었다. 한마디로 맥을 잘못 짚었던 것이다. 그날 이후 친구가 추천한 방법을 무작정 따라 했고, 결국 성적이 올랐다. 긍정적인 경험은 학습에 대한 동기를 부여하는 법이다. 학교생활도 더 재밌고 새로운 꿈과 희망까지 생겼다.

공부의 시작은 공부방법을 터득하는 것에서 출발한다. 공부 자체는 재미없는 것일 수도 있다. 하지만 공부를 통해 날마다 새로운 그 무언가를 학습한다는 기쁨과 나도 할 수 있다는 긍정적인 확신, 그리고 그로 인해 성취감을 맛볼 때 공부력은 저절로 자라난다.

# 집중력에 집중하라

학습코칭의 목표는 실제로 성적 향상이다. 그런데 성적을 올리려면 집중력을 키워야 한다. 밝은 빛이 있더라도 그대로는 결코 종이를 태울 수가 없지만, 돋보기를 이용해 빛을 한곳에 집중시키면 종이를 태울 수 있다. 공부도 그렇다.

공부를 잘하는 아이와 못하는 아이의 차이는 다름 아닌 집중력의 차이다. 기초체력은 물론이고 훌륭한 기술을 가진 선수도 경기에 집중하지 못하면 시합에서 좋은 성적은 기대할 수 없다.

집중력은 자기통제능력이기도 하다. 체력이나 기술이 모자라도 집중력으로 자신의 기술과 체력을 뛰어넘을 수 있다. 인간의 정신은 그만큼 놀라운 것이다. 가녀린 여성이 수십 미터를 초인적인 힘으로 달려 마침내 아이를 달리는 버스로부터 구해내는 것 역시 집중력의 힘이다. 기본적으로 머리가 좋아야 공부를 잘한다는 생각을 갖고 있다. 물론 머리가 좋으면 그렇지 않는 사람에 비해 이해력이나 암기력은 뛰어날 수 있다. 하지만 공부는 머리로만 하는 것이 아니다. 집중력이 없으면 지능이 높다고 해도 만족할 만큼 성적을 올릴 수 없다.

대체로 공부를 못하는 아이는 집중력이 약하다. 그러다 보니 매번 새로운 흥밋거리를 찾아 눈을 돌린다. 당연히 학습에 흥미를 느끼지 못한다. 반면 공부 잘하는 아이는 어떤 한 가지를 일단 시작하면 어떤 방해에도 굴하지 않고 몰입하는 경향이 있다. 그래서 짧은 시간 안에 목표한 것을 이루어낸다. 또 같은 시간이 주어졌다면 더 많은 내용을 파악한다. 자연적으로 좋은 결과를 얻게 되고, 그로 인해 자신감은 보다 더 높아진다. 책상에 세 시간을 앉아 있어도 집중력이 없으면 한 시간 집중한 것보다 못하다. 그러나 집중력이 뛰어나면 한 시간 공부하고도 세 시간 이상 효과를 얻는 법이다. 제대로 놀지도 못 하고 그렇다고 공부하는 것도 아니라면 맥없이 책만 들고 있는 것은 아닌지 돌아보기를 바란다.

미국 심리학자 대니얼 골먼은 "집중력은 마음의 근육"이고, "근육을 발달시키듯 집중력도 발달시킬 수 있다"고 했다. 아이가 산만하다고 지레 포기할 필요는 없다는 말이다.

또 집중력을 필요로 하는, 이해와 사고를 바탕으로 하는 과목은 가능한 한 집중이 잘되는 시간을 이용하는 것이 좋다. 만일 집중력이 부족하다면 시간을 짧게 끊어서 여러 차례 공부하는 것이 좋다. 억지로 끝까지 앉아 있어 봤자 머릿속은 다른 세계를 돌아다닐 뿐이다. 집중을 잘하는 친구 옆에서 공부하는 것도 좋은 방법이다. 산만한 친구 옆에 있으면 나도 산만해질 수밖에 없다.

하루 종일 공부만 하는 것처럼 보이는데 정작 성적은 오르지 않는다면, 하루 종일 노는 것 같은데 성적이 좋다면 집중력을 검진해보기를 바란다. 집중력이 바로 성공의 문을 여는 열쇠이니 말이다.

# 아이의 미래를 디자인하다, 진로코칭

## — 진로코칭은 아이를 앞으로 나아가게 한다

# 진로코칭이란 무엇인가?

## 진로코칭은 긍정적인 자아상을 갖게 한다

진로를 선택하기 전에 우선적으로 해야 할 일은 자기 효능감을 높일 수 있는 방법을 모색하는 것이다. 자기 효능감이란 어떤 목표를 성취하는 데 필요한 자기 자신에 대한 긍정적인 신념, 즉 행동을 조직하고 실행하는 자신의 능력을 믿는 기대감이다. 바꾸어서 말하면 어떤 일을 할 때 예상치 못한 장애에 부딪히더라도 혼자서 이를 극복하고 지속적으로 추진해갈 수 있는 힘이다. 따라서 자기 효능감을 높여주는 일은 진로 선택에 있어 중요한 에너지원이 된다. 그럴수록 자기가 목표하는 직업을 선택하기 위해 집중하게 되고 지속적으로 관심을 끌어올려 성취 수준을 높일 수 있기 때문이다.

아이의 자기 효능감의 효과를 끌어올리기 위해서는 첫째, 목표한 것을 꼭 달성하겠다는 생각으로 과감한 행동을 시도하게 해야 한다. 계획만 그럴듯하게 세워놓는다 한들 실천하지 않으면 아무런 의미가 없다. 둘째, 주변 사람들의 끊임없는 격려가 필요하다. '충분히 할 수 있어'라는 식의 긍정적인 자기 체면은 의지를 강화시켜 주는 언어적인 힘이 된다. 이때 혼자만의 생각보다 주변인들의 칭찬이나 격려가 의지를 더욱 강하게 만드는 효과를 주는 것은 당연하다. 셋째, 주위에서 성공한 인물을 찾아내 벤치마킹하게 해야 한다. 가까운 사람이 자기와 유사한 분야에서 성공한 사례는 도전의식과 실현할 수 있다는 믿음을 높여주어 사기를 북돋운다. 마지막으로 현재 자기가 하고 있는 일의 추진 과정을 수시로 점검하여 올바른 방향으로 가고 있는지 모색하게 해야 한다. 자신이 잘해오고 있다는 확인이 심리적인 안정감을 줄 수 있기 때문이다.

하지만 대다수의 많은 사람들, 그중에서도 특히 성인들은 자기 효능감을 믿지 않는다. 지금 하고 있는 일이 자기가 생각했던 분야와 다른데도 여건이 안 된다는 이유로 일찌감치 포기를 하는 것이다. 또 웬만큼 현 직장에서 적응하고 있다면 순응하는 편을 택한다. 괜히 되지도 않을 것을 갖고 여기저기 기웃거리며 도전장을 내미는 사이에 죽도 밥도 안 될 수 있다는 생각을 하기 때문이다. 물론 취업에는 연령 제한이라는 분명한 한계가 있기 때문에 제아무리 유능하다 해도 언제까지나 도전장만 내밀 수 없는 것이 현실이다. 일부 특수 직종을 시작으로 점차적으로 연령 제한을 풀어가고 있다고도 하지만 알고 보면 그런 만큼 지원자들의 경쟁률만 치열할 뿐이다.

하지만 비록 지금은 안 되더라도 언젠가 그 일을 꼭 하고 싶다면 한 번쯤은 진지하게 고민해보아야 한다. 사람은 자신이 좋아하는 일을 하면서 살아야 행복한 법이기 때문이다. 한 우물만 파는 사람에게는 언제까지 참을 수 있느냐 하는 인내력이 성공 여부의 관건이지만 이는 자신에게 적성과 탁월한 능력이 있다고 믿을 때 가능한 일이다. 이것이 아니면 안 되겠다 싶은 일이 있다면 자기 효능감을 믿고 끝까지 해나가기 바란다.

## 진로코칭은 행복을 여는 직업 선택의 시작이다

최근 들어 취업에 대한 변화 추세가 점차적으로 확산되고 있는데, 그중에서도 특히 학력파괴 현상은 많은 구직자들에게 희망을 주고 있다. 공기업뿐 아니라 일반 대기업을 비롯해 전 분야의 기업으로 빠르게 확산되어 가고 있는 학력파괴 현상은, 일류대학을 졸업하면 곧바로 취업을 보장받았던 시대가 지나갔다는 것을 증명한다. 더욱이 일부 기업에서는 학력파괴 방침에 따라 석·박사 학위 소지자에게 일체의 가산점을 주지 않기로 했다고 밝혀, 입사할 때 유리한 조건을 구비하기 위한 학위 취득은 더 이상 의미가 없음을 시사하고 있다. 이제 대학 졸업장보다 능력이 중요한 시대가 된 것이다. 따라서 학력파괴 현상은 진로 결정에 파격적인 신호탄이 될 것을 예고한다.

예전에는 전공과 다른 비동일 계열로 취업하는 것이 무척이나 어려웠다. 전공자도 원서 내기 어려운 곳에 감히 비전공자가 지원한다는 것은, 배짱이 두둑한 사람 아니고서는 생각할 수 없는 일이었다. 그런데 요즘에는 반대로 적성에 맞는 일을 찾아가다 보니 전공하지 않은 직업을 선택하는 경우가 많다. 예를 들어 건축기사자격 소지자 중에는 남자가 아닌 여자가 차지하는 비율도 상당한데, 이들은 보통 대학에서 전자공학이나 전산을 전공한 사람들이 건축으로 진로를 바꾼 경우라고 한다. 대학 전공과 정작 자기가 하고 싶은 일이 다른 경우도 많다는 증거다.

과거와 달리 요즘에는 왜 이러한 일들이 일어나고 있는 것일까? 그 이유는 많은 학생들이 부모에게 강요받아 자신의 적성과는 상관없이 취업률이 높은 전공을 선택하기 때문이다. 자신의 적성과 맞지 않는 전공을 골라 시간과 노력을 낭비하고 싶지 않다면 신중하게 결정해야 할 것이다.

여기에는 부모의 도움도 필요하다. 10대 아이들이 부모에게 반항하고 이야기조차 하지 않으려 하는 이유가 무엇인지 한번 생각해보라. 부모들의 관점과 눈높이는 오직 자신들의 입장에 맞춰져 있기 때문에 아이들을 배려하지 않게 되기 쉽다. 그리고 아이들은 이처럼 자신의 생각을 무시하는 꽉 막힌 부모와는 한마디도 하기 싫은 것이다. 또 한국의 부모들은 직접 고기를 잡아서 요리한 후 가시까지 다 바르고 밥 숟가락에 올려주어야 적성이 풀린다. 그래봤자 아이의 잘못된 타율성만 느는데도 말이다. 나중에 시집이나 장가를 가서도 하나에서 열까지 부모가 챙겨주길 원할지 모른다. 어릴 때부터 늘 부모가 모든 것을 해줬기 때문에 스스로 할 수 있는 일도 없거니와 무엇을 해야 하는지조차도 알지 못하는 것이다. 따라서 부모는 아이를 위한답시고 모든 것을 해주려 들지 말고, 아이 스스로 결정할 수 있도록 의견을 존중해주어야 한다. 아이가 자율성과 책임감을 기를 수 있도록 말이다. 이것은 아이에게 물고기를 직접 잡는 법을 가르쳐주는 유대인의 교육법과 통한다.

적성은 개인의 인생 전체를 좌지우지할 수도 있다. 사람은 태어나 두 번 결혼한다는 말이 있다. 첫 번째 결혼은 일과 하는 것이다. 일이라는 것은 생계의 수단이 되기도 하지만 행복을 느끼게 해주는 매개체가 되기도 한다. 내가 하고 싶은 일을 하면 더욱 보람을 느끼게 되고 능률도 쉽게 오를 수 있기 때문이다. 그래서 많은 사람들이 자기가 하고 싶은 일을 하며 살아가는 것을 생의 축복이라고 말한다.

두 번째 결혼은 배우자와 하는 것이다. 첫 번째 결혼을 잘 치르면 두 번째 결혼도 문제없을 확률이 높다. 자기가 좋아하는 일을 선택해 행복하게 사는 사람이 가정도 더욱 안정적으로 꾸릴 수 있기 때문이다. 아무리 부부간에 정이 두터워도 사회생활이 지옥 같다면 가정도 지옥으로 바뀔 수 있다. 부부의 갈등과 대립은 대부분 직장에서 비롯되기 때문이다. 적성에도 맞지 않는 일을 하느라 아침에 눈 뜨자마자 오늘도 출근을 해야 하나, 말아야 하나 한숨만 푹푹 쉰다면 보는 사람까지도 괴로울 것이다. 당장 직장을 그만두고 싶어도 처자식 때문에 그럴 수 없다는 게 수많은 가장들의 한숨 섞인 토로다. 어쩔 수 없이 직장에

나가지만 하루 종일 가시방석에 앉은 것처럼 불편하고 능률은 떨어진다. 위에서는 누르고 밑에서는 치고 올라오니 스트레스는 늘어만 간다. 퇴근하고 집에 가도 피로와 스트레스는 쉽게 풀리지 않아 가정에도 자연히 소홀해지게 된다. 급기야 가정이 시들시들 병들어 위기일발의 상황에까지 놓이는 경우도 있다.

반면 비록 남들처럼 대기업이다 뭐다 하는 번듯한 명함 한 장 없을지라도 자기가 하고 싶은 일을 하는 사람은 일 자체를 재미있어 하고 피곤해 하지 않는다. 어쩔 수 없이 회사를 그만두는 일이 생겨도 또다시 같은 분야의 일을 찾게 된다. 그 일이 가장 자신이 좋아하고 잘할 수 있는 것이기 때문이다. 또한 이들은 스트레스를 덜 받기 때문에 몸과 마음에 여유가 생기게 된다. 가정에 조금이라도 신경을 더 쓸 수 있는 것이다.

부모라면 누구나 내 아이가 첫 번째와 두 번째 결혼 모두를 잘 치르기 바랄 것이다. 그렇다면 아이의 행복한 인생과 가정을 위해 자신이 하고 싶어 하는 일을 하며 살게 해야 한다. 이 말은 지도 없이 무조건 하고 싶은 대로 하게 내버려 두라는 뜻이 아니다. 다만 아이가 하고 싶어 하는 일이 부모 마음에 들지 않아도 아이의 희망을 최대한 존중해 주는 방향에서 합의점을 찾아야 한다는 것이다. 특히 아이가 어릴 때부터 부모와 함께 다양한 직업탐색 과정을 거친다면 직업의 세계를 이해하고 자신과 어울리는 직업을 발견하는 데 도움을 얻을 수 있을 것이다.

# 진로코칭은 진정한 나를 위한
# 코칭의 시작이다

심리학자 리차드 브레들리Richard Bradley는 직업을 선택하는 데 가족 관계와 형제자매의 직업이 지대한 영향을 미친다고 강조했다. 개인마다 차이는 있겠지만 실제로 직업을 선택할 때 가족의 영향을 벗어나지 못하는 사람들이 많은 게 사실이다.

따라서 진로코칭을 위해서는 가족에 대한 이해가 필요하다. 이를 돕는 효과적인 도구 중 하나가 바로 가계도다. 가계도는 대부분 3세대의 가족 정보를 보여준다. 여기서 가족들이 경제적인 부를 중요시해 왔는지 개인적인 성취와 명예를 중요시해 왔는지 살펴볼 필요가 있다. 또한 가족들이 어떤 직업을 가졌으며 그 직업이 그들의 삶에 어떤 의미가 되었는지도 알아야 한다. 그것이 나의 가치관과 직업관에 은근히 영향을 미치고 있기 때문이다.

윗대의 할아버지부터 아버지에 이르기까지 가업이 전수되어온 집안이 의외로 많다. 의사로, 법조인으로, 교수로 대를 잇는 것이 그것이다. 이런 경우 가정에서 자연스럽게 적성이 갖춰지는 경우도 있지만, 자신의 적성이 아님에도 불구하고 명성을 유지하기 위해 똑같은 직업을 가져야 한다는 강요와 압박을 받는 경우도 있다. 이는 수직적인 스트레스가 된다.

또 동기간의 직업군이 수평적인 스트레스로 작용하는 경우도 있다. 예를 들어 형제자매가 모두 특정 일류대학에 들어갔다면 자신도 같은 대학에 들어가야 한다는 압력을 받게 된다. 만약 들어가지 못하기라도 하면 "형들은 잘하는데 너는 왜 그러느냐"는 비교를 감수해야 한다. 또한 형제자매 모두 박사학위를 받았을 때 혼자만 학위가 아닌 다른 것을 선택하려고 하면 만만치 않은 갈등도 겪어야 한다.

이처럼 아무리 가계도가 특정 분야에 집중하고 있다 해도 그것은 참고할 사항일 뿐이다. 아이가 다른 분야에 적성과 능력을 타고났다면 아이가 원하는 직업을 선택할 수 있도록 신념과 가치관을 강화시켜 주어야 한다. 가족도 물론 중요하지만 그보다 더 중요한 것은 아이 자신이다.


## 진로코칭은 고등학교 선택에서 시작이다


중학교 3학년들에게 있어 가장 고민되는 결정의 순간은 당연히 고등학교 진학 원서를 쓸 때일 것이다. 보통 12월 기말고사가 끝나고 고등학교 진학 원서를 쓰게 된다. 그런데 막상 쓰려고 하면 그저 막막하기만 하다. 진학의 뚜렷한 목적도 없고 생각해본 적도 그리 많지 않기 때문이다. 인문계고와 실업계고에 어떤 차이가 있고, 진학하면 어떤 식으로 공부하게 되고, 졸업하면 어떤 길이 있는지 구체적으로 알지도 못 한 재 고작 담임선생님과의 짤막한 면담으로 선택해야 한다. 참으로 난감하다. 부모가 평소에 아이가 어떤 분야에 흥미를 가지고 있는지 파악하고, 진로에 대한 대화를 이끌었다면 좋겠지만 불행히도 현실은 그렇지 못하다. 순간의 선택이 고등학교 3년뿐만 아니라 대학과 직업, 미래에까지 영향을 주는데, 이것 아니면 저것이라는 식으로 결정을 내리는 현실은 너무나 참담하기만 하다.

과거에는 인문계와 실업계를 선택하는 기준이 가정환경인 경우가 많았다. 가정형편이 좋지 않으면 졸업하고 바로 취업해서 돈을 벌 수 있는 실업계를 많이 선택했던 것이다.

요즘은 국·영·수 과목을 잘하느냐 못하느냐로 결정해버린다. 물론 국·영·수를 못하면 고등학교에 올라가서 국·영·수를 잘하는 아이들을 따라잡고 성적을 올린다는 게 결코 만만치 않은 일이 될 것이다. 하지만 비록 지금은 잘하지 못하더라도 꿈이 있다면, 그리고 그 꿈을 이루는 데 대학에서의 공부가 반드시 필요하다면 해보기도 전에 포기한 채 실업계를 선택하기보다는 고등학교에서 열심히 하겠다는 의지를 다지고 인문계를 선택하는 것이 좋다.

과거의 경우처럼 인문계를 원하는데 경제적인 이유로 실업계를 선택하는 것 역시 잘못된 선택이다. 당장의 가정형편을 핑계로 하고 싶은 것을 포기한다는 것은 현실과의 적절한 타협일 뿐이다. 정말 원한다면 죽어라 열심히 공부해서 장학금을 받으며 학교를 다닐 수도 있기 때문이다.

얼마 전 서울시 교육청은 아주 흥미 있는 자료를 발표했다. 한 학기 동안 인문계 고등학교에서 실업계 고등학교로 전학한 학생이 397명이나 된다는 것이다. 이 숫자는 대학 진학을 위해 실업계 고등학교에서 인문계 고등학교로 전학한 236명보다 훨씬 많았다. 그뿐만이 아니다.

인문계 고등학교에 재학하면서 산업정보학교와 기술계학원, 공공직업훈련원 등에서 위탁교육을 받는 학생도 3천여 명이 넘는다고 한다.

2004년도부터 대학별 총 입학 정원의 3% 이내에서 실업계 학생들을 뽑는 특별전형이 시작됐고, 2005년도에는 수능에 직업탐구영역이 신설됨으로써 대학 진학의 문이 훨씬 넓어졌기 때문이다. 실제로 2012년 2월 서울 시내 실업계고 졸업생 중 대학 진학자는 45.3%인 1만1천160명이었으며, 이 가운데 83.4%인 9천408명이 특별전형의 혜택을 누렸다. 이처럼 실업고 내부에서도 변화를 위한 시도를 계속하고 있다. 특히 시대에 뒤처진 학과는 없애고 시대에 맞는 실용학문 학과를 개설하고 있다. 이는 적성과 진로를 고려하지 않고 무조건 인문계에 지원했던 사회적 분위기를 반전시키는 물꼬가 되고 있다.

또한 대기업에서도 고졸사원 채용이 갈수록 늘어가고 있으며, 정부에서도 공공기관의 고졸사원 첫해 연봉을 대졸사원 1년차 연봉의 70% 이상 수준으로 책정하도록, 고졸사원이 입사해 4년이 지나면 대졸 초임과 같은 수준으로 연봉이 인상되도록 유도하고 있다. 또한 고졸사원을 대상으로 하는 기업대학 운영도 활성화되고 있다. 직급도 대졸사원과 같아지도록 관련 제도를 보완하는 조치를 취하고 있다. 즉, 이제는 대학 졸업장이라는 스펙이 아니라 자신의 능력이 진정한 경쟁력인 시대로 변해가고 있는 것이다.

위와 같은 결과는 단순한 기준으로 인문계와 실업계를 정확히 구분할 수 없다는 점을 시사한다. 인문계는 무조건 대학, 실업계는 무조건 취업이라는 이분법적 구분이 잘못되었다는 것이다. 또 인문계에 가서 대학을 졸업해야 좋은 기업에 취직할 수 있다는 고정관념도 더 이상 통하지 않는다. 인문계와 실업계는 독립적이면서도 상호보완적인 것이며 새롭고 다양한 길로 인정받아야 한다. 부모도 너무 고지식하게 일방적인 선택을 강요하기보다는 유연성을 가지고 끊임없이 아이와 의사소통해야 한다. 결국 아이의 꿈, 아이가 하고 싶어 하는 것에 충실한 선택이 가장 현명한 것이다.


## 진로코칭은 구체적인 직업관을 갖게 한다

진로코칭은 아이들에게 직업에 대한 새로운 관점과 근본적인 태도나 견해를 갖게 해준다. 직업관은 크게 자아실현, 사회 참여, 생계유지로 나눌 수 있으며 개인이 어느 것에 중점을 두느냐에 따라 인생이 달라질 수 있다.

많은 사람들은 자신의 꿈 이루기를 인생의 궁극적인 목적으로 여긴다. 바로 자아실현 때문인데, 그래서 이들은 특정 직업을 갖기 위해 죽어라고 노력하며 발버둥 치며 살아간다. 그리고 자신이 하고 싶은 일을 하기 때문에 일할 때 큰 보람과 행복을 느낀다.

또 어떤 사람은 자신도 어렵게 살아감에도 불구하고 자기보다 더 힘들게 사는 사람들을 위해 기부와 봉사활동을 하는 것에 의미를 부여한다.

반면 단순히 돈을 벌기 위해 또는 생계를 유지하기 위해 일을 하는 사람도 있다. 자기가 가진 권력이나 명예 등을 휘두르는 맛에 사는 사람도 있다. 이들은 자신이 하는 일 자체에서 그리 큰 행복을 느끼지 못한다.

따라서 어릴 때부터 진로코칭을 통해 직업에 대한 구체적이고 다양한 가치관을 심어주어야 한다. 이는 생계유지만을 위한 직업을 선택하게 하는 것이 아니라, 자기가 진심으로 하고 싶은 일을 하고 다른 사람과 더불어 세상을 살아갈 수 있도록 도와주는 일이다.

자녀나 주변의 중·고등학생들에게 한 번쯤 이런 질문을 던져 본 적이 있을 것이다. "어느 대학 가고 싶어?"라고 말이다. 하지만 "어떤 일을 하고 싶어?"라든가 "대학 가면 무슨 공부 하고 싶어?"라고 질문을 바꿔보는 것은 어떨까. 전자의 질문에는 "좋은 대학이요"라는 뻔한 답이 나오겠지만, 후자의 질문에는 "PD요. 그게 안 되면 방송일이라도 하고 싶어요"라든가 "방송엔지니어 공부를 하고 싶어요"라는 구체적이고 다양한 답변이 나올 것이다. 막연하고 획일적인 답변이 아닌 아이가 진정으로 원하는 꿈을 듣게 된다는 것이다.

따라서 평소에 아이에게 직업과 진로에 대한 다양한 이야기를 들려주고, 여러 가지 학습을 통해 스스로 직업 세계를 탐색할 수 있는 계기를 마련해주는 것이 중요하다. 부모가 다양한 직업 세계를 경험하게 할수록 아이는 보다 구체적인 직업 세계관을 형성하게 된다.

# 진로코칭은 직업에 대한 고정관념을 없애준다

고정관념은 단순화된 하나의 틀을 말한다. 각각 가지고 있는 독특한 개성이나 다양한 능력 자체를 무시한 채, 오로지 사회적 잣대만으로 모든 것을 평가하는 잘못된 관습이다. 진로코칭의 매력은 이미 관습화되어 버린 어떤 고정관념 자체를 끊어버리도록 하는 데 있다. 남을 의식하는 직업이 아닌 내가 원하는 직업을 선택하도록 고정관념에서 탈출하는 것이다. 부모 역시 특정 직업에 대한 고정관념에서 벗어나지 못하면 창살 없는 감옥에 갇힌 것과 다름없게 되며, 자녀 또한 거기에 가두는 것과 마찬가지가 된다.

불과 십 수 년 전만 해도 공부를 남자의 전유물처럼 여기며 여자는 학교에조차 보내지 않았다. "여자가 공부는 뭐하러 해. 시집만 잘 가면 되지"라며 여자의 사회 진출 기회를 철저히 차단했다. 이런 상황에서 여자의 사회생활은 가정과 직장에서의 갈등을 야기했다. 직장에서 똑같은 일을 하고서도 남성보다 적은 보수를 받고 승진의 기회도 적었다.

그래도 요즘은 많이 나아졌다. 아직까지 직업의 특성상 남성이 해야 할 일과 여성이 해야 할 일의 구분이 꼭 필요한 경우도 있지만, 대다수의 직업에 성 구분 자체가 필요 없어졌다. 남자가 지원해야 하는 학과와 여자가 지원해야 하는 학과의 경계도 사라지고 있다. 사관학교에 여학생이 지원하는 일이 이제는 어색하지 않게 되었다. 여자가 더 많이 배워야 한다고 생각하는 사람들이 있을 정도다. 사회 각 분야에서 오히려 남성보다 여성의 업무처리 능력이 뛰어나다는 것을 인정받고 있으니, 이젠 거꾸로 남자가 역차별을 호소하는 상황에 이르렀다.

진로코칭에도 고정관념의 타파가 필요하다. 많은 부모들이 구시대적인 매너리즘에서 헤어나지 못해 자녀가 하고 싶어 하는 일을 가로막고 나선다. 그리고 적성과 소질도 없는 일을 강요해 아이의 미래를 망친다. 부모가 생각하는 가장 안정적인 직업은 바로 공무원이다. '무조건 펜대 굴리는 게 최고다'라는 생각, '사농공상士農工商'에서 벗어나기 위해 몸부림쳤던 시절의 고정관념에서 벗어나지 못하고 있는 것이다. 하지만 진정으로 아이의 행복을 원한다면 아이의 특성을 부모의 잣대로만 규정짓는 고정관념에서 벗어나야 한다. 그리고 그러기 위해서 진로코칭은 백지 위에 어떤 그림이라도 그릴 수 있듯 아이가 어떤 꿈을 그리든 그대로 받아들이고 인정하고 칭찬해주는 것에서부터 시작되어야 한다.


# 진로코칭은 미래가 요구하는 인재로 키운다

직업의 세계는 하루가 멀다 하고 변하고 있다. 눈 뜨면 새로운 직업이 생겨나고 기존 직업은 사라지는 시대다. 2100년쯤이면 현재 직종 중 약 50%의 직종이 없어지고 새로운 직종이 생겨날 것이라고 한다. 정보산업과 유전공학 등의 신기술은 인간 삶의 근본을 바꿀 만큼 혁신적이어서 이전에는 감히 상상도 못 했고 공상과학 만화 속에서나 볼까 했던 일들이 현실 속에서 일어나고 있다.

　더구나 21세기 직업은 특정 나라에만 국한되어 있지 않다. 이미 국가 간의 장벽은 소리 없이 무너진 지 오래다. 수년 전부터 우리나라의 주요 기업들은 고임금 고물가 현상을 타개하기 위한 전략의 일환으로 생산라인을 제3세계로 이전하여 저비용 고효율의 생산력을 향상시켰다. 이런 현상은 중소기업으로까지 확산되었다. 해외까지로 시야를 넓힐 수밖에 없는 시대가 된 것이다. 따라서 인간 활동의 일차적인 수단이 의사소통에서 비롯되듯, 업무를 수행하기 위해 최소한 영어를 비롯한 외국어 몇 개 정도는 기본적으로 구사할 줄 알아야 한다. 불과 수년 전만 해도 제2 외국어를 잘하는 사람을 특별 선발하여 주재상사근무원으로 차출하는 때가 있었으나, 이제는 기본사항이 되어버렸을 정도로 외국어 공부에는 선택의 여지가 없다.

　이 외에도 미래 사회에는 수리능력, 문제해결능력, 자기관리 및 계발능력, 대인관계능력 등이 필요하다. 이것은 하루아침에 만들어질 수 있는 것이 아니기 때문에 철저한 준비가 필요하다.

　수리능력은 업무를 개발하고 논리적 사고력을 향상시키는 것으로 문제해결능력과 직결된다. 또한 기본적인 수리능력은 생산성이나 비용절감 등 실질적인 기업이윤을 추구함에 있어 중요한 변수로도 작용한다. 아무리 뛰어난 제품이나 신기술이 개발된다 해도 기대 효과를 예측할 수 있어야 생산성을 창출할 수 있다.

　기업에서 요구하는 21세기의 인재는 앞에서 설명한 언어능력이나 수리능력 못지않은 문제해결능력을 지니고 있어야 하며, 그것은 기업의 생사를 좌우하는 열쇠가 된다. 언어능력이 뛰어나 만국어를 구사하고 수리능력으로 비용절감에 기여한다 해도, 예상치 못한 문제에 직면했을 때 이를 해결할 수 있는 능력이 없으면 어떻게 되겠는가? 따라서 문제의 원인을 규명하고 해결하기 위해 창의적이고 논리적인 사고력을 길러야 한다. 중대한 문제가 생겼더라도 초기에 신속하게 해결점을 모색한다면 오히려 기업의 발전을 도모하는 성장의 기회로 삼을 수 있다. 반면 하찮은 문제라고 대수롭지 않게 처리하다 보면 자칫 호미로 막을 것을 가래로도 막지 못하는 엄청난 사태가 발생하게 될지 모른다. 보잘것없는 불씨나 담뱃불 하나가 대형화재로 이어져 인명과 재산에 막대한 손실을 입히는 것처럼 말이다.

자기관리라는 개념도 중요하다. 건강한 사람은 어릴 때부터 부모가 식단을 건강식으로 바꾸는 정성을 들인 경우가 많다. 아이의 건강관리만큼 자기관리도 이루어지도록 도와주어야 한다. 자기관리가 이루어지면 아이는 목표한 것을 이루고자 좀 더 노력하게 되고 불필요한 욕구를 자제할 줄도 알게 된다.

한편 진로와 직업은 세상의 변화에 따라 없어지기도 하지만 제일 먼저 새로 생겨나기도 한다. 평범하고 안정적인 직업에는 편안함은 있지만, 새로움에 대한 기대가 없다. 그저 무미건조하게 살아갈 뿐이다.

이때 자신을 발전시키고 삶을 역동적으로 변화시킬 수 있는 것이 자기계발이다. 자기계발은 자신의 발자국을 남기며 살아가기 위한 것과 같다. 언제나 남의 발자국을 밟으며 따라가는 사람은 자신의 발자국은 남기지 못한다. 때문에 부모는 아이로 하여금 자신의 발자국을 만들어가도록, 어릴 때부터 하나둘씩 꿈을 추구하고 이루며 살아갈 수 있도록 기회를 제공해주어야 한다. 그리고 그중 아이가 자신에게 적합하다고 여겨지는 것을 선택하게 한다.

또 사회생활은 곧 사람을 대하는 일과 직결되는 경우가 대부분이다. 인맥 관리를 어떻게 하느냐가 사회생활을 좌지우지한다는 말이 있을 정도다. 따라서 사람들과의 관계를 얼마나 능숙하게 하느냐도 중요한 능력이 된다.

위와 같은 21세기 기업이 요구하는 능력을 기르기 위해서는 가정이나 학교에서의 교육이 필요하다. 논리적이고 창의적인 사고를 일깨워주는 다양한 활동과 교육을 실시해야 하는 것이다. 그런데 아직도 많은 부모들은 고전적인 학습과 직업만을 고집하고 있다. 훗날 내 아이만 시대에 뒤떨어지는 사람이 되었다고 후회해도 그때는 돌이킬 수 없다.

# 진로코칭, 어떻게 할 것인가?

## 출발 전에 목적지를 설정하라

'지피지기면 백전백승'이라는 말이 있다. '적을 알고 나를 알아야 승리할 수 있다'는 이 말은 《손자병법孫子兵法》의 유명한 전략으로, 지금까지 많은 사람들 입에 오르내리고 있다. 그런데 남을 먼저 알고 나를 알 것인가, 아니면 나를 먼저 알고 남을 알 것인가, 하는 문제는 사람마다 가치관에 따라 다르다.

대부분의 사람들은 어떤 일을 하기에 앞서 상대를 파악하는 데 중점을 둔다. 물론 사회생활은 다른 사람과 함께 하는 것이기 때문에 상대를 안다는 것은 성공과 실패의 갈림길이 될 만큼 중요하다. 그래서 자기의 이익을 위해 모든 인맥을 총동원하여 특정 계층에 있는 사람과의 연결고리를 찾으려고 혈안인 사람들도 때때로 볼 수 있다. 하지만 아무리 상대를 꿰뚫어 보고 훌륭한 인맥을 갖고 있다 해도 자기만의 특별한 능력이나 노하우가 없다면 인맥이고 뭐고 아무런 쓸모가 없다.

따라서 진정한 경쟁력은 남을 아는 데서 나오는 게 아니라 나 자신을 아는 데서 나온다. 자신에 대해 아무것도 모르는 사람은 상대방이 강하다는 사실을 알았을 때 자격지심에 빠져 수동적인 자세를 취하기 쉽다. 그러나 자신에 대해 잘 아는 사람은 어떻게 해야 상대방을 이길 수 있는지 적극적이고 능동적인 자세로 준비한다.

자기 자신을 제대로 아는 일은 아이의 진로를 결정하는 데 가장 밑바탕이 되어야 하는 것이다. 진로를 탐색하고 결정하는 일은 곁에서는 볼 수 없는 곳을 내시경으로 구석구석 탐색하는 것처럼 자기 안에 있는 적성과 잠재능력을 찾아내는 작업인데, 그러기 위해서는 아이가 스스로를 잘 파악하고 있어야 하기 때문이다.

그런데 우리의 가정과 학교, 사회에서는 자신을 알아가는 과정은 생략한 채 오로지 남을 알아가는 과정에만 몰두하고 있다. 아이들 역시 자신이 아닌 다른 사람에 대한 정보를 알아내는 데만 급급하다. 그러다 보니 부모는 아이가 무엇을 하고 싶어 하는지에 대해서는 관심을 두지 않고 매스컴의 주목을 받는 것에 따라 아이의 진로를 마음대로 바꾼다. 축구에 대한 세계적 관심이 높아지고 축구선수의 위상과 인기가 하늘을 찌르자 웬만큼 운동장에서 뛰어다닐 수 있는 나이의 많은 남자아이들이 어린이 축구교실에 가입했다. 박세리 선수를 비롯한 몇몇 한국선수들이 세계적인 프로골프선수권대회에서 우승하자 내 아이도 골프선수로 키우겠다는 부모들로 골프장이 북새통을 이루기도 했다. 박찬호 선수가 LA다저스에서 연속 삼진으로 아시아의 위상을 높였을 때는 또 어떤가? 많은 부모들이 그 광경을 바라보면서 혼란에 빠지고야 말았다. 축구냐 야구냐, 하는 한바탕 갈등을 겪어야만 했기 때문이다.

그런데 성공한 운동선수들이 하루아침에 영광의 자리에 섰던 것일까? 어릴 때부터 부모의 세심한 배려와 관찰 속에서 운동에 흥미가 있다는 것을 발견하고, 그 가운데 특별한 재능을 발휘한 종목에서 노력을 기울인 끝에 좋은 결실을 거둔 것이다. 그런데 많은 부모들이 그들의 적성, 오랜 시간 쌓아올린 노력은 생각하지 않는다. 인기를 얻고 주목을 받는 분야가 나타나면 너도나도 우르르 몰려가기 바쁜 것이다.

진로란 최소 10년 후를 내다보고 결정해야 하는 일이다. 아이의 인생에서 무엇보다도 중요한 문제다. 하지만 어떤 계기가 있을 때마다 손바닥 뒤집듯 바뀌니 아이 입장에서는 자신이 누구인지, 무엇을 잘하는지, 어떤 일을 하고 싶은지 진정으로 생각할 겨를이 없다.

현명한 부모는 지금 이 순간이 아닌 먼 훗날을 바라볼 줄 안다. 중심도 없이 아이에게 이것도 시켜보고 저것도 시켜보면서 24시간 아이 옆에 찰싹 붙어 어쩔 줄 모르지 않는다. 오히려 아이가 자기 자신에 대해 알아갈 수 있도록 비켜서 있을 줄 안다. 단지 자신이 하고 싶은 일이 무엇인지, 어떤 직업을 가지고 싶은지 스스로 깨닫게 하고 목적지와 방향을 설정할 수 있도록 도와줄 뿐이다.

# 탐색여행을 떠나라

어느 날 아이가 "아빠, 진로가 뭐예요?" 하고 느닷없이 질문을 한다면? 곧잘 답을 해주는 부모도 있겠지만 너무 당황한 나머지 "진로? 음, 글쎄……" 하며 답을 얼버무리게 되는 부모도 있을 것이다. 마냥 어린 줄만 알았던 아이가 새롭게 보이면서도 한편으로는 아직 공부만 열심히 하면 되는 학생이 벌써부터 무슨 진로 걱정이냐고 생각할지도 모른다.

그러나 요즘 아이들은 부모가 생각하는 것 이상으로 빨리 자란다. 생각이나 행동이 어른들이 생각하는 범위를 훌쩍 뛰어넘을 때가 많다. 신체가 성장하는 동안 정신도 그에 못지않게 자라고 있다는 사실을 부모만 까맣게 모르는 것이다. 만약 부모가 자신들이 어렸을 때를 잣대 삼아 요즘 아이들을 잰다면 100% 잘못 측량될 게 뻔하다. 급속도로 달라진 사회의 흐름을 전혀 고려하지 않았기 때문이다. 지금이 어떤 시대인가? 세계화와 정보화 시대가 아닌가? 거스를 수 없는 이 대세 속에서 아이들은 하루에도 몇 시간씩 정보의 바다라는 인터넷에 모든 오감을 열어둔 채 시공을 초월하는 수많은 정보를 스펀지처럼 빨아들이고 있다. 빛보다 빠른 속도로 세계와 미래를 향해 나아가고 있는 것이다.

그렇다면 이제부터는 자신의 앞날을 궁금해 하는 아이에게 뭐라고 대답해줄 수 있어야 한다. 아이가 이런 질문을 하는 이유는 부모에게 좀 더 구체적인 답을 듣고 싶기 때문이다. 이 얼마나 기특하고 대견한가! 그러니 당장 구체적인 답변은 못 해주더라도 "우와, 벌써부터 그런 생각을 하다니 대단하네", "아빠는 너만 할 때 마냥 뛰어놀기 바빴는데 그런 고민을 하는 걸 보니 나중에 분명 큰사람이 될 거야"라는 긍정적인 반응을 보여야 한다. 그런데 대견하게 생각하기는커녕 "쓸데없는 생각하지 말고 공부나 열심히 해!"라고 윽박지른다면 아이의 인생에서 너무나 절실하고 중요한 진로에 대한 고민과 탐색의 싹은 아예 처음부터 잘려 나갈지도 모른다.

미국의 사회심리학자 올포트<sub>Allport</sub>는 청소년기를 '자기에 대한 새로운 탐색기'라고 주장했다. 자신의 위치, 역할, 능력, 가능성, 가치 및 이념 등에 대한 확인 작업을 거치고, 이제까지 전혀 대수롭지 않게 생각했던 것에도 새로운 의미를 부여하고 고민하면서 무엇인가를 찾으려고 하는 시기라는 것이다. 또 미국의 정신분석학자인 에릭슨<sub>Erickson</sub>은 청소년기를 '자아정체감의 위기라고 할 만큼 급격한 신체발달과 성적 성숙으로 말미암은 내적 충동과 갑작스런 질적 변화가 일어나는 시기'라고 강조했다. 특히 인지능력에 있어 현실적 구속을 벗어나 과거와 미래, 무한한 가능성의 세계로 확장된 사고를 한다고 보았다. 이처럼 청소년은 어른도, 아이도 아닌 상태에서 자기 안의 수많은 질문들과 갈등한다. 또한 경제적 능력이 없으면서도 부모로부터 독립하고 싶어하고 어른들의 지시에 따르기를 싫어한다. 자연스럽게 진학을 할 것인지 취업을 할 것인지를 고민하고, 진학을 한다면 어떤 전공을 택할 것이며 취업을 한다면 어떤 직종을 택할 것인가를 두고 갈등에 부딪히게 된다. 따라서 이 시기에 진로코칭은 꼭 필요하다.

진로코칭이 학교 교육과정의 한 과정으로 포함될 수 없는 것은, 일시적으로 이루어질 수 있는 것이 아닌 매 순간 이루어질 수밖에 없기 때문이다. 아이는 세상에 태어난 순간부터 엄마와 아빠의 모습, 삼촌과 이모들의 모습, 유치원 선생님, 의사 선생님, 경찰관 아저씨들의 역할을 보면서 직업 세계에 대해 막연하게나마 눈을 뜨게 된다. 그리고 아이가 자라면서 자연스럽게 형성되는 직업관은 성인이 된 후 직업을 선택하는 데 중요한 밑바탕이 된다. 사람의 생김이 각양각색이듯, 아이마다 각기 다른 환경에서 다른 가치관으로 직업을 선택하게 되는 것이다. 따라서 아이에게 긍정적인 가치관을 심어주고 아이의 진로에 대해 함께 고민해주는 것은 부모로서의 당연한 권리이자 의무다. 그리고 그러한 과정은 부모와 아이를 더욱 돈독하게 이어주는 훌륭한 매개체가 될 것이 분명하다.

그렇다면 진로코칭을 구체적으로 어떻게 해야 할까? 우선 무턱대고 공부만 잘하면 무조건 출세한다는 식으로 공부의 필요성을 역설해서는 절대 안 된다. 목표도 없이 맹목적으로 공부하는 것은 아무런 의미가 없기 때문이다. 경부고속도로를 타고 대전에서 빠져나와 광주를 가야겠다고 생각한 사람은 고속도로에 진입하면서부터 어느 지점의 인터체인지에서 빠져나갈지 예상을 한다. 이들은 도중에 돌발적인 사태가 발생해도 침착하게 문제를 해결하고 다시 목적지를 향해 가기 쉽다. 그러나 무작정 경부고속도로만 타면 된다고 생각한 사람은 막상 고속도로에 진입하고 나서는 어디로 빠져나가야 할지 몰라 중간중간 출구 안내 표지가 보일 때마다 갈등을 반복하다가 정작 빠져나갈 곳을 지나버린다. 돌발사태에도 제대로 대처하지 못할 것은 물론이다.

다음으로 진로 선택을 할 때 부모와 교사, 진로 전문가들의 도움을 받을 수는 있지만 선택의 주체는 아이 자신이 되어야 한다는 것을 명심해야 한다. 부모는 아이의 인성이나 심성을 누구보다 정확하게 이해하고 있으며, 평소 일상생활을 통해 아이 스스로가 인지하지 못한 특성을 발견할 수 있다. 교사는 아이의 학습참여도와 교우관계, 직접적인 특기적성교육 등의 학교생활을 토대로 조언을 해줄 수 있다. 진로 전문가는 검사, 상담 등을 통해 보다 심층적인 도움을 줄 수 있다. 하지만 무엇보다도 가장 중요한 것은 아이 자신의 생각이다. 스스로가 원하지 않는다면 아무런 의미가 없기 때문이다.

진로탐색은 특정한 교육에서만 이루어지는 것이 아니다. 문학작품이나 영화, 드라마 속의 인물들을 관찰하는 것도 훌륭한 진로 탐색 과정에 속한다. 예를 들어 문학작품의 주인공이 꿈과 행복을 실현하기 위해 한 행동들을 살펴보는 것은 아이 스스로 해야 할 일을 자연스럽게 알아차리도록 일깨워주는 기회가 될 수 있다.

자신의 삶에 대해 생각해볼 수 있는 계기를 만들어주려면 앞으로 어떻게 살아가고 싶은지를 먼저 물어봐야 한다. 진로 탐색 과정이라고 해서 반드시 특정 직업을 공부하는 것이 능사는 아니다. 무슨 일을 반드시 해야 한다고 강요하면 그 일은 아이에게 행복 자체가 되는 것이 아니라, 수단이자 방법으로만 국한될 수 있기 때문이다.


아이에게 다음의 질문을 던져 보자.

질문 1. 꿈이 있는가, 없는가?

질문 2. 꿈이 있다면 그 꿈은 무엇인가? 그리고 꿈을 이루기 위해 자신이
지금 어떤 노력을 하고 있는가?

질문 3. 자신이 닮고 싶은 인물은 누구인가?

질문 4. 그에 대해 아는 것은 무엇인가? 또 자기가 그 사람이 된다면 어떻게 살고 싶은가?

질문 5. 꿈이 이루어졌을 때 무엇을 하며 어떻게 살아갈 것인가?


이 질문을 던진 후에는 반드시 아이의 대답에 마음을 다하여 귀를 기울여야 한다. 아이의 이야기를 듣는 동안 아이에게 비쳐진 세상이 어떤지 이해할 수 있을 것이다.

또한 아이에게 부모의 이야기를 해주는 것도 도움이 된다.


대화 1. 엄마 아빠의 어릴 적 꿈이 무엇이었는지 이야기해준다.

대화 2. 그 꿈을 이루지 못했다면 이루지 못한 것에 대한 생각과 감정을 이야기해준다.

대화 3. 지금 하고 있는 일에 만족하는지, 만약 아니라면 다른 어떤 일을 하고 싶은지 이야기해준다.


엄마 아빠의 경험은 아이에게 진로상의 어려움이 닥쳤을 때 참고와 조언의 역할을 해줄 것이다.

위와 같은 가정에서의 진로탐색이 뒷받침될 때 학교에서의 진로탐

색 수업은 막연했던 직업 세계를 좀 더 구체적으로 이해하게 하는 데 도움을 준다.

> 활동 1. 아이가 알고 있는 직업의 종류를 모두 다 적어보게 한다.
>
> 활동 2. 그중에서 아이가 생각하는 희망 직업과 그와 유사한 직업까지 표시하게 한다.
>
> 활동 3. 그중에서 가장 좋아하고 잘할 수 있는 직업을 한두 가지 정도로 압축하게 한 다음 그 이유를 적어보게 한다.
>
> 활동 4. 그 직업을 가진 사람들을 보면서 좋은 것과 싫은 것, 그 직업의 장단점을 구분하여 기록하게 한다.
>
> 활동 5. 그 직업을 갖기 위해서 어떤 능력과 준비가 필요할 것 같은지 기록하게 한다.
>
> 활동 6. 그 직업에 대한 앞으로의 전망을 예측해보게 한다.

가정과 학교에서 함께 이루어지는 진로코칭은 진로에 대한 고민의 늪에 빠진 아이에게 한줄기의 빛과 같은 도움이 되어줄 것이다. 아이와 함께 진로탐색을 위한 여행을 떠나보자.


## 친구 따라 강남 가지 마라

목표 없이 달려가는 사람은 예상 밖의 문제가 발생했을 때 스스로 해결책을 찾기보다는 누군가의 선례를 무작정 좇으려고 한다. 마치 앞차를 따라 목적 없이 질주하는 것처럼 말이다. 하지만 그러다 보면 다른 차들이 많이 빠져나가는 곳으로 덩달아 빠져나가서는 어디로 가야 할지를 몰라 방황하고 결국에는 자신의 목적지를 잃고 헤맬 수밖에 없다.

실제로 많은 아이들이 분명한 목표의식 없이 대학에 진학한다. 남들이 다 대학에 가니까 나도 간다는 생각으로 말이다. 하지만 학과와 적성은 고려하지 않은 채 수능점수에만 맞춰 대학에 들어가는 것은 열차를 탈 때 목적지는 확인하지도 않고 바로 오는 열차 시간에만 맞춰 타는 것과 같다. 남들이 하는 것처럼 열심히 책가방을 메고 분주하게 강의실을 누비고는 있지만 목표도 꿈도 없다 보니 부평초와 다름없게 되고 나중에는 휴학, 전과, 낙제, 자퇴를 결정하기도 한다. 많은 언론 보도를 보면 대학생들의 전과와 휴학의 비율이 갈수록 급증한다고 한다. 경제적인 이유도 물론 있겠지만 주된 원인은 개인의 목표의식 부재에 있다. 애당초 진입로를 잘못 선택했기 때문에 전과나 휴학을 하고, 심한 경우에는 자퇴까지 하기도 하는 것이다.

그나마 이때라도 제 갈 길을 찾는 사람은 다행이다. 그럴 용기도 없는 학생들은 부모의 평생소원인 대학 졸업장을 받겠다고 적성에도 맞지 않는 공부를 한다. 학생도 죽을 맛이고 그런 학생을 가르치는 교수들도 죽을 맛이다. 이들이 대학을 졸업한들 이력서에 '대학 졸업'이라는 한 줄이 채워지는 것 말고 얻어지는 게 무엇이 있겠는가. 또 남들 따라서 여차저차 취업 준비를 해봤자 받아주는 곳도 없고 이력서 한 장 내밀기도 힘들다. 이렇게 취업과 미래에 대한 불안감을 느끼는 졸업생들은 도피하기 위해 대학원에 진학한다. 청년 실업률의 장벽이 워낙 높다 보니 정부에서도 권장하는 분위기다. 그러나 뚜렷한 목표도, 학문적 신념도 없이 안일하게 선택한 대학원에서 무엇을 얼마나 얻을 수 있을까. 상황이 이렇다 보니 대학원은 대학원대로 질적으로 하락하고, 졸업생은 졸업생대로 대학원 나왔다고 자존심이 하늘을 찌른다. 석사학위 받은 사람이 생산현장에 지원할 리 없고, 현장에서도 단순 직무에 고급 인력을 쓸 리 없다. 생산현장에서는 인력이 부족한데, 고학력자는 일자리가 없다고 난리다. 여기서 상황이 더욱 심각해지는 것이다. 이제 박사과정이나 고시로 눈을 돌리게 되고, 결국 학력 인플레이션 현상만 가중되어 사회 문제로까지 나아간다.

반면 진로에 대한 확실한 목표를 가진 학생들은 누가 시키지 않아도 자신에게 필요한 외국어시험, 자격증시험 등을 치르고 스스로 살길을 찾으려 애쓴다. 진로와 관련된 더 깊이 있는 공부가 필요하다고 생각하는 학생들은 대학원 진학을 준비하기도 한다. 이들의 대학원 진학은 위의 경우와 달리 의미가 있다. 또 기업체의 눈에 띈 인재들은 재학 시절부터 기업체에 예비로 선발되어 장학금을 받으며 공부한다. 이런 학생에게 눈독을 들이는 기업체들은 너무나 많아서 졸업하면 서로들 모셔 가려고 한다. 꾸준히 준비해왔으니 기업들의 러브콜을 받는 것은 백번 당연할 수밖에 없다. 어떤 목표를 정하고 얼마나 준비했느냐가 나의 미래를 결정하는 것이다.

따라서 출발하기 전에는 출발점에 서서 자신만의 목표점을 정확히 찍는 것이 먼저다. 항공사나 항해사는 출발할 때 목적지 좌표를 설정한 후 목표점을 향해 잠시도 눈을 떼지 않고 달려간다. 출발 전 연료를 비롯한 모든 준비물들을 목표점에 맞춰 완벽하게 채워놓기 때문에 문제가 발생할 일은 거의 없다. 물론 뜻밖의 이상기류나 기상악화로 돌발 현상이 생기는 경우도 있다. 이렇게 예상하지 못했던 일을 만났을 때 생사를 좌우하는 것은 어떻게 대처하느냐에 달려 있다. 노련하고 위기대처 능력이 뛰어난 비행사는 오히려 이상기류를 타고 예상소요 시간을 단축할 것이고, 그렇지 못한 비행사는 위험과 불안 속에서 더 많은 시간을 빼앗길 것이다. 따라서 어쩌다 일이 뜻대로 풀리지 않더라도 차근차근 해결해 나가려는 자세를 가지는 것도 중요하다.


## 진로 관련 프로그램을 활용하라


그동안 진로코칭은 대학입시에 떨어진 아이들에게 취업지도를 해 주는 것이라고 부정적으로 생각하는 사람들이 많았다. 그러나 진로를 영어로 'job'이 아닌 'career'라고 표현하는 것만 보더라도 진로는 단순한 직업을 지칭하는 것이 아니라 '평생을 보낼 결심으로 선택한 직업' 이라는 것을 알 수 있다. 따라서 진로코칭은 전 생애에 걸쳐 일하면서 자아실현을 이룰 수 있는 직업을 선택하는, 매우 중요한 과정이라고 할 수 있다.

그런데 오늘날 우리의 진로코칭은 개인별 적성을 고려하기보다는 대학입시 자체에 상당한 비중을 두고 있는 것이 현실이다. 일선 고등학교에 진로상담실이 설치되어 있기는 하지만 형식적인 운영에 불과해 그 역할과 기능은 매우 미비하기 때문에 안타까움을 금할 길이 없다. 학생들에게 진로선택은 사회에 첫발을 내딛는 매우 중대한 문제이니만큼 신중한 결정을 도울 수 있는 교육 여건을 조성하는 일이 시급한 실정이다. 그렇다면 어떻게 교육 여건을 조성할 수 있을까? 우선 진로선택의 가능성을 폭넓게 인식시키기 위해서 학기 중 진로 관련 프로그램을 실시해야 한다. 다양한 직업과 진로를 소개하는 교과목을 개설하고 구체적인 진로계획을 세울 수 있도록 하는 것이다.

둘째, 진로코칭을 필요로 하는 학생에게 실질적인 도움을 줄 수 있는 적극적인 활용방안을 모색해야 한다. 이는 자신에 대해 명확히 이해하고 있는 학부모와 담임교사, 진로상담교사가 긴밀한 협력 관계를 통해 수시로 의사소통을 원활히 할 때 가능하다. 이러한 실질적이고 활발한 진로코칭이 진행되기 위해서는 교직원 간의 긴밀한 협조는 물론이고 학교장의 적극적인 지지가 필요하다.

셋째, 상담교사의 전문성을 높이기 위해 상담과 관련된 석·박사과정 또는 연수과정을 마친 자격 있는 교사들을 우선적으로 선발해야 한다. 보직 발령에서부터 적극적인 지원책이 마련되어야 전문적인 진로상담이 가능하고, 그래야 진로상담실의 기능과 역할이 확립될 수 있다. 또한 특히 고교에서는 교직원 전체가 진로코칭을 할 수 있도록 자체 연수 기회를 확대하는 것이 좋다. 교사와 학생을 주축으로 진로정보 수집과 활용을 공유할 수 있도록 다양한 소규모의 집단 상담을 활성화시키는 것도 한 방법이다.

# 단계별로 진로탐색 과정을 접목시켜라

진로를 탐색하는 과정이 얼마나 중요한지는 충분히 알았을 것이다. 그렇다면 이제 직접 탐색을 시작해볼 차례다. 하지만 무작정 시작하기란 쉽지 않다. 도중에 포기하게 될 수도 있고 내가 애초에 생각했던 것과는 다르게 진행될 수도 있다. 따라서 진로탐색 과정을 다음과 같은 단계에 맞게 진행할 때 그 효과가 더욱 크게 나타날 수 있다.

### 1단계: 탐색목적을 분명하게 설정하라

진로에 대한 다양한 정보를 축적할수록 세심하고 신중하게 진로 결정을 할 수 있다. 따라서 진로탐색 과정은 마라톤과 같은 긴 레이스가 된다. 이때 자신이 왜 진로를 탐색하고 정보를 찾고 있는지를 명확히 하는 일은 지치지 않게 하는 힘이 되고, 만약 지치더라도 다시 일어설 수 있게 하는 원동력이 된다.

### 2단계: 마음에 들거나 가장 하고 싶은 직업을 찾아 나서라

인생에서 자기가 하고 싶은 일을 하며 살아가는 것만큼 행복한 일은 없다는 말은 몇 번 강조해도 지나치지 않다.

그런데 모든 부모들은 자녀의 행복을 바라면서도 직업에 있어서만큼은 자신들의 주장을 굽히지 않는다. 아이의 진로에 관여하기 전 부모들은 자문해볼 필요가 있다. 자신이 아이의 나이였을 때 꿈꾸었던 직업은 무엇이었으며 그것을 이루었는지, 혹 이루지 못했다면 하지 못한 일에 대한 미련과 아쉬움이 아직도 가슴속에 남아 있지는 않는지, 죽기 전에는 꼭 이루리라는 간절한 바람이 있는지, 그도 아니면 자신이 이룰 수 없으니 내 자식이 그것을 대신 이루어주길 바라지는 않는지 말이다.

사실 우리나라의 많은 부모들은 자신이 이루지 못한 꿈을 아이가 이루어주길 바라고, 자기도 모르게 끊임없이 아이에게 세뇌교육을 시킨다. 하지만 부모의 꿈과 아이의 꿈이 일치하는 경우보다 그렇지 못한 경우가 훨씬 더 많다. 이때 부모는 아이가 생각지도 못한 길로 가려 하면 그날부터 온갖 협박을 불사하고 결국엔 부모가 원하는 길로 아이를 몰아간다. 어찌하여 아이가 부모의 뜻을 따라주었다고 하자. 그렇다 하더라도 아이는 진정으로 자신이 하고 싶었던 일을 마음에 묻고 평생 속병을 앓지 모른다. 부모가 원하는 길, 남들이 다 부러워하는 길을 걷고 있다 한들 자신이 원하는 길이 아니라면 아무 소용도 없는 것이다.

한 채용정보 사이트에서 '현재 직업이 자신의 적성에 맞는가'를 주제로 설문조사한 결과, 설문에 응한 직장인 2천324명 중 '적성에 맞지 않다'고 대답한 사람이 전체의 64.3%에 달했다. 이 사실은 우리나라 진로코칭의 현주소를 보여주는 것이라고 할 수 있다.

따라서 아이에게 자신이 원하는 직업을 직접 찾아 나서게 해야 한다. 선택의 주체는 반드시 아이 자신이어야 하며, 부모는 선택의 과정마다 조언과 격려를 해주는 역할이면 충분하다. 많은 부모들이 아이의 행복을 위해서 자신의 뜻을 강요한다고 생각하지만, 사실 그럴수록 행복은 더욱 멀어진다는 사실을 잊지 말아야 할 것이다.

3단계 : 하고 싶은 일을 찾았다면 그것을 향해 전력으로 질
주하라

진로탐색 과정을 성실히 수행한 아이는 이제 자신의 꿈을 찾았을 것
이다. 그렇다면 마지막으로 그 꿈을 향해 나아가는 일만 남았다. 진로
를 열심히 탐색했다 하더라도 그 꿈을 이루기 위해 노력하지 않으면
그 과정도 모두 무의미한 것이 되고 만다. 어떤 노력이 필요한지 정보
를 찾고 실천해야 한다. 그리고 마침내 그 꿈을 이루었을 때 더할 나위
없는 진정한 행복을 누리길 바란다.

## 객관적인 데이터를 참작하라

진로코칭을 할 때 일반적으로 사용하는 검사에는 지능검사, 적성검
사, 홍미검사, 성격검사 등이 있다. 이 가운데 지능검사와 적성검사는
사람마다 생김새가 다르듯이 사람마다 가진 능력이 다르다는 것을 객
관화시켜 주는 매개체다. 즉 개인의 능력을 측정하는 도구이므로 일
정한 제한 시간 동안 정답과 오답을 판별하여 문제를 정확히 풀어야만
한다. 반면 홍미검사와 성격검사는 개인의 특성과 개성을 파악하기 위
한 것으로 제한 시간과 정답이 정해지지 않는다. 그래서 지능검사와
적성검사를 '최대 능력표현 검사'라고 하고, 홍미검사와 성격검사는
'대표적인 행동표현 검사'라고 한다. 여기서는 최대 능력표현 검사에
대해 좀 더 자세히 알아보기로 한다.

## 진로탐색 과정에서의 개인 노력도 평가하기

**질문1.** 진로를 탐색하기 전 확실한 목적을 설정했는가?

**질문2.** 자신이 할 수 있는 최대한으로 많은 정보를 찾았는가?

**질문3.** 진로를 탐색하는 일에 얼마나 적극적이었는지를 점수로 환산한다면
몇 점인가?


## 적성검사 영역

**언어능력:** 원활한 의사소통을 위해 정확한 단어를 선택하고, 어휘를 연상하
고, 문장의 뜻을 이해하고, 의사를 발표하는 능력

**계산력:** 정확하게 계산하는 능력

**공간지각력:** 입체적 공간 관계를 이해하는 능력으로서, 시각을 통하여 실체적
물체를 확인하고 그것을 회전 또는 분해했을 때의 형태를 상상하는 능력

**추리력:** 원리를 추리하고 응용하는 능력

**기계추리력:** 각종 기계, 기구 및 물리학적 원리를 이해하고 추리하는 능력

**척도해독력(독표력):** 척도, 그래프, 차트, 계기 등을 신속하고 정확하게 읽는 능력

**수공능력:** 신체, 특히 손을 정확하고 신속하게 사용하는 능력

**기억력:** 복잡한 자료나 항목들의 분류 및 상징 기호를 학습하고 암기하는 능력

**사무지각능력:** 문자나 기호를 정확하고 신속하게 식별하는 능력

**형태지각능력:** 실물이나 도해를 정확하고 빠르게 변별하는 능력

최대 능력표현 검사 중 하나인 지능검사는 어휘력·수리력·사고력 등 서너 개 분야의 문제를 혼합해 제작한다. 그리고 그 결과를 단일한 수치인 지능지수IQ(Intelligence Quotient)로 나타내 개인의 지적 능력을 파악하는 방법인 것이다. 그런데 인간의 다양한 지적능력을 몇 개의 분야로 한정해 판단한다는 점에서 지능검사의 한계가 지적되었고, 그 외의 능력도 가늠할 수 있는 척도가 필요하다는 의견이 제기되었다. 어느 분야에서 문제를 많이 맞추느냐에 관계없이 결과적으로 똑같은 지능지수가 나온다는 점에서 맹점이 드러났기 때문이다.

적성검사는 지능검사의 이러한 문제점을 개선하기 위해 개발되었다. 개인마다 지닌 각기 다른 능력을 측정해 우수한 능력과 열등한 능력을 파악할 수 있도록 한 것이다. 검사 영역이 한정적이었던 지능검사와는 달리 적성검사는 보다 폭넓은 7~10개 영역의 능력을 측정한다. 또 결과를 종합적으로 매기지 않고 아래 팁과 같은 영역별로 산정하고 있다.

적성검사에 대해 좀 더 자세히 알아보자. 적성검사는 목적에 따라 검사 문항이 다르므로 적성검사를 실시할 때에는 그에 앞서 어떤 검사를 실시할 것인지, 목적이 무엇인지 명확히 해야 한다. 예를 들어 고등학교 진학을 위한 검사인지, 대학교 진학을 위한 검사인지, 취업을 위한 검사인지를 정해야 하는 것이다. 또한 검사를 통해 얻어지는 정보를 어디에 어떻게 활용할 것인지 결과의 활용 범위도 분명히 할 필요가 있다.

적성검사를 올바르게 활용하기 위해서는 먼저 진로지도의 이론과 실제에 대한 이해가 필요하다. 진로이론은 특성이론trait and factor theory, 의사결정이론decision theory, 사회이론sociology theory, 심리이론psychological theory, 생애발달이론career development theory 등의 다양한 이론을 포괄하고 있다. 특히 특성이론은 개인의 특성을 파악하는 데 필요한 자료를 제공하고 학과 혹은 직업의 특성과 요인을 이해하는 데 도움을 주기 때문에 보다 현명한 진로를 선택하기 위해서는 반드시 필요하다.

그런데 아이가 지닌 특성을 정확히 파악하기 위해서는 적성검사뿐만 아니라 성격, 학업 성적, 가정환경, 신체적 조건, 지도교사의 관찰이나 면접 자료 등을 전체적으로 살펴봐야 한다. 검사할 때는 다양한 변수가 발생할 수 있기 때문이다. 예를 들어 검사에 임하는 아이가 자신이 희망하는 직업을 결과로 도출해내기 위해 의도적으로 조작된 설문을 할 수도 있고, 검사 과정에서의 방법이나 결과에 대한 해석이 잘못될 수도 있다. 그런데도 우리 사회에서는 학교나 학원에서 많이 실시하는 적성검사가 마치 만능검사인 것처럼 오용되고 있다. 검사 결과는 참고로 삼아야 할 뿐 무조건 맹신하는 것은 결코 바람직하지 않다는 사실을 명심해야 한다. 또한 요즘에는 인터넷 사이트를 통해서 손쉽게 진로검사를 실시할 수 있는데 결과 역시 간단하게 알 수 있다. 그러다 보니 전문가의 견해나 진단 없이 부모나 아이 스스로 해석하고 평가하여 진로선택의 기준으로 삼는 부작용이 생기기도 한다. 따라서 정확하고 객관적인 진로 상담을 위해 전문기관에서 검사를 실시하는 것이 좋다.

적성검사는 결과 자체로 해석을 하기 때문에 아이들과 부모들에게 큰 고민과 갈등을 안겨주기도 한다. 평소 희망했던 직업과 적성검사에서 추천하는 직업이 일치한다면 더욱 확신을 가지고 준비하겠지만, 만약 그렇지 않다면 결과 자체를 부정하거나 갈등을 하기 시작한다. 하지만 결과에서 추천하는 직업과 아이의 희망 직업이 전혀 다르더라도 부모나 아이가 알지 못했던 분야, 생각하지 못했던 다른 분야에 아이가 잠재능력을 지니고 있다는 긍정적인 의미로도 생각할 수 있다.

다시 한 번 강조하지만 무엇보다도 가장 중요한 사실은 적성검사가 자기에 대한 이해도를 높이고 진로를 결정하는 데 있어 정보를 얻고 참고하기 위한 보조 자료에 불과하다는 것이다.


## 목적 없이 특목고를 지원하지 마라


요즘 외고, 과고, 예고, 체고 등 특수목적고 진학이 최대의 관심사로 떠오르고 있다. 학교마다 특목고에만 합격하면 곧장 교문에 현수막이 내걸리는 판국이다. 학원에서는 현수막은 기본이요, 홍보전단지에 합격자들 사진까지 인쇄해 돌리면서 학교보다 더 요란하게 합격 소식을 전한다. 학원을 홍보하고 수강생까지 늘릴 수 있는 좋은 기회를 그냥 놓칠 리가 없는 것이다.

학부모들도 무조건 특목고부터 들어가고 보자는 식이다. 특목고 진학이 곧 서울 일류대학으로 가는 지름길이라 믿기 때문이다. 특목고라면 이름 그대로 특정 분야에 남다른 실력을 갖춘 아이들이 다녀야 하는 것임에도 불구하고, 그런 것은 무시된 채 그저 명문대 진학을 위한 통로로 여겨질 뿐이다. 이 과정에서 아이의 적성과 흥미, 진로는 전혀 고려되어지지 않고 있으며 특목고의 설립 목적 자체도 변질되고 있다.

정작 특목고에 가야 할 아이는 가지 못하고, 가지 않아도 되는 아이가 억지로 가는 게 지금의 현실이다. 특목고 진학이 부모 입장에서는 자신의 염원을 실현할 수 있는 절호의 기회가 될 수 있겠지만, 아이 입장에서는 얻는 것보다 잃는 것이 더 많게 될 수도 있다. 아이에게 남다른 재능이 있고 스스로 특목고를 원한다면 전혀 문제될 것이 없지만 부모한테 등 떠밀려 울며 겨자 먹기 식으로 진학하는 아이에게는 문제가 발생하기 때문이다. 학교에 적응하지 못하고 학습의욕을 상실하거나 친구도 제대로 사귀지 못하고, 심하면 자기 존재감에 혼란을 느낄 수 있다. 그런 불안정한 상태로 3년을 보내고 졸업을 한다 한들 무슨 의미가 있겠는가.

첫 단추를 잘못 끼우면 끝에 가서는 분명히 탈이 날 수밖에 없다. 자나 깨나 특목고만 강조할 게 아니라 신중하게 고민하고 접근해야 한다. 아이의 의견이 최대한 반영된 선택은 즐거운 고등학교 생활 3년을 예약하는 것임과 동시에 그 다음 목적지에 훨씬 수월하게 도달할 수 있도록 하는 신호탄이 되어줄 것이다.


## 10년 후를 내다보고 전공을 선택하라


이제 학문 간의 장벽이 허물어지고 학문 융합의 시대가 오고 있다.

또 그에 따라 대학마다 학문 융합의 시대를 선도하겠다며 대책을 마련하고 있다. 대학의 전체적인 학과 재구성이 어떻게 편성될지도 관심의 대상이다. 이처럼 새로운 길이 열리는 만큼 진로의 폭은 더 넓어질 수밖에 없다. 따라서 자신이 무엇을 전공해야 할지, 그 전공이 어떤 공부를 하는지, 전망은 어떤지 더욱 잘 판단해야 한다.

　어떻게 전공을 선택하는 것이 좋을지 구체적으로 생각해보자. 한 번 정하면 쉽게 돌이킬 수 없는 것 중 하나가 전공이다. 옷가게에서 옷 고를 때야 이것저것 입어보고 몸에 맞지 않으면 다른 옷으로 갈아입을 수 있지만, 전공 선택은 옷 고르기가 아니다. 전공 선택이 중요한 의미를 지니는 것은 그것이 곧 직업과 연결되기 때문이다. 더구나 지금처럼 하루가 멀다 하고 급변하는 시대에는 더더욱 중요할 수밖에 없다. 지금 중학생이라면 최소 10년 후에는 직업이 결정된다. 그런데 10년 후에 세상이 어떻게 바뀔지 예측하기란 결코 쉽지 않다. 어쩌면 지금보다 훨씬 더 숨 가쁘게 변할지도 모른다.

　우리나라 대학들은 불과 몇 년 전만 해도 몇 가지 전공을 대분류하여 유사한 학과만 개설했기 때문에 전국 어느 대학에나 거의 똑같은 학과만 존재했었다. 그런데 지금은 일반적이고 고전적인 형태에서 벗어나 사회 변화의 흐름을 인정하면서 새로운 학과들이 신설되고 있다. 또 그에 따라 새로운 학과를 찾는 지원자가 늘어나고 예전의 인기 학과가 비인기 학과로 전락하고 있다. 다양한 전공 개설을 통해 학생들이 보다 폭넓은 진로선택의 기회를 제공받을 수 있게 되고, 각자의 개성과 적성에 맞게 미래사회에 대비할 수 있게 된 것이다.

타인과 항상 치열한 경쟁을 치를 수밖에 없는 활동적이고 외향적인 성격이 강한 스포츠학과가 있는가 하면, 조용히 앉아 풍부한 감성을 글로 표현하고 싶은 사람을 위한 문예창작학과도 있다. 구석진 공간의 세밀한 부분까지 챙겨야 하는 건축분야의 설계, 토목, 물리학과 등도 있다. 배짱은 없더라도 어떤 일을 치밀하게 처리하고 계산능력이 뛰어나다면 은행원, 공무원으로 진출이 가능한 경제 관련 학과가 적성에 맞을 것이다. 안정성을 추구하면서도 조직력에 두각을 보이고 신체적 능력까지 뛰어나다면 경찰학과나 3군사관학교가 적합하다. 원칙을 중시하고 이성적인 판단력을 가진 사람은 법학 관련 학과에 지원하는 것이 좋으며, 따뜻한 성품으로 타인을 배려한다면 사회복지나 유아교육 관련 계열에 지원하는 것이 좋다. 이렇듯 자신의 희망과 성격, 재능을 따져 보아 학과를 선택하는 것이 바람직하다.

또한 학과인지 학부인지 살펴보는 것도 중요하다. 학과와 학부의 차이는 학생들에게 중요한 의미를 준다. 간단히 말하면 4년 동안 공부하는 방법의 차이라고 할 수 있다. 학과 형태라면 입학 당시 선택한 학과를 4년 동안 공부해야 한다. 한 번 선택으로 졸업까지 가는 것이다. 학과를 선택할 때 충분히 고민해 신중하게 결정을 내렸다면 문제가 없지만 그렇지 않았다면 적성에 맞지 않는다고 하더라도 기다렸다가 원하는 학과의 결원 상태를 고려해 전과할 수밖에 없다.

학부 형태는 인문학부·사회과학부·자연과학부·공학부처럼 크게 학문의 범주에 따라 구분하는 것이다. 해당 계열 속에 포함되는 모든 학과를, 마치 교집합처럼 포함하는 것이다. 학부는 입학 후 1학년까지 다양한 과목을 모두 공부해볼 수 있다는 장점을 지니고 있다. 그리고 2학년에 올라가서 1학년 때 배웠던 것 중 계속 공부하고 싶은 것을 세부 전공으로 결정하는 것이다. 공급자가 아닌 수요자 중심의 교육 형태로, 1년 동안 다양한 전공을 두루 학습하고 이해함으로써 전공에 대한 막연한 개념을 보다 구체적이고 현실적으로 파악할 수 있게 한다. 그러나 특정 학과에 지원자가 많을 경우 선발기준에 따라 제한하기 때문에 거기에서 밀려나면 적성과는 상관없는 다른 전공을 선택해야 하는 불상사가 발행할 수 있다.

따라서 학과와 학부의 특성을 먼저 이해한 후, 자기가 가려는 곳이 학과 개념인지 학부 개념인지를 사전에 알아두는 것이 중요하다.


10년 후 각광 받는 직업은 무엇일까? 한국고용정보원은 우리나라 직업 세계에 영향을 미칠 8대 메가트렌드를 분석한 후 이에 따른 '10년 후 유망 직업'을 선정해 발표했다. 직업의 녹색화, 유비쿼터스, 첨단기술 발전, 세계화, 산업과 기술의 융합, 일과 삶의 균형, 삶의 질 향상, 고령인구 증가 및 다문화 사회가 8대 메가트렌드이고, 기후변화 경찰, 주택에너지 효율 검사원, 마인드 리더, SNS 보안 전문가, 생체정보 인식 기술자, 로봇 감성치료 전문가, 입는 로봇 개발자 등이 10년 후의 유망 직업이다.

또한 글로벌화를 이끌 유망 직업에는 국제회의 전문가, 국제의료코디네이터, 국제변리사, 초음속제트기조종사 등이 꼽혔고, 고령화와 다문화 사회에 따라 노인상담 및 복지전문가, 연금전문가에 대한 수요도 늘어날 것으로 전망했다. 뿐만 아니라 전직지원 전문가, 개인여가 컨설턴트, 감성 디자이너, 복고체험 기획자 등의 직업도 새로 생겨나거나 유망해질 것이라고 내다봤다.


## 드라마 속의 편향된 직업에 현혹되지 마라


우리나라에는 1만여 개 이상의 직업이 있다. 이 중에서 새로운 직업을 알게 되는 주요 정보원 중 하나가 바로 드라마다.

사람들은 현실과 가상을 구분하지 못하고 드라마 속 특정 직업에 온갖 시선을 집중시킨다. 일곱 살 꼬마에서부터 어른들까지 드라마를 보며 직업관을 형성한다 해도 지나치지 않을 정도다. 지금 대부분의 부모에게 변함없이 전문 직종으로 각광 받고 있는 직종이 바로 의사, 변호사, 교수 등일 것이다. 하지만 이 직업을 제대로 알고 선호하게 된 경우보다 드라마 속에 비쳐지는 주인공의 직업을 보고 선호하게 된 경우가 많다. 그동안 드라마에 자주 등장한 직업은 의사, 변호사, 재벌 2세 등이었다. 부모들은 드라마 속에서 멋있게 나오는 주인공을 보고 어떻게든 아이를 똑같이 만들려고 애쓴 적이 아예 없다고는 할 수 없을 것이다. 최근 들어서는 조향사, 아쿠아리스트, 파티쉐 등 사람들이 잘 모르는 이색 직업이 등장하자 그에 대한 관심도 엄청나게 높아지고 있다.

지난 2005년 여름, 시청률이 50%에 육박했던 모 드라마는 쉐프라는 이색 직업을 내세워 큰 성공을 거뒀다. 그 덕분에 요리사가 인기 직종으로 떠오르면서 전문 과정이 생겨났고, 제과제빵 학원에 수강생들의 신청이 급증했다는 것은 누구나 다 아는 사실이다. 한 취업정보사이트의 설문에 따르면 응답자 중 88.7%가 드라마 속 직업에 매력을 느낀다고 답했다고 한다. 또 실제로 드라마에 특별한 직업이 등장하면 각종 포털사이트 검색어 순위에서 최상위에 드는 등 젊은이들의 미래 설계에 큰 영향을 미치는 것으로 나타났다.

그러나 드라마에 나오는 주인공들의 모습을 그대로 믿고 직업을 선택한다면 큰 혼란에 빠질 것이다. 드라마는 단순한 재미와 감동만을 추구하기 위해 직업을 각색하거나 왜곡시켜 정보를 제공하기 때문이다.

또 하나의 문제는 드라마가 직업의 귀천을 구별 짓는다는 것이다. 어떤 직업은 환상적으로 상향시키고 미화시키는 반면, 어떤 직업은 현직 종사자들마저 부끄러움을 느낄 정도로 하향시킨다. 그러면 아이는 자신의 적성은 무시한 채 드라마를 맹신하여 무의식적으로 특정 직업을 선호하거나 회피하는 잘못된 직업관을 가지게 될지도 모른다. 성장하는 동안 다양한 경험을 통해 형성되는 직업관이 드라마로 인해 하루아침에 바뀌기도 하는 것이다.

직업은 패션이 아니다. 일시적인 유행을 좇다가는 큰코다친다. 텔레비전에서 스포트라이트를 받은 직업이라도 몇 년 동안 반짝하다가 사라져 버리는 시한부 직업이 될 수 있다. 하루아침에 벼락 인기를 얻은 연예인이 이 프로그램, 저 프로그램을 종횡무진하다가 어느 순간부터 보이지 않는 것처럼 말이다. 이색 직업, 신종 직업일수록 사회적으로 인정받고 자리를 잡기까지는 많은 시간과 노력이 소요되게 마련이다. 그런데 텔레비전에 비쳐진 화려하고 좋은 모습에만 끌려 직업을 선택했다가는 길어야 고작 몇 년도 못 가서 자신의 이상과 현실에 대한 괴리감을 느끼고 후회하게 될 것이다. 어떤 일이 인기 있다고 해서 그 일을 했다가, 또 다른 일이 인기 있다고 해서 손바닥 뒤집듯 바꿀 수는 없는 노릇이다. 신중하게 고려하지 않으면 진로에 막대한 영향을 초래하게 된다.


## 스펙이 아닌 스토리로 자신을 입증하라


앞에서도 언급한 적이 있지만 기업체의 채용 패러다임이 변하고 있다. 연령·학력 제한 철폐, 여성 할당제 도입, 지방대 출신 우대 등 변혁이 일어나고 있는 것이다.

〈서울신문〉에서 보도한 학력파괴 현상에 대한 내용을 보면 모 대기업은 대졸 신입사원 채용에서 입사지원서의 학력 구분란을 이미 폐지했다고 한다. 기존의 고정관념에 사로잡혀서는 급변하는 이 시대에서 결코 살아남을 수 없다는 현실을 그대로 반영한 것으로 해석할 수 있다. 이제는 단순한 학력이 아닌 능력이 더욱 중요한 시대가 되었다. 이미 국가인권위원회는 학벌 차별 항목을 삭제할 것을 권고하였고, 대부분의 기업들은 이 권고사항을 받아들이려 노력하고 있다. 능력을 검증하는 평가 시스템을 구축하기 위한 다양한 방법이 도입되면서 '대졸'로 제한되는 지원 자격을 과감히 없애는 것이 그 증거다. 대신 서류와 면접, 조별 토론에 그 비중을 싣는 방법을 선택하고 있다.

또한 입사지원서를 쓸 때마다 망설임의 가장 큰 사유로 작용했던 연령 제한 항목을 삭제하는 기업이 늘어나고 있다는 것은 굉장히 파격적이면서도 반가운 일이 아닐 수 없다. 나이가 어린 사람부터 많은 사람에 이르기까지, 또 아무런 경험이 없는 사람에서부터 갖가지 경험을 지닌 사람까지 다양한 지원자가 생길 것이기 때문이다. 또 연령 제한이 없으면 보수적인 체계에도 변화가 생김은 물론일 것이다. 연령 제한을 없앤 대표적인 기업은 대교, 이랜드, 다음커뮤니케이션, 샘표식품, 제일화재 등이다.

바로 이런 것이 기업에서 노린 의도다. 폭넓은 선발 범위를 통해 기대 이상의 시너지 효과를 창출할 수 있다고 판단한 것이다. 불과 몇 년 전만 해도 신입사원으로 선발된 새내기들은 직무관련 교육을 거쳐야만 현업 부서에 투입될 수 있었다. 그런데 인턴과정이 최소 3개월에서 최대 1년 정도 소요되기 때문에 기업체 입장에서 실제 수익을 창출할 수 있는 시기는 인재를 뽑고 나서도 엄청난 시간과 비용을 투자한 뒤였다. 하지만 연령 제한을 폐지함으로써 다양한 경력직의 사원을 선발하여 활용할 수 있게 되었다. 신입사원의 교육 비용을 줄일 수 있을 뿐만 아니라 바로 현장에 투입하여 수익을 창출할 수 있으니 기업 입장에서는 꿩 먹고 알 먹기 아닌가.

결국 자신이 얼마만큼의 실력을 발휘할 수 있는가가 가장 중요한 관건이 된다. 기존 직원들도 예전처럼 신입사원을 함부로 부하 거느리듯 부릴 수 없고, 이런 현상은 기업과 구성원의 경쟁력을 향상시키는 동시에 끊임없이 자기계발을 하지 않고는 경쟁에서 살아남을 수 없다는 생존 법칙을 심어준다. 기존 직원은 신입사원보다 뒤처지지 않기 위해 더욱 노력하고, 신입사원은 자신의 능력과 기술을 인정받기 위해 최선을 다하는 쫓고 쫓기는 추격전이 벌어지는 것이다.

따라서 이제는 이력서에 한 줄을 더 채우기 위한 스펙에 매달리기보다 기업에서 요구하는 실질적인 능력을 기를 수 있도록 노력해야 한다.

# 입학사정관 전형에서의 인성평가 강화

## 한국대학교육협의회 보도자료

http://www.kcue.or.kr

- 바른 인성을 갖춘 학생 선발을 위해 입학사정관 전형(자기소개서, 교사추천서, 면접 등)에서 인성평가 강화.
- 학교폭력 예방 및 근절을 위해 적극적으로 노력한 학생은 긍정적으로 평가.
- 학생부에 학교폭력 관련 징계사항이 기재되어 있더라도 이후 개선된 모습이 함께 기재된다면 긍정적으로 평가.

한국대학교육협의회대교협는 한국대학입학사정관협의회회장 안상헌 및 입학사정관제 정부 재정지원 66개 대학과 함께 최근 심각한 사회문제로 대두되고 있는 학교폭력 문제를 해결하고, 바른 인성을 갖춘 학생을 선발하기 위해 2013학년도 입학사정관전형에서 학생들의 인성평가를 강화할 계획이라고 밝혔다.

입학사정관전형은 기존의 점수 위주의 선발방식에서 벗어나, 대입전형 전문가인 입학사정관이 참여하여 학생의 성적, 잠재력, 창의성, 인성 등을 종합적으로 고려하여 학생을 선발하는 제도로, 기존에도 인성은 입학사정관전형에서 중요한 평가 요소 중 하나였으나 사회적으로 학교폭력 문제가 심각해지고 학생들의 인성교육의 중요성이 부각됨에 따라 인성평가 요소를 더욱 강화하고자 한 것이다.

이는 지난 25일 한국교원단체총연합회가 주최하고, 300여 개 민간단체가 참여한 '인성교육 실천포럼'의 '인성을 반영한 입시제도 방안 마련이 필요하다'는 내용과도 맥을 같이한다.

2013학년도 입학사정관전형에서는 지난 3월부터 학교생활기록부에 인성발달 사항을 핵심 요소별로 기록하도록 한 것과 연계하여 학생의 인성을 평가할 예정이다.

(핵심 인성 요소) 배려, 나눔, 협력, 타인 존중, 갈등 관리, 관계지향성, 규칙 준수 등

이와 관련, 학생들이 학교폭력 상황에서 방관자로 머무르지 않고 학교폭력 예방 및 해결을 위해 적극적으로 노력한 경우 긍정적으로 평가될 수 있다.

그리고 입학사정관제는 학생의 징벌적 사항을 파악해 떨어뜨리는 데 목적이 있는 것이 아니라 긍정적인 측면에 초점을 두는 제도이기 때문에, 학교폭력 징계사항이 학생부에 기재되어 있다 하더라도 이후 학생의 개선된 모습이 함께 기재된다면 오히려 긍정적으로 평가될 수 있다.

입학사정관전형에서의 인성평가 강화 내용은 구체적으로 다음과 같다.

**자기소개서:** 대교협·입학사정관협의회의 '자기소개서' 공통양식에 인성관련 문항이 신설되며, 입학사정관제 정부재정지원 대학에서는 이 문항을 공동으로 활용할 계획이다.

**교사추천서:** 정부재정지원 대학 중 교사추천서에서 '인성 및 대인관계 평가 항목'을 사용하는 대학을 확대할 계획이다.(2011년 35개 대학 → 2012년 50개 대학 내외)

〈**인성 및 대인관계 평가항목**〉

| 평가항목 | 평가대상 | | | 평가 불가 | 미흡 | 보통 | 우수 | 매우 우수 | 탁월 |
|---|---|---|---|---|---|---|---|---|---|
| | 3학년 전체 | 계열 전체 | 학급 전체 | | | | | | |
| 1) 책임감 | | | | | | | | | |
| 2) 성실성 | | | | | | | | | |
| 3) 준법성 | | | | | | | | | |
| 4) 자기주도성 | | | | | | | | | |
| 5) 리더십 | | | | | | | | | |
| 6) 협동심 | | | | | | | | | |
| 7) 나눔과 배려 | | | | | | | | | |

**면접:** 학교생활기록부·자기소개서·교사추천서 등에 기재된 핵심 인성요소<sub>배려, 나눔, 협력, 타인 존중, 갈등 관리, 관계지향성, 규칙 준수</sub>에 대해 질문함으로써, 기재된 내용을 확인할 계획이다.

**고교 정보시스템 및 고교 프로파일:** 고교의 인성교육 관련 프로그램 및 수상 내역 등을 기재할 수 있도록 개선하고, 대학은 학생의 고교 인성교육 내용을 참고하여 평가할 수 있도록 할 계획이다.

대교협 관계자는 "대학이 입학사정관제 등 대학입시에서 인성평가를 강화하는 것이 학생들이 학교폭력 상황에서 방관자로 머무르기보다는 문제해결을 위해 적극적으로 노력하는 데 기여하기를 바란다"며, "현재 많은 학생·학부모들이 학생부에 학교폭력 가해 사실이 기재되면 낙인효과가 있을 것으로 우려하지만, 학생이 긍정적으로 변화된 모습이 함께 기재된 경우에는 좋은 평가를 받을 수 있으므로 걱정할 필요가 없다"고 강조했다.

# 최원호 박사의 인성코칭 동서남북

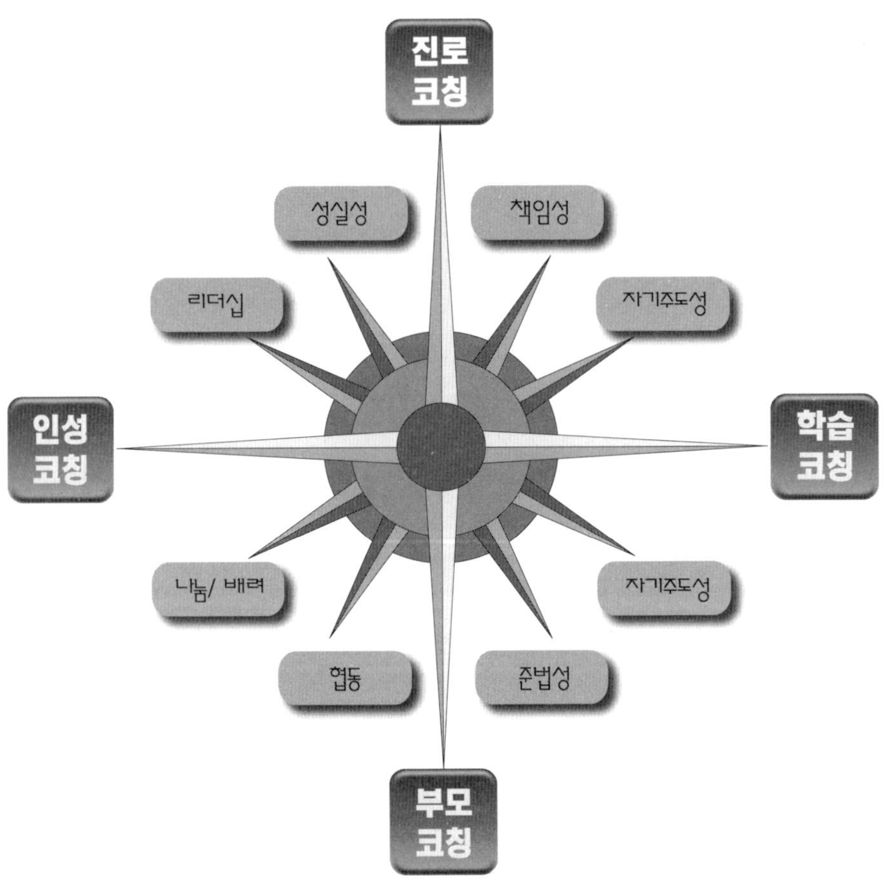

# 최원호 박사의 부모코칭 3단계

교육의 목적은 기계적인 사람을 만드는 데 있지 않고

인간적인 사람을 만드는 데 있다.


알버트 아인슈타인